国民投票制

福井康佐 著

信山社

　　　　　　　　は　し　が　き

　大学院入学以来，国民投票・住民投票・リコール・最高裁判所裁判官に対する国民審査，というように，筆者は，直接民主制の諸制度の研究を続けてきた。国民投票についての論文は，すでに，博士論文をまとめ直した，「国民投票の研究―主要実施国の運用実態の比較と日本型国民投票の提案」（学習院大学大学院法学研究科法学論集第3号）がある。本書は，同論文の成果を基礎に置きながら，その内容を，全面的に書き直したものである。

　新たに書き直した理由は，博士論文の完成以後の10年の間に，国民投票を巡る事情が，大きく変化してきたことにある。まず，諸外国において，国民投票・直接民主制に対する研究が進展したこと，また，日本においても，イタリア・スイス・フランス・デンマークなどの国民投票に対する研究が進められてきたことが挙げられる。本書も，そうした研究に負うところが多く，内外の研究者の方々に深く感謝する次第である。また，西欧諸国において，欧州統合を主要なテーマとする国民投票の実施が多くなった点も重要である。さらに，10年前には想像もつかなかったことであるが，憲法改正国民投票が政治的な議題になったのである。そうした事情から，国民投票の研究をやり直し，それによって，憲法改正国民投票の運用上の問題点を指摘したいということが，本書執筆の大きな動機になっている。

　そして，筆者個人の環境も，この間に，全く変わってしまった。1998年1月から，川崎市市民オンブズマン事務局専門調査員に採用され，続いて，2000年7月から3年間の期限付き採用で，東京国税不服審判所の国税副審判官として，常勤の公務員の生活を送ることになったのである。退職して3年半経って，振り返ってみると，公務員社会は，全くの「異境」であった。ある意味で，おそらく留学した以上の経験を積むことができ，また，カルチャーショックに見舞われた3年間であった。幸い，経験豊富な「税のプロ」の皆さんに実務上の問題点をご指導いただき，また，「異邦人」である筆者を可愛がっていただいたことから，何とか，職務を全うすることができた。正直なところ，慣れない生活のために苦しい時期もあったが，この間の経験は自分の財産になっていると思われる。特に，前職の川崎市市民オンブ

はしがき

ズマン事務局専門調査員に続き，たくさんの文章（裁決書）を書き，それを法規審査部門との間で，何度も摺り合わせる作業をしたことは，本当に貴重な経験であった。こうした5年半の実務経験は，本書の中身には全く関係がないのであるが，本書の発想と文章には大きく反映されている。

本書は，公務員退職後からスタートして，3年半をかけて執筆したものである。使われる言語も異なる，様々な国の制度比較研究を，一人で行うことには，本来，少し無理があったと思われるが，国民投票という現象の面白さのために，何とか完成することができた。特に，最初に研究したアメリカの住民投票の運用実態は，大変興味深いものであった。そこでは，政治資金の影響力が強く，大企業が住民運動を妨害している状態であった。これは，人民主権の理想とはかけ離れているが，それでも，掲げる目標に説得力があれば，環境保護等の住民運動が実を結ぶこともある。このように，直接民主制にも，長所と短所があるのであって，過剰な期待を戒めつつも，直接民主制が国民に与えるインパクトを大切にすべきであると思われる。そういう意味では，理念ないしはイデオロギーとしての人民主権ではなく，現実の政治の実態としての人民主権の姿を示すことが，いわば本書のもう1つの目標である。

本書の成り立ちの，その基本部分は，学習院大学大学院在学中に，故芦部信喜先生，戸松秀典先生，野坂泰司先生，長谷部恭男先生から，ご指導を賜ったことにあり，ここに深くお礼を申し上げる次第である。とりわけ，博士論文の面接審査の際に，故芦部信喜先生から，「よく勉強しているね」というお言葉をいただいたことは，その後の研究の支えになっている。本書の完成によって，先生から賜った多くのご学恩に対して，少しでも報いることができれば幸いである。

そして，大学院修了以降もご指導をいただいている戸松秀典先生から，執筆中に何度も温かいお言葉を賜った。それを励みにして，長い執筆期間のために生じがちな，中だるみの時期を，何とか乗り越えて完成できたことを，本書をもってご報告申し上げる。

また，参議院憲法調査会に，客員調査員として招かれて，計10回以上，ほぼ本書に沿って，勉強会を開く機会を持つことができたことは，本書の内容

に大きな影響を与えている。特に，同調査会の岩波祐子さんには，原稿についての貴重なご助言を賜った。同調査会の皆様に心より感謝申し上げる。

　本書の執筆に際しては，信山社の渡辺左近氏，木村太紀氏に，大変お世話になった。末筆ながら，御礼を申し上げる次第である。

　　2007年1月

　　　　　　　　　　　　　　　　　　　　　　　　　　福　井　康　佐

目　次

はじめに …………………………………………………………………… I

第1部　国民投票総論 ……………………………………………………… 5

第1章　国民投票とは何か ………………………………………………… 6
　第1節　国民投票導入の経緯 (6)
　第2節　国民投票の実施手続 (7)
　第3節　国民投票の投票日・投票方法―世論調査との違い― (8)
　第4節　国民投票の対象 (9)
　第5節　投票案件の審査 (10)
　第6節　国民投票の結果と成立要件 (11)
　第7節　国民投票の定義と構成要素 (11)

第2章　国民投票の分類と本書における用語 …………………………… 13

第3章　国民投票を分析する枠組 ………………………………………… 17
　第1節　政府・議会のコントロールと国民投票の結果―ゴードン・スミスの分類 (17)
　第2節　国民投票の問題点とその抑制―フィルター理論 (19)
　第3節　国民投票の運用に影響を与える要因 (21)

第2部　国民投票各論―主要実施国の運用実態― ……………………… 25

第1章　アメリカの住民投票 ……………………………………………… 26
　第1節　アメリカの住民投票の沿革 (26)
　第2節　アメリカの住民投票の制度 (28)
　第3節　アメリカの住民投票の利用形態 (42)
　第4節　アメリカの住民投票における裁判所の役割 (54)
　第5節　アメリカの住民投票の問題点とその改革 (63)
　第6節　まとめ (71)

目　次

第2章　スイスの国民投票 …………………………………73
　第1節　スイスの国民投票の沿革（73）
　第2節　スイスのイニシアティヴ・レファレンダムの制度（74）
　第3節　スイスの国民投票の利用形態（81）
　第4節　スイスの国民投票の機能（86）
　第5節　スイスの国民投票の問題点（90）
　第6節　まとめ（102）

第3章　イタリアの国民投票 …………………………………105
　第1節　イタリアの国民投票の沿革（105）
　第2節　イタリアの国民投票の制度（106）
　第3節　イタリアの国民投票の展開（109）
　第4節　イタリアの国民投票の機能と性質（121）
　第5節　イタリアの国民投票における憲法裁判所の役割（122）
　第6節　投票率の低下と50％条項（126）
　第7節　まとめ（128）

第4章　イギリスの国民投票 …………………………………130
　第1節　イギリスの国民投票の沿革（130）
　第2節　1973年北アイルランドの国民投票（132）
　第3節　1975年EC加盟についての国民投票（134）
　第4節　1979年スコットランド・ウェールズ議会への権限委譲についての国民投票（140）
　第5節　1997年スコットランド・ウェールズ議会への権限委譲についての国民投票（145）
　第6節　1998年北アイルランドのベルファスト合意についての国民投票（152）
　第7節　ブレア政権の分権主義戦略と住民投票（153）
　第8節　まとめ（154）

第5章　フランスの国民投票 …………………………………160
　第1節　フランスの国民投票の沿革（第五共和制まで）（160）
　第2節　フランスの国民投票の発展―第五共和制における国民投票の制度と運用実態―（163）

目　次

　　第3節　フランスの国民投票の機能（173）
　　第4節　フランスの国民投票の問題点と改革（176）
　　第5節　フランスの国民投票における投票行動（178）
　　第6節　まとめ（180）

　第6章　アイルランドの国民投票 …………………………………181
　　第1節　アイルランドの国民投票の沿革と制度（181）
　　第2節　アイルランドの国民投票の対象（182）
　　第3節　アイルランドの国民投票における投票行動（188）
　　第4節　アイルランドの国民投票の機能と問題点（189）
　　第5節　政府のコントロールと裁判所の役割（191）
　　第6節　まとめ（193）

　第7章　北欧諸国の国民投票 ………………………………………194
　　第1節　デンマークの国民投票（194）
　　第2節　スウェーデンの国民投票（205）
　　第3節　ノルウェーの国民投票（213）
　　第4節　フィンランドの国民投票（217）
　　第5節　まとめ（218）

第3部　憲法改正国民投票の運用の指針と日本型国民投票
　　　　の提案 ……………………………………………………………221

　第1章　国民投票のタイプ別の運用状況 ……………………………222
　　第1節　国民主導型国民投票（222）
　　第2節　政府主導型国民投票（223）
　　第3節　議会主導型国民投票（225）
　　第4節　その他の国民投票の運用状況（226）
　　第5節　凍結された国民投票（229）

　第2章　憲法改正国民投票の運用上の指針 …………………………231
　　第1節　日本の憲法改正国民投票の制度的特徴（231）
　　第2節　憲法改正国民投票における運用上の諸問題（233）

　第3章　日本における国民投票の導入の検討 ………………………244

目　次

　第1節　国民主導型国民投票（244）
　第2節　政府主導型国民投票・議会主導型国民投票（256）
　第3節　義務的レファレンダム（268）
　第4節　結論（269）

むすび……………………………………………………………271
　第1節　国民投票の4つの局面―国民投票による間接民主制
　　　　　の補完の形態―（271）
　第2節　国民投票のジレンマ（272）
　第3節　ジレンマの落としどころ―成熟性と自制―（274）
　第4節　義務的レファレンダムへの接近（275）
　第5節　日本型国民投票の可能性（276）
　第6節　国民投票と政治的自己決定・自己責任（277）

参考文献
事項索引

はじめに

　本書は，次の3つの目的の下に執筆されたものである。第1は，欧米の成熟した民主主義諸国の国民投票の運用状況を分析し，その機能と問題点を考察することによって，国民投票の制度と運用の一般的な理論を構築することである。第2は，近時，憲法改正が政治的議題となり，国民投票法の制定が政治日程に上げられていることから，第1の分析を踏まえて，日本国憲法第96条が規定する，憲法改正のための国民投票の性質と機能を明らかにし，国民投票法の制定およびその執行のための基本的な情報を提供することである。そして，第3の目的は，日本の間接民主制の問題点と限界が指摘されて久しいところ，日本の間接民主制を補完し，活性化させる方策の1つとして，国民投票の導入が提案されていることから，国民投票を運用するための諸要因を分析し，検討することによって，日本に適したタイプの国民投票を提案することである。

　国民投票の運用状況を分析する方法としては，まず，間接民主制・代議制民主主義が，国民投票によってどのように補完されてきたかを考察するために，各国の国民投票導入の沿革を探ることから始める。つまり，当該諸国が，選挙を通じて代表者を選ぶという間接民主制だけでは不十分であり，国民投票を実施することになった事情に，まず，焦点をあてたい。続いて，各国の主たる国民投票の機能と問題点の分析に移るのであるが，その分析に際しては，直接民主制の運用とその研究の先進国である，アメリカの政治学・憲法学の研究者が用いている方法を採用したい。具体的には，国民投票が成立するためには，起草・適格取得・選挙運動・投票という4段階のハードルを越えることが求められること（ハードル理論），一方，その4段階のハードルは，直接民主制の濫用を抑えるための濾過装置として機能していること（フィルター理論），国民投票における有権者の投票行動（投票行動理論）等をできる限り，他の国にあてはめて，共通の土台を形成して分析していく予定である。

　このような目的と方法で議論を進める本書は，3部構成をとる。第1部は，

はじめに

　国民投票の総論として，国民投票の定義，国民投票の分類，本書における国民投票の用語の説明を行う。また，ハードルおよびフィルターの意味とそれに影響を与える要因を列挙し，分析の枠組作りを行いたい。そして，国民投票の分類方法としては，発議する機関による分類が，各国の国民投票の基本的性質をわかりやすく説明することから，これに従って，実際に行われている国民投票を，①イニシアティヴ，②間接イニシアティヴ，③拒否型国民投票，④廃止型国民投票，⑤政府主導立法型国民投票，⑥議会多数派主導型国民投票，⑦議会少数派主導型国民投票，⑧助言型国民投票，⑨義務的レファレンダムの9つのタイプに分ける。これらはまた日本型国民投票の候補でもある。また，ゴードン・スミス［Gordon Smith］の国民投票の分析の枠組みを用いて，発議機関の国民投票実施に係るコントロールの程度と投票結果の関係を示したい。これは，特に，政府主導型国民投票と議会主導型国民投票の機能の分析において，大きな役割を果たすであろう。

　第2部は，実際に国民投票を運用している西欧諸国のうちの主要な10ヵ国を，その主たる国民投票の発議機関によって，3種（国民主導型国民投票・政府主導型国民投票・議会主導型国民投票）に分類して，その順に，それぞれの機能と問題点を分析する。第1章アメリカ，第2章スイス，第3章イタリアは国民主導型国民投票の国である。また，第4章イギリス，第5章フランスは政府主導型国民投票の国であり，第6章アイルランド，第7章北欧諸国（4ヵ国）は議会主導型国民投票の国である。

　第3部は，最初に，ここまで論じてきた国民投票の分析を，上述の3種に分けて総括する。次に，日本の憲法改正国民投票を議会主導型国民投票と位置づけた上で，その運用上の指針を提案する。そして，最後に，日本型国民投票の候補として挙げた9つのタイプの国民投票の導入可能性を論じる。

　結論としては，国民投票は，「上から」の国民投票と「下から」の国民投票の2種類に大別され，それぞれが各2つの作用をもつことから，機能別には合計4種に分類できることを示したい。次に，日本の憲法改正国民投票は，諸外国の制度と比較すると，議会主導型国民投票の中でも，発議に大きなハードルを置いていることから，議会内でコンセンサスを形成し，漸進主義的運用をすることが必要であるということが導き出される。最後に，制度的には，助言型国民投票・間接イニシアティヴ・義務的レファレンダムが，日

はじめに

本型国民投票の候補としては，望ましいことを提案していきたい。ただし，それには，国民の成熟性と発議機関の自制が必要であり，そのためには，性急な制度改革をすることなく，長期的視野に立って制度設計をする必要がある。以下の本編において，これらの結論に至った筋道を示していきたい。

第1部

国民投票総論

第1章　国民投票とは何か

　最初に国民投票の基本的な性質を論じたい。国民投票に対する一般的なイメージとしては，「国民が，憲法改正，欧州統合などのある特定の争点に対して，賛成または反対の票を投じ，あるいは棄権し，その集計結果をもって，争点に対する国民の意思表示として，何らかの意思決定を行うもの」であろう。以下，このイメージに沿って他の類似した制度との相違を明らかにしながら，「国民投票とは何か」を分析していく。

第1節　国民投票導入の経緯

　国民投票の実施国においては，国民投票は，どのような場合に，どのような経緯で行われているのであろうか。もちろん，第2部でみるように，国民投票の導入ないしは実施の経緯・目的は多様であるが，共通することは，間接民主制における決定だけでは十分ではなく，主権者である国民が，ある議題について，直接決定する必要性が生じたということである。これには，4つのパターンがある。
　第1のパターンは，国民投票が新憲法の制定，国家体制の確立などのために実施される場合である。イタリアの王制廃止と共和制への移行のための国民投票，ノルウェーのスウェーデンからの分離独立のための国民投票，アイルランドの新憲法制定の国民投票などがある。
　第2のパターンは，憲法に国民投票の規定がないにもかかわらず，連立与党間の分裂回避，あるいは，与党内の分裂回避といった，政治上の必要性から，国民投票を実施する場合である。後述のとおり，多くの助言型国民投票の実施がこのパターンにあてはまる。
　第3のパターンは，国民投票が憲法に規定されて制度化され，それが実施される場合である。一般的にいって，第二次世界大戦後には，国民投票等の直接民主制的要素が，憲法に取り入れられるようになった，ということがで

きるが，さらに，細かくみると，憲法に国民投票が導入されるに至った経緯は，次のように分類することができる。

①歴史的にみて，直接民主制的な志向が強いことから制度化された国。これは，後述のとおり，「上から（政府・議会から）」と「下から（国民から）」の違いがあるが，フランスとスイスが該当する。②代議制民主主義の行き詰まりに対する制度改革として，国民投票（住民投票）が制度化された国。アメリカの州レベルがその典型例である。③二院制の廃止のために，少数派の拒否権確保として，導入する場合。これは，デンマークの法律レファレンダムが該当する。④国の最高法規である憲法の改正には，国民の最終判断を仰ぐ必要があるという趣旨から，国民投票が制度化された国。この憲法改正国民投票は多くの国に存在する。

そして，第4のパターンとして，国民投票の中には，憲法に規定されながら，一度も実施されないものがある。これは，実施のための条件がそろわない，もしくは，制度設計に無理があるタイプの国民投票である。本書では，この実施されない国民投票を，「凍結された国民投票」という。日本国憲法第96条が規定する憲法改正国民投票（以下「憲法改正国民投票」という。）も，これに該当する。

なお，国内の住民投票が活発であるにあるにもかかわらず，過去の濫用の経験から，あえて国民投票という制度を採用しない，ドイツのような国も存する。

 注）　ドイツのワイマール時代の国民投票については，［Suksi a 92-103］［Schiffers］
　　を参照されたい。

第2節　国民投票の実施手続

国民投票は，どのような手続によって実施されるのであろうか。上述のとおり，様々な経緯で国民投票が導入されるのであるが，その実施の形態は，第1のパターンを除くと，①一回限りの単発的な国民投票として実施されるものと，②憲法の中に組み込まれ，制度化されているものの2種に分けることができる。①は，争点が登場する度に，議会によって，国民投票実施の細目が決定されるのである。②は，国民投票の実施手続が憲法に規定され，さ

らに国民投票の実施手続の細目を定める法(以下「執行法」という。)が制定され、それらに基づいて実施される。これを日本にあてはめてみると、①では、1960年当時の安保条約改定の際に、国論が二分されたことから、国民に最終的な判断を仰ぐ形で、一回限りで、国民投票を実施することが想定され、②では、憲法改正国民投票に係る執行法(以下「国民投票法」という。)の制定のみならず、憲法が改正されて、憲法改正国民投票以外の国民投票が制度化され、さらに細目が国民投票法に規定される形となる。

 注) 民主党が第164回国会に提出した国民投票法案のように、憲法改正国民投票と助言型国民投票が並立する形もある。

　②の国民投票は、国民投票を実施する権限を有する国家機関(首相・大統領・議会・国民)が、国民投票を実施する旨の意思表示を行うことから手続が開始される。本書では、国民投票の実施を決定することを「発議」と呼ぶ。この用語は、日本国憲法第96条第1項「国会が、これを発議し、国民に提案して」による。なお、ここで発議と提案は同じことを意味する[宮沢793]。

　次に、これらの発議する権限を持つ機関(以下「発議機関」という。)は、憲法が規定する一定の要件を満たすことによって、国民投票を実施することができる。国民が発議する場合は、国民投票の実施を求める請願に対する一定数の署名を集めることが求められる。議会が発議する場合は、議会内の一定数の議員の賛成が必要になる。これらの条件を「発議要件」という。このように、発議要件を満たすことなどによって、国民投票の実施が可能となることを、本書では、「適格取得」という。これはアメリカの住民投票のqualifying(投票の適格を取得すること)にならったものである。後述のように、①国民、②首相・大統領、③議会の3種の発議機関がある。

　また、発議を必要とせずに、重要な問題が発生した場合は義務的に国民投票が実施される例がある。その場合、たとえば、EU等の超国家機関に加盟する場合には、「加盟に必要な条約に批准する前に、国民の承認を得なければならない」、と憲法に規定されるのである。

第3節　国民投票の投票日・投票方法—世論調査との違い—

　国民投票は、憲法または執行法で定められた有権者によって、国民投票の

ために設定された特別の選挙日ないしは，通常の国政選挙の際に同時に行われる。また，国民投票は，発議から，政府が一定期間をおいて投票日と投票する案件（以下「投票案件」という。）を国民に周知徹底させ，国民の投票案件に対する意見が固まるまで，あるいは，加熱した議論をクールダウンさせてから行われるものである。

　また，国民投票は，投票日現在の有権者全体が，投票案件についての賛成・反対・白票（賛否どちらでもない―スウェーデン）・棄権の意思表示をしたものである。この点，世論調査は，国民の意思を推測するものであり，国民投票の前に実施されるとすれば，国民投票の結果を予測するものであっても，一部の国民の意思表示でしかない。また，世論調査の対象者はその後，意見の変更を自由にすることができるし，その結果は賛否両論の間を激しく動くことも少なくない。一方，国民投票はその時点での確定的な意思表示である。さらに，電話，訪問等を受けて受動的に意思表示をしたものではなく，積極的に投票所に出かけてなされたものである。以上の点から，国民投票と世論調査は，まさに「似て非なるもの」であることに注意しなければならない [Rommelfanger 58-60]。

　ただし，今後，通信手段の発達によって，上述のとおりの，①投票案件決定から一定期間を置く，②投票日および投票案件を周知徹底する，③投票所に行って投票するという3点のうち，③については意味が希薄になる可能性があり，その場合，国民投票と世論調査の違いは相対化されるであろう。

　また，指定された期日に有権者が一定の場所で投票する点が共通な制度としては，イギリスのタウンミーティング（townmeeting）やスイスのランツゲマインデ（Landsgemeinde）が存在する。しかしながら，この制度は，当日の討論を経て議題を決定するものであり，国民投票はこのような投票者間の討論の直後に投票するものではない。

第4節　国民投票の対象

　次に，国民投票の対象について論じる。投票の対象が具体化され，実際に投票者が投票するものが投票案件である。国民投票の対象は，形式と内容（テーマ）から分類される。

投票対象の形式としては，①憲法または法律の制定・改廃，②特定の争点の是非（条約の承認・禁酒・中絶禁止等）に分類することができる。ここで，現に公職に就いている人物を信任・解職するための投票ではないという点で，信任投票ないしはリコールとは区別される。なお，制定・改廃の対象に除外事項が存在する場合がある。たとえば，イタリア憲法75条は，法律の一部または全部を廃止する国民投票の対象に，租税および予算，大赦および減刑，国際条約批准の承認に関する法律を含まない旨規定している。

注）韓国で実施された大統領の信任投票を「国民投票」と表記する例があるが，本書ではこれを国民投票に含めない。対象を上記のとおり，人物ではなく，特定の争点に限定する。

注）財政，予算，外交，恩赦などを除外事項にする国が少なからずあるが，それは，これらの争点が直接民主制的決定になじまないと，経験則的に判断していることが推定される［Hamon 252-253］。

次に，内容的に分類すると，投票対象は，①憲法問題，②領土問題，③道徳問題，④その他の問題の4つに大別される。①には，新憲法の制定，憲法の規定の改正・廃止（新しい人権の追加，二院制の廃止といった制度改革など）が含まれる。②には，民族自決主義に基づく地域の独立，戦後に生じた植民地の独立等の領土の変更，あるいはEU加盟などの国家主権の変更などがある。③では，イタリア，アイルランドのカトリック国で，中絶，離婚が対象となった。死刑制度の廃止の是非もこの中に含まれる。④をみると，スイスやアメリカのように，国民（住民）が投票案件を作成する国では，環境問題，政治改革をはじめとして様々な問題が投票のテーマとなる［Butler & Ranny b 2-3］。その他のカテゴリーの中では，経済問題が多い。

注）東欧において，大統領が憲法に基づいて，「重要問題」を任意に国民投票の対象とする権限を有し，それが信任投票として機能することについては，［Hamon 249-250］を参照されたい。

第5節　投票案件の審査

国民・大統領・議会といった発議機関は発議の意思表示をした後，投票案件の原案を作成し，発議要件を満たすための活動に入る。そして，発議要件が満たされた後は，選挙管理委員会などの行政当局，裁判所によって，ある

いは議会によって投票案件が審査される。ただし，投票案件の審査が制度化されていない国もある。また，制度があっても，実質的には機能していない国もある。審査の対象は，後述するシングルサブジェクトルール（「1つの投票に1つの内容を盛り込むべし」という原則），除外事項の該当性，合憲性等である。この審査を通過することによって，投票案件が確定する。たとえば，イタリアは憲法裁判所が除外事項，シングルサブジェクトルール等を審査するが，これは政治的要素を帯びたものとなっている。

第6節　国民投票の結果と成立要件

　国民投票の結果は，投票率と賛成・反対の割合で示され，多くの場合，有効投票総数のうち，賛成もしくは反対の多数（単純多数決）をもって，それぞれを国民の意思表示とする。さらに，単純な多数を上回る条件（特別多数）を付け加えて，国民投票の結果に効力を発生させる場合がある。本書では，このように投票結果に効力を発生させる条件を，「成立要件」という。成立要件の例としては，①有権者の40％以上の賛成を求める場合（40％ルール），②憲法改正等の重要問題の決定を慎重にするために，投票者の3分の2以上の特別多数を要求する場合，③州全体の集計結果を1票として，国全体の多数のみならず州の多数決も要求する場合（二重の賛成—スイス・オーストラリア）もある。また，④投票率が50％を超えることを求める国（イタリア）も存する。これらの条件は通常憲法に規定されているが，一回限りの国民投票の場合は執行法に規定される。これらの成立要件が充足された場合に所定の効力が発生する。ただし，助言型（諮問型ともいう）国民投票の場合は法的な拘束力がなく，事実上の拘束力が発生するのみである。

第7節　国民投票の定義と構成要素

　以上より，国民投票を次のように定義する。
　「国民投票は，憲法の規定に基づいて，発議権を有する国民，大統領，議会等の国家機関が発議の意思を示し，所定の発議要件を満たしたときに発議され，または一定の事項については自動的に発議され，裁判所等によって投

票案件が審査され確定した後，発議から一定期間を経過した後に，有権者が，投票案件に対して投票して，賛成・反対・棄権の意思を示すものであり，投票結果が所定の成立要件を満たした場合に，その法的効力が発生するものである。ただし，助言型国民投票は，通常，憲法の規定に基づくことなく実施され，その結果には法的拘束力が存しない。」

 注）　後述のとおり，フィンランドは助言型国民投票を憲法の規定に基づいて実施している。

　このように，国民投票は，①発議機関による発議の意思表示と投票案件の作成，②発議要件充足のための活動，③議決ないしは署名収集による発議要件の充足（適格取得），④投票案件の確定，⑤投票日の決定，⑥選挙運動期間，⑦投票，⑧成立要件の充足，⑨法的効力の発生，をその構成要素とする。ただし，適格取得は，④の後になる場合もある。

第 2 章　国民投票の分類と本書における用語

　国民投票に関連する用語（レファレンダム・イニシアティヴ・プレビシットなど）は，実施国によって，あるいは，論者によって，様々な形で使われている。しかしながら，そこには一定の共通の用法があり，議論の混乱を避けるために，最初に，本書における国民投票の用語を，第 1 章の記述に沿って，分類整理していきたい。なお，この分類は，スクシ［Suksi a 28-37］の分類を基本的な枠組みとして，それを適宜，修正したものである。

　　注）　日本の文献における国民投票の分類には，［辻村］［内藤 a］がある。外国の文献で分類したものとしては，［Gallagher & Uleri 8-14］［Setälä 70-78］がある。

(1)　新憲法の制定または国家体制の確立のために行われる国民投票

　憲法制定に先立って，憲法制定権力が発現する［芦部 b 366］タイプの国民投票である［Gallagher & Uleri 228］。つまり，国政の最終決定機関としての国民が，憲法制定，独立，王制廃止等の国家体制にとって重要な問題を決定するために行う国民投票である。本書では，新憲法を制定する国民投票を，「憲法制定レファレンダム」という。

　　注）　王制廃止の是非を問う国民投票は，ギリシア（1946年），イタリア（1946年），ベルギー（1950年）で実施されている［Luthardt 66］。

(2)　国民投票の実施がルール化されている場合とされていない場合

　国民投票は，第 1 に，pre-regulated（国民投票に係るルールがあらかじめ制定されている場合）と non-pre-regulated（国民投票に係るルールが存在しない場合）の 2 つに分類される。完全な，pre-regulated とみなされるためには，国民投票に係る憲法の規定があるだけではなく，執行法までもが制定されることが必要である。non-pre-regulated は，上述のとおり，一回限りの国民投票である。このような，単発的な一回限りの国民投票を指して，スクシは，プレビシット（plebiscite）と呼ぶ［Suksi a 10］。このスクシが用いる「プレビシット」は，2 つの特徴を持つ。それは，必要な場合に実施されるアドホックな国民投票であることと，議会で討論された法案以外に対する投票である

ことである。後者は，政府の政策に対する投票を装いながら，実際は時の政権担当者に対する信任投票になることが多い。

　　注）［Suksi a 11］は，この単発的な国民投票を政策投票（policy vote）という。

　ただし，このプレビシットという用語の使い方は，国によって，または論者によって異なる。ドイツでは価値中立的な概念として用いられ，多くの場合，国民投票および住民投票を指す Volksabstimmung や Referendum と同義語として用いられる。一方，フランスやスイスではナポレオンやド・ゴールが国民投票を自己の地位の維持のため，あるいは正統化のために用いた経験から，プレビシットという用語に対しては，マイナスのイメージがある。そこでは，国民投票の濫用を示す政治的な常套句として用いられ，国民投票の堕落した形態や規範のない恣意的な運用を意味している。したがって，本書でも，このような，争点を媒介として人物に対する信任投票を恣意的に行うという意味で，「国民投票がプレビシット的に用いられている」という言い方をするが，特定の制度を指してこの言葉を用いることはしない。

　　注）［内藤 6-8］がプレビシットとレファレンダムの峻別論を展開する。
　　注）　プレビシットという用語の多様な使い方については，［Deszō］が詳しい。

(3)　義務的レファレンダムと任意的レファレンダム

　次に，国民投票は，mandatory（義務的に行われる場合）と facultative（任意に行われる場合）に分類される。つまり，第1章で述べたように，国民投票には，一定の場合，発議なしで自動的に行われることがあり，これを「義務的レファレンダム」という。一方，発議機関が任意に発議することによって，実施するタイプを「任意的レファレンダム」という。

(4)　国民主導型国民投票・政府主導型国民投票・議会主導型国民投票

　任意的レファレンダムは，さらに，発議機関の所在によって3つに分類される。本書では，国民が発議する場合は，「国民主導型国民投票」，政府（大統領・首相）が発議する場合は，「政府主導型国民投票」，議会が発議する場合は，「議会主導型国民投票」という名称を用いる。

(5)　（直接・間接）イニシアティヴ・拒否型国民投票・廃止型国民投票

　国民主導型国民投票は大きく分けて4種ある。アメリカで行われているように，議会を通過させないで，直接国民が立法行為（憲法・法律の制定・改廃）を行うものを「イニシアティヴ」と呼ぶ。また，アメリカには，国民が

法案を作成して，いったん議会に提案し，議会が採択しない場合には国民投票を行うタイプのイニシアティヴ（以下「間接イニシアティヴ」という。）がある。また，スイスのように，議会の制定した立法に対して，成立直後に国民投票を実施して効力を否認する場合（以下「拒否型国民投票」という。），およびイタリアのように，既に制定法として存在する法律を国民投票によって廃止する場合（以下「廃止型国民投票」）がある。

なお，アメリカで実施されているイニシアティヴは，州レベルの投票であることから，本来は，住民投票であるが，カリフォルニア・オレゴン・コロラドといった，イニシアティヴが最も盛んな3州は，人口も多く，高度な運用を見せていることから，本書では，アメリカの住民投票を国民投票に準じて扱う。

> 注） この3州において，投票に付されるイニシアティヴが，イニシアティヴを制度化する全24州の中で突出していることは，［Ellis 206］の表で確認することができる。

(6) 大統領主導型国民投票（フランス型）・首相主導型（イギリス型）

政府主導型国民投票には，フランスのように，大統領が議会を実質的に通過させずに，直接投票案件についての民意を問うタイプと，イギリスのように，首相が議会の多数を背景にして実施するタイプ（助言型国民投票）の国民投票がある。

> 注） スペインはイギリス型に近い，政府主導の助言型国民投票（首相が提案し，下院が承認する）を制度化している［Kaufmann & Waters 111-112］。

(7) 議会多数派主導型国民投票・議会少数派主導型国民投票

議会主導型国民投票には，議会の多数（過半数またはそれ以上）の賛成によって国民投票が発議される場合がある。これは，アイルランドのように，憲法改正を議会が直接問う場合と，北欧諸国のように，EU加盟などの争点について，議会内部の合意に基づいて国民投票に問う場合とがある。前者は，立法を行うタイプであるが，後者は，特定の政策の是非を問う，助言型国民投票が多い。これを本書では，「議会多数派主導型国民投票」という。一方，デンマークの法律についてのレファレンダムのように，議会の少数派（たとえば各院の3分の1など）の要求によって実施される場合がある。これを，「議会少数派主導型国民投票」という。

(8) 法形式による分類

本書では，こうした用語の下で議論を進めていくが，その際，憲法についてのイニシアティヴであれば，「憲法」イニシアティヴ，法律に対するものであれば「法律」イニシアティヴというように，対象となった法形式名をつけることにする。

(9) まとめ

本書では，国民投票を以下のように分類する。

　　新憲法の制定または国家体制の確立のために行われる国民投票
　　　国民投票の実施がルール化されていない国民投票
　　　　①助言型国民投票（政策投票）
　　　国民投票の実施がルール化されている国民投票
　　　　実施が義務付けられている国民投票
　　　　　②義務的レファレンダム
　　　　発議による国民投票（任意的レファレンダム）
　　　　　国民主導型国民投票
　　　　　　③イニシアティヴ
　　　　　　④間接イニシアティヴ
　　　　　　⑤拒否型国民投票
　　　　　　⑥廃止型国民投票
　　　　　政府主導型国民投票
　　　　　　⑦大統領主導型国民投票
　　　　　　⑧首相主導助言型国民投票
　　　　　議会主導型国民投票
　　　　　　⑨議会多数派主導型憲法改正国民投票
　　　　　　⑩議会多数派主導助言型国民投票
　　　　　　⑪議会少数派主導型国民投票

①と⑧と⑩は，実質的に同じ助言型国民投票であるので，11の類型中，9つの国民投票について，日本型国民投票導入のためのモデルとして採用し，また，それらを主要な国民投票として実施している国の運用実態を第2部において，分析していきたい。なお，これらの9種の上位概念として，国民投票を用いる。

第3章　国民投票を分析する枠組

　これまでの国民投票の定義と分類を受けて，各国の運用実態の分析に入る前に，各国民投票を分析する枠組を作りたい。

第1節　政府・議会のコントロールと国民投票の結果
　　　　—ゴードン・スミスの分類

　さて，国民投票は，議題の提案の形態という点で，「上から」と「下から」の2種に大別することができる。すなわち，政府主導型国民投票と議会主導型国民投票が，「上からの」国民投票であり，国民主導型国民投票が，「下からの」国民投票である。一口に国民投票といっても，これらの2種は全く異なる運用実態を示す。上からの国民投票で，政府・議会が自己の政治的な便宜から，国民投票の実施をコントロールして，賛成の結果を得られやすい投票案件を作成し，時期を選定することが予想される。しかしながら，投票結果に着目すると，上からの国民投票を実施する政府・議会の目論見は必ずしも成功するとは限らない。国民投票を実施する際の政府のコントロールの程度とその結果が，政府に与える影響について，ゴードン・スミス［Gordon Smith］は，2つの因子を組み合わせて，説明を試みる。

　(i)　〈controlled-uncontrolled〉　これは，政府が国民投票の実施に関して，どの程度支配しているのかを問う視点である。完全な government-controlled の形態は，国民投票を実施するかどうか，国民投票の投票案件の決定，法的効力の付与の有無と，その条件（成立要件）の決定について，唯一の権限を持っている場合を指し，ド・ゴール時代のフランスの国民投票がこれに近い。一方，その対極にあるのが，イニシアティヴや拒否型国民投票のように，国民の手で，国民投票が開始された場合である。その両極にいたる程度は，発議権と当該国民投票が実施されるまでの過程によって決定される。

(ii) 〈hegemonic-antihegemonic〉 これは，実施された国民投票の結果が，政府の思惑通りになるかどうか，もしくは政府にとって有利なものになるかどうか，を問う視点である。

この 2 つを組み合わせると，次のように，5 つに分けられ，（ ）の中は典型的な国民投票の例を示している［Qvortrup c 100］。

① controlled-hegemonic（フランス1962年10月）
② controlled-antihegemonic（フランス1969年）
③ uncontrolled-hegemonic（アイルランド1987年）
④ uncontrolled-antihegemonic（イギリス1979年）
⑤ non-functional（neutral）（フランス1972年）

政府・議会の多数派が，国民投票の実施をコントロールしている場合は，①になる場合が多いと予想される。それは，実施する側が，自己の政権にとって，プラスになるような，題材と時期を選ぶことを理由とする。しかし，政府・議会の多数派が実施をコントロールしているからといって，常にそれらにとって有利な結果になるとは限らない。なお，⑤は，政治的重要性を持たない国民投票である。その典型例は，1972年にポンピドー大統領が実施した，EC拡大についての国民投票である。

上からの国民投票の実施を，政府・議会の多数派がどの程度，コントロールしているかどうかは，発議要件が充足されやすい状況にあるかどうかで決定される。つまり，憲法および執行法の規定のあり方と，議会における与野党の勢力分布など，実際の政治の状況に左右される。結果が，発議機関の狙い通りのものになるかどうかにも，様々な要因が作用する。もちろん，下からの国民投票も，実際に投票が行われ，さらに，投票案件が国民の支持を得て，最終的に確定するためには，発議要件とそれ以外の要因の影響を受ける。この諸要因については後述する。

注）「上」(above)，「下からの」国民投票 (from below) という用語は，［Papadopoulos 35］で使用され，下からの国民投票は，投票案件が多くなるとしている。［Desző 265］にも，referendum from above という用い方がみられる。

注）1944年から1997年までの欧州の国民投票を上記①～④の分類に振り分けたものとして［Qvortrup c 101］がある。

第2節　国民投票の問題点とその抑制―フィルター理論

　続いて，国民投票が適正に運用されるための視点を提示したい。国民投票を運用するにあたっては，まず，各制度に期待される機能が発揮されることが求められる。つまり，第2部で示されるように，国民投票の主たる機能であるところの，正統性付与機能，紛争解決機能，制度改革機能，立法機能，立法・政策に対する拒否機能，参加機能，教育機能が発揮されるための，土台作りが求められる。しかし，一方では，国民投票において発生が予想される濫用の抑制も求められるところである。つまり，一般に国民投票および直接民主制に批判的な論者が指摘する，以下の問題点をできる限り抑制するような制度設計と運用がなされなければならない。

　　注）　国民投票の主たる機能を概観したものとしては，[Luthardt 35-36] がある。

① 投票率が低下し，国民が国民投票の過程に十分に参加しない（参加のパラドックス）。
② ①のために，投票結果が，国民の少数の民意を反映したものになる（false majority）。
③ 多くの国民が，投票を希望する議題が投票案件にならない。
④ 国民が投票を希望しない，もしくは不必要な議題が国民投票の投票案件になる。
⑤ 政権担当者が自己の権力基盤を強化する手段として，つまり，国民投票をプレビシットとして利用する。
⑥ 投票者が投票案件についての十分な情報を持たずに，あるいは投票案件を理解せずに投票する。
⑦ 資金力に恵まれた側が議題設定および投票結果において有利である。
⑧ 国民投票によって，マイノリティーの権利が侵害される。
⑨ 利害関係者との調整がなされず，他の法規との矛盾衝突の可能性がある立法がなされる。
⑩ 投票結果から国民の意思，メッセージを読みとることができない。

　　注）　直接民主制および国民投票の問題点一般を論じたものとしては，[Butler & Ranney b 17-20] [Cronin 205-222] [Donovan & Bowler 11-13] [Zimmerman 13-

18］がある。また，社会的選択論の視点から，国民投票の問題点を指摘したものとして，［Setälä 12-32］がある。

そこで，署名要件等の国民投票の各構成要素は，これらの問題点を抑制し，むき出しの民意を濾過する装置として機能することが期待されて，設定されるのである。ここで，「濾過」とは，利害調整を経ず，多角的な批判検討が，加えられていない投票案件の出現を抑制し，国民が，熟慮を重ねることなく不十分な情報の下で行った投票を抑制するという意味で用いている。本書では，この民意の濾過装置を「フィルター」と呼び，以下，国民投票の過程にフィルターを設置することの具体的な意味を説明する。この国民投票にフィルターを付加するという発想は，ユール［Eule］から得たものである。ユールは，アメリカの住民投票の濫用，特にマイノリティーの権利侵害の可能性を憂慮し，その対策として，主として議会をフィルターとすることを主張している。

まず，国民投票の過程における最初のフィルターは，発議要件である。これによって，国民投票の数が制限される。一定数の署名あるいは国会議員の賛成を求めることは，説得力のない投票案件を排除することになる。ここで，内容に問題のある投票案件，コンセンサス形成が不十分な投票案件をふるい落とすのである。

次に，発議要件を充足したものについては，裁判所または選挙管理委員会等の行政当局，ないしは議会が，投票案件の内容を審査し，民意が正確に反映される文言かどうか，つまりシングルサブジェクトルールを充足するかどうか（複数の論点を含むものであるかどうか），除外事由に該当しないか，投票案件が憲法に違反しないかどうか等をチェックする。

裁判所は，投票実施後に成立要件が充足されたかどうかを審査する機能もあるが，それ以外に，大きな役割を有する。1つは，選挙運動を規制する法規の審査である。これによって，政治的言論が拡大する方向に導き，一方，資金に恵まれない市民運動グループの投票箱への接近を確保する。つまり，国民投票の過程の公正さを維持し，民意が正確に反映されるための前提条件を整備する機能を有する。もう1つは，国民投票によって制定された法規の審査である。マイノリティーに対する権利侵害をここでふるい落とすのである。このように，裁判所は，各国の運用実態でみるように国民投票の過程の

多段階において，フィルターとして機能する。

　ユールは，議会においては，熟慮がなされ，公開された討論が行われることから，イニシアティヴに比べると差別的立法が発生しにくいとする。つまり，委員会での趣旨説明，公聴会等の制度および記名での採決が，あからさまな差別立法の成立を抑制しているとする［Eule 1559］。確かに，その意味で，間接イニシアティヴは，投票案件が議会を通過することになるので，イニシアティヴにフィルターを1枚追加したことになるであろう。逆に，フランス型の国民投票は，議会を実質的に通過しないことから，フィルターが1枚少ないことを意味する。

　このように，発議要件，投票案件に対する規制，選挙運動に対する規制，成立要件，裁判所，議会等が，内容に問題のある投票案件をふるい落とし，投票者が十分な情報をもって投票するためのフィルターとして機能しているのである。このフィルターという概念は，国民投票の運用実態を分析する際に重要な視点を提供するであろう。

　このフィルターという発想は，上記のとおり，国民投票がむき出しの生の声であることに対する警戒心から，生み出されたものである。しかしながら，このフィルターは，時宜を得て適切な国民投票を実施しようとする発議機関からみれば，逆に，国民投票の実施を妨害し，政治過程に対する民意反映を抑制する障害物（ハードル）として作用するであろう［Gerber a］。そして，このハードルとしての作用が強すぎると，発議されることのない国民投票になるのである。第1章第1節で述べたように，この発議されることのない国民投票が凍結された国民投票である。

　　注）［岩井］によれば，日本の国会は野党に有利な国会のルールが多いために法案を成立させたい与党にとっては，「障害物競走」の様相を示している，という。この点は，本書の「ハードル」という考え方と共通していると思われる。

第3節　国民投票の運用に影響を与える要因

　第2部において，主要実施国の国民投票の運用を分析する際には，上述のとおりのフィルターに対して，それぞれの実施国に固有の要因が，いかに作用しているかを観察していく。そして，それを踏まえた上で，国民投票が機

第1部　国民投票総論

能不全に陥っている場合は，国民投票の過程のどの部分が過重なハードルとなっているのかを明らかにし，あるいは問題点の発生を抑制できない場合は，フィルターとしての機能しない原因はどこにあるのかを明らかにしていく必要がある。以下，フィルターに作用する要因を列挙していきたい。

(a)　政府　発議機関としての政府（大統領・首相）は，多くの場合，政府主導型国民投票および議会主導型国民投票において，国民投票の実施，投票日および投票案件の決定をコントロールしている。政府主導型国民投票および議会主導型国民投票が，その国の政治制度に定着し，国民に受け入れられるか否かは，政府の運用に対する姿勢にかかっている。重要な論点を提示しているのか，適切な時期に行っているのか，自己の権力強化のために行っているのではないか，などが問題となる。

(b)　国民投票の沿革および国民の経験　国民投票がどのような経緯で制度化され，その後どのように運用されてきたのかが，個々の国民投票の結果に影響を及ぼす。間接民主制に対抗する形で制度化されたのか，もともと直接民主制の制度が歴史的に存在し，長い伝統を持っているのか。これまでに，国民投票をどの程度実施してきたのか。フランス・ドイツのように，国民投票をプレビシットとして用いた経験があるのか。あるいは，地方レベルで直接民主制がどの程度行われているのか。このような点が，国民投票の運用を根底で支えるのである。

(c)　国民の均質性・対立要因　民族・地域・社会階層・宗教間の対立が国内にある場合は，国民投票の結果に表れることがある。北欧の国民投票に表れる政治的エリートと大衆との対立がそれである。国内に独立志向の強い地域がある場合，地域への権限委譲のための国民投票はもとより，他の国民投票においても，反政府的，反中央的な結果が現れやすい。また，首都周辺の都市部と地方の農村地帯の見解がはっきりと分かれる場合がある。このような場合，国民投票によるコンセンサス形成が困難となるであろう。

(d)　宗教・文化　投票案件が，イタリア・アイルランドのように，中絶・離婚等の倫理的な内容である場合，その国の文化・宗教が投票結果に影響を与える。特に欧米の場合，キリスト教会，特にカトリックの影響力が問題となる。

(e) 国政選挙　どの程度の頻度で，国政選挙が実施されているかが問題となる。議会の解散には国民投票に類似する機能（レファレンダム機能）がある［長谷部 a 259-260］ので，解散で国民投票実施の必要性が満たされているのであれば，国民投票は不要なものとなるはずである。国政選挙の時期は，発議を行う時期を考慮する際の重要な要因の１つになっている。国民投票は，国政選挙からの争点外しを目的として，実施されることもある。

(f) 政党　政府主導型国民投票および議会主導型国民投票の場合，連立する政党の構成が実施の有無を左右する。少数内閣であるのか，大連立政権であるのかは，国民投票実施のコントロールの程度に影響を与える。また，連立与党内または政党内の分裂は，国民投票実施の要因になることが多い。国民主導型国民投票の場合は，現政権に対する敵対的な野党の存在も，国民投票の頻度に影響を与える。さらに政党は国民に情報を提供し，投票者が投票する際の鍵となる。

(g) 利益集団　どのタイプの国民投票においても，利益集団が積極的に，活動することが観察される。集票力が強い場合は，国民投票の行使を威嚇の手段として使うこともある。労働組合，企業連合，政治組織など，様々なものがある。

(h) 市民運動グループ　国民主導型国民投票においては，市民運動グループが，少ないコストで，立法ないしは立法への反対の活動が展開できるようにしなければならない。つまり，これらの団体が投票案件を作成し，自らの見解を国内に広めることができるような，制度形成が求められるのである。また，政府主導型国民投票および議会主導型国民投票においても，これらの団体を通じて，国内世論が喚起されるような制度形成が求められる。国民投票の結果に民意が十分に反映されたと評価されるためには，高い投票率が必要となる以上，これらの団体の活動が制度定着および運用の鍵を握っていることは明らかである。

(i) 政治家・政治的エリート（政治階層）　政治家は，政府主導型国民投票および議会主導型国民投票だけでなく，国民主導型国民投票をも，自己の政策実現のために利用する。有名な，あるいは人気のある政治家の，投票案件を支持する旨の発言（以下「エンドースメント」という。）は，

投票率および国民投票の成立の有無を決定する重要な要因である。また，逆に政治的エリートに対する反発が，国民投票の結果を左右することがある。すでにみたように，政治家・政治的エリートは，自己の有利な結果になるように環境を整えて国民投票を実施するが，必ずしも成功するわけではない。

(j) 人口・国土の広さ　一般に人口が多い場合は，署名要件を満たすことが難しくなってくる。仮に，人口の数％が署名収集の要件であるとしても，アメリカの州のような地理的要件（各地域から一定の割合の署名を要求する）が加わる場合は，人口が多くかつ国土が広大な国では，国民主導型国民投票が事実上機能しなくなる恐れがある。

なお，これらの要因は，国民投票の運用に作用するのであるが，逆に国民投票の運用および各フィルターの存在が，これらの要因に作用することもある。署名要件のあり方が，市民運動グループの活動の戦術を変更させたり，国民投票の実施によって政党が分裂したり，逆に対立が解消ないしは融和されることもある。したがって，フィルターと要因の相互作用という現象も考察対象とする必要がある。

第 2 部

国民投票各論
―主要実施国の運用実態―

第1章　アメリカの住民投票

第1節　アメリカの住民投票の沿革

　アメリカは，現在，スイス・ドイツと並んで，世界で最も州レベルのイニシアティヴおよびレファレンダム（以下併せて「住民投票」という。）の利用の多い国の1つである。住民投票を制度化している州は28にわたり（イニシアティヴは24州，憲法改正以外のレファレンダムは23州），デラウエアを除く49州において憲法を改正する際には，レファレンダムに付すことが義務づけられている。また，投票案件も多く，内容も多岐にわたっていることから，住民投票が，アメリカの政治過程において，重要な位置を占めているということができる。

　　注）　住民投票を実施する州の数については，［網中 124-125］および Referendum & Initiative Institute のホームページ（http://www.iandrinstitute.org/）を参考にした。

　さて，このような住民投票の沿革については，通常次のように説明されている。

　　注）　［Allswang］［Cronin］［Ellis］［Ernst］［Magleby a］［Magleby b］［Zisk］を参考にして以下を記述した。

　まず，住民投票の提唱は，1890年代に隆盛を誇ったポピュリスト（Populist）運動に始まる。19世紀後半からの経済的繁栄の陰で，大都市が荒廃し農民が貧困に喘いでいたが，州および連邦政府の対応は，極めて鈍いものであった。当時こうした状況に不満を感じ，社会の根本的な改革を求める勢力が台頭してきていた。それらは，主として，農民，都市労働者，鉱山労働者，牧場労働者などから構成され，地域的には西部，中西部を中心としたものであった。これらの勢力は，農民連合（Farmers Alliance）を作り，あるいは既存の政党内部での改革を目指したが，やがて第3の政党として人民党（Populist Party）を作り，住民の直接的な政治参加によって，社会問題を解

決しようとした。その中で、住民投票が、社会改革の手段として提案されていたのである。そして、住民投票の採択の要求は、経済の停滞の終了とともに人民党が政治力を失った後、革新（進歩）主義運動（Progressive Movement）に引き継がれ、次第に住民の支持を集めるようになってきた。

こうしたポピュリスト運動と革新主義運動によって住民投票が推進された背景には、1880年代から90年代にかけての、州政府・議会の腐敗と堕落がある。カリフォルニア州政府と南パシフィック鉄道の関係に典型的に観察できるように、州の政策決定は、大企業の影響を強く受け、議員は企業と癒着した政党のボスに支配され、重要な立法が十分に審議されないままに、会期終了直前に大量に成立することもしばしば発生した。また、汚職も蔓延していた。さらに、優秀な人材がこうした政界に集まらなかったことも事態の混迷を招いていたといえよう。このような州政府・議会を目の当たりにしたことによって、政治改革の必要性が認識され、議会を迂回して民意を反映させる手段としての住民投票が広まり、それによって、住民の意思を反映した社会改革立法が制定されていった。

このような、住民参加による、つまり草の根（grass root）による社会改革を目指すことが、住民投票の本来の趣旨であるとされる。そして、革新主義が停滞した時期から60年代までは、住民投票の利用はやや低迷していたが、1970年代から1980年代にかけて再び利用が増加すると、核凍結や原子力発電所建設などの環境問題や税制問題に対する住民運動が、イニシアティヴの採択という形で展開されていった。さらに90年代以降は、利益集団、政治家など多様な立場から提案されるようになったこと、議員の任期制限など政治改革がイニシアティヴによって提案されるようになったことから、ますますイニシアティヴが発展しているということができる。

 注）ただし住民投票を新たに採択した州は少ない［Ellis 40］。

一方で、1970年代以降、住民投票の利用が増加したことに伴って、様々な問題点が指摘されるようになってきた。特に問題なのは、大企業等の資金力豊かな利益集団が、住民投票を「金で買う」という事態である。これは、ポピュリストパラドックス（populist paradox）（住民投票が、一般市民の政治参加の手段から、利益集団の利益追求の手段に変容すること）として、問題提起されている［Ellis 38-42］［Gerber a］。これに対しては、住民投票ではなく、議

会中心の政治を求める声も根強く存在する。
> 注) このような住民投票をめぐる見解の対立の背後にあるのは，代議制民主主義 (representative democracy) を重視すべきか，あるいは，「人民の意思」を最大限尊重すべきか，という思想的な対立であり，この対立は，アメリカ政治におけるポピュリズムと革新主義の対立に淵源を有する［Cain & Miller］。

　いずれにせよ，アメリカの住民投票は，まさに直接民主制の実験場であり，スイスと並んで，直接民主制の長所と短所が豊富に現れていることには疑いがなく，日本の国民投票（さらには住民投票）の制度化と運用を考えるにあたっては，その機能と問題点が参考になる。
　以下，本章においては，利用頻度が一番高くかつ重要な制度であるところの，イニシアティヴを中心にその制度と運用状況を分析する。そして，その各段階において，イニシアティヴの提案する側と反対する側（以下，それぞれ提案側を「イニシアティヴの提案者」，反対側を「イニシアティヴへの反対者」という。）の攻防が繰り広げられているのである。

第2節　アメリカの住民投票の制度

2.1　住民投票の制度
アメリカの住民投票は，以下のように，4つに分類される。
> 注) この分類は，［Gerber a 15］および前出の Referendum & Initiative Institute のホームページによる。［網中 21-23］も同じ分類を用いているが，下記の(3)を「国民のレファレンダム」，(4)を「立法部のレファレンダム」とする。

(1) （直接）イニシアティヴ（direct initiative）

　イニシアティヴは，議会における審議を行わずに，住民が憲法または法律の制定・改廃を行う制度である。まず，イニシアティヴは，起草（drafting），すなわち，住民が投票案件を作成することから始まる。続いて，投票案件を投票にかける条件を満たす（「適格取得（qualifying）」）ためには，住民は一定数の請願（petition）に係る署名（signature 以下「署名」という。）を集めなければならない。適格取得した後は，投票案件に対する選挙運動（campaign）が行われる。その後に投票に付され，有効投票総数の過半数などの成立要件を満たした場合に成立する。なお，ここで直接イニシアティヴの「直接」と

は，議会の議決を全く経ないという意味である。
  (2) 間接イニシアティヴ（indirect initiative）
  間接イニシアティヴは，住民が起草し適格取得する点はイニシアティヴと同じであるが，その後，投票案件をいったん議会で審議する点が異なる。すなわち，間接イニシアティヴにおいては，住民が投票案件を作成して，一定数の署名を収集した後，当該投票案件は，議会での審議を受けることになる。議会は，投票案件を審議し可決することができるし，否決または審議未了とすることもできる。後者の場合に，さらに一定数（最初より高い）の署名収集をすることによって，もしくは自動的に，住民投票が実施される。この場合は，当初の投票案件が，そのまま投票に付されるとすると，イニシアティヴと同じものになる。ここでは，議会の審議によって，文言・内容等の問題点が明らかになる，というメリットがある。
    注）　いろいろな形の間接イニシアティヴがあり，［網中 24-29］が詳細な制度紹介を行っている。
  (3) 住民主導型レファレンダム（popular referendum）
  議会が可決した法律に対して，可決後一定期間内に，住民が一定数の署名を集めることを条件として投票に付す制度である。反対多数の場合は，投票案件は不成立となる。この制度は，スイスの任意的レファレンダム（拒否型国民投票）と同じ制度であるが，署名収集期間が比較的短いこと，別途，廃止のイニシアティヴを提起できることから，比較的利用が少ない。
  (4) 議会主導型レファレンダム（submitted referendum）
  議会が，憲法改正または法律制定・改廃等の投票案件を，住民に問う制度である。憲法改正案の場合のように，成立に慎重を期すために，投票案件が義務的に投票にかけられる場合（mandatory）と，議会が投票案件を自発的に住民投票にかける場合（voluntary）がある。
    注）　ただし，議会以外の機関が提案する場合がある。
  以上のように，アメリカの住民投票の場合，住民が投票案件を作成するタイプを（住民が開始する"initiate"という意味で）イニシアティヴと呼び，議会が投票案件または法案を作成し住民投票に付すタイプを（判断を住民に委ねる"refer"という意味で）レファレンダムと呼んでいることに注意する必要がある。なお，それぞれ，効力のない助言型（advisory）がある。

2.2 イニシアティヴ成立のための4段階および選挙後の段階

上述のとおり，イニシアティヴが成立するためには，①起草，②適格取得，③選挙運動，④投票（成立要件の充足）を通過しなければならないところ，さらに，有効に州の法規範の1つとなるためには，⑤選挙後（post-election）の段階を通過しなくてはならない。⑤は，選挙後に提起される裁判および議会での当該イニシアティヴに対する修正・廃止である。これらの各段階の規制は，第1部で述べたように，イニシアティヴを成立させようと思う者にとっては，ハードルであるが，濫用を抑制するという視点からみると，フィルターでもある。以下，各段階の規制を分析する。

   注）以下の記述は，[Tolbert, Lowenstein & Donovan 27-54] [Zimmerman 23-55] に多くを負っている。

2.2.1 起 草

イニシアティヴを成立させるためには，法律案・憲法案を作成しなければならない。この作業は，法律知識を必要とする。一方，投票案件が投票者にとって，理解しにくいもの，誤解や混乱を招くものであることも回避されなければならない。また，イニシアティヴが成立した場合，州政府の政策形成に予期せぬ影響を与えないような配慮が求められるところである。このため，投票案件の作成には，次のような内容・文言等の規制が存在する。

(1) 除外事項

イニシアティヴには，いくつかの州憲法において，対象についての制限が規定されている。それらの規定においては，歳出予算，裁判所，緊急措置，政府の財政援助などに対するイニシアティヴの提起が制限されている。

(2) 修正（amend）と改訂（revise）の区別

いくつかの州憲法において，憲法イニシアティヴは，憲法の修正（amend）はできるが，改訂（revise）はできない旨規定されている。たとえば，カリフォルニア州憲法は，「イニシアティヴは，法律および憲法の修正（amendment）を提案し，それらを採択もしくは拒否する有権者の権限である。」(CAL. CONST. art. II, §8(a))と規定し，カリフォルニア州の判例は，修正と改訂の区別は，「憲法を抜本的に変化させるためには，イニシアティヴの過程を通じて利用できる以上の手続，議論，熟慮を必要とする。」という原

理に基づいて行っている，としている（Raven v. Deukmeijan, 276 Cal. Rptr. 326 (1990))。ただし，この区別は，それほど明確にすることはできないように思われる [Tolbert, Lowenstein & Donovan 40-41]。

(3) シングルサブジェクトルール（Single-Subject Rule）

多くの州では，憲法において，「州議会で成立した憲法または制定法（以下「議会による立法」という。）は1つの主題に限定されなければならない（シングルサブジェクトルール single-subject rule)」という規定を有する。イニシアティヴを制度化する24の州のうち15州が，イニシアティヴに対しても同様の規定を置く。たとえば，カリフォルニア憲法は，「複数の内容を含むイニシアティヴの法案は，これを投票者に提案することができない，ないしは効力を有しない。」(CAL. CONST. art, II § 8(a)) と規定している。オレゴン憲法が「提案された法案及び憲法修正案は，1つの主題のみを含み，さらにその各事項は適切に関連していなければならない。」(ORE. CONST. art, IV(2)(d)) と規定する。議会による立法に対して，シングルサブジェクトルール違反を理由に訴訟が提起されることはまれであるが，イニシアティヴにおいては，後述のように，シングルサブジェクトルール違反の訴えが頻繁に提起されており，また近時その主張が裁判所によって認められるようになってきた。

注）シングルサブジェクトルールを採用する州の数については，前述のReferendum & Initiative Institute のホームページによる。なお [網中31] は，同ルールを「単一主題ルール」と呼ぶ。

シングルサブジェクトルールの趣旨は，第1に，党派間のなれあいによって無関係な争点を組み合わせて1つの投票案件にすることの防止，すなわちログローリングの防止である。ログローリングは，本来，議会による立法の場合に発生するものであるが，イニシアティヴにおいて，複数の利益集団が共同して提案する場合にも発生しうる。なお，ログローリングではないが，混乱を目的として対抗イニシアティヴを提案する場合などにも，無関係な争点の組み合わせは発生しうる。第2に，投票案件成立後に，投票者が不意打ちを受けないように，投票案件に対する情報提供を十分に行うことである [Ellis 68-70]。さらに，フロリダ州の最高裁判所は，シングルサブジェクトルールの第3の趣旨として，州の基本法（organic law）を，急激で大幅な変化（precipitous and cataclysmic change）から防止することをあげている (Ray

v. Mortham, 24 Fla. Law W.S 412, 199 at 15)。つまり，たとえば，憲法改正に係る3つの論点A，B，Cを，1つの投票案件にすることによる大幅な憲法上の変化を抑制しようとするものである［Tolbert, Lowenstein & Donovan 13］［Campbell b 133］。これは改訂禁止と同じ目的である。また，第4の趣旨については，本章4.2で説明する。

(4) 請願の提出（file）

投票案件を作成した後，実際に署名収集活動を開始するためには，最初に，州当局に請願を提出しなければならない。提出先は，司法長官（attorney general），副知事（lieutenant governor），州務長官（secretary of state）と州によって異なる。その際に，法案，憲法修正案の全文，あるいは州によっては，イニシアティヴの提案者の氏名等の提出が義務づけられている。

(5) 州当局との協議

上述のとおりの対象および文言上の規制を受けて，明確で投票者が理解しやすい投票案件の提出が求められるところ，実際には，修正が必要な投票案件も登場することから，コロラド，アイダホ，ワシントン，ワイオミング州では，州の当局が，投票案件の文言上の問題点を説明し，問題の解決を示唆する手続を設けている。コロラド州では，最初に，立法評議会の理事（director）および議会の法律扶助部門（office of legislative legal services）に全文が提出され，2週間以内に，修正についてのコメントをイニシアティヴの提案者に提供することになっている。州当局は，公聴会を開いて投票案件の周知をはかり，その席には，イニシアティヴへの反対者も出席することができる。ただし，コメントに基づいて修正するかどうかは，イニシアティヴの提案者の自由である。提供されたコメント以外の点について，大きな修正がある場合は，再びコメントを受けるために再提出しなければならない。

(6) 表題と要約（ballot title and summary）

投票案件の全文は，通常長くて文言も専門的であるので，州当局（多くの場合司法長官）が，署名収集および投票に役立つように，つまり，投票者の情報獲得を促進するように，投票案件の要約と表題を作成する。これらも訴訟の対象となる。

(7) 支出の見積もり（estimate of cost）

ミシシッピ州憲法および8つの州法は，各投票案件に対して，イニシア

ティヴに係る支出の見積もりを示すように求めている。ミシシッピ州では，イニシアティヴの提案者は，イニシアティヴを施行した場合に必要となる収入の総額と財源を明示するように求められている。また，議会の予算部門の首席が，イニシアティヴとそれに対する議会の対抗案の，財政上の分析をしたものの要約を提供する。なお，ミシシッピ州は，憲法の間接イニシアティヴのみを有する。

(8) 投票案件の数的制限および再提起の制限

その他の規制として，イニシアティヴの数が制限されることがある。ミシシッピ州では，投票に付されるのは，適格取得した最初の5つまでとされている。また，ネブラスカおよびワイオミングでは，選挙で否決されたイニシアティヴの再提起が，それぞれ，3年間，5年間は制限されている。

以上のように，投票案件が起草され，州当局に請願が提出され，司法長官から投票案件の要約と表題が出されると，次の段階である適格取得に向けての活動が開始される。

2.2.2 適格取得

(1) 署名の機能と署名要件

署名の機能は，まず，自分で作成した投票案件に関する説得を行い，一定数の支持を得ること（支持の獲得）によって，投票案件に対する議論を州内に広げ（議論の拡散），適格取得することによって，州の政治過程に争点を提示すること（議題設定）である。次に，全ての投票案件を住民投票に付すことは望ましいことではないので，一定数の支持を獲得したもの，すなわち成立の可能性のあるものに限定する（議題の制限）機能がある。議題の制限という点では，署名要件は，文字通り，予選（qualification＝適格取得）として機能する。さらに，署名した住民は，情報を獲得し，熟慮，検討した結果，選挙運動期間内に意見を変える可能性があるとすれば，投票案件について2回の判断を求めることで，慎重な判断を求めるという機能もある（再考促進）。これらの機能は，要求される署名の数によって変化する。署名要件のハードルが比較的低い場合は，議論の拡散と議題設定は容易になるが，その分，議題の制限は後退する。署名要件が高い場合は，より多くの支持の拡大と議論の拡散が求められ，議題設定が制限される。ただし，これらの機能の

前提条件は，署名する者が，よく考えて署名しているという点にあり，後述のとおり，現実と制度趣旨との間にはギャップがある。

  注）署名の目的・機能については，［Ellis 45-49］を参照されたい。

　実際，適格取得のために必要な署名の数は，州によってかなりの幅がある。その数字は，前回の知事ないし州務長官に対する選挙の得票数を基礎として，それに対する割合で示される。法律に対するイニシアティヴでは，ノースダコタの2％から，最高はワイオミングの15％まで様々である。憲法イニシアティヴでは，ノースダコタおよびマサチューセッツの5％から，アラスカの15％まで幅がある。なお，ワイオミング（憲法の方が10％と低い），マサチューセッツ（ともに5％），アーカンソー（ともに8％），メイン（ともに10％）以外は，憲法および法律の2つのイニシアティヴがある州は，憲法イニシアティヴの署名要件のハードルを高く設定している。これは，憲法が州の根本法規であることから，投票案件に対する支持および議論の拡大を求め，議題を制限し，改正を入り口において抑制しているものと思われる。

(2)　署名収集期間の制限

　署名収集のための期間も州によってかなり異なる。短いものでは，オクラホマ（90日），カリフォルニア（150日），ミシガン（180日），ワシントン（180日）がある。一方，5つの州，アーカンソー，アイダホ，ネブラスカ，オレゴン，ユタには，期間の制限がない。なお，アリゾナ，コロラド，マサチューセッツ，ミズーリ，ネバダ，ワシントンでは，全てのイニシアティヴに対する署名収集が同時に行われる。カリフォルニアのように，署名収集期間が短く，土地が広大で人口の多い州では，定められた署名を収集することは人的資源または政治資金に恵まれなければ，難しくなる。

(3)　地理的要件（geographical requirement）

　10の州が，州内において，できる限り広い支持と議論の拡散がなされるように，署名収集に「地域的な偏りがない」ことを求めている（地理的要件）。また，この要件は，イニシアティヴの提案者に対して，人口の多い都市部以外でも，署名収集を行うことを要求している。たとえば，アーカンソーでは，署名を，75のカウンティ（county アメリカの州の行政単位）のうち，15のカウンティから集める必要がある。マサチューセッツでは，特定のカウンティの署名が，求められる署名数の25％を超えることを禁じている。ただし，過度

な地理的要件は，住民のイニシアティヴを提起する意欲を減退させる可能性がある。さらに，マサチューセッツのような特定地域の突出を制限するものは，地域のインテンシティ（intensity 民意の強さ）を反映したイニシアティヴが適格取得しにくくなる可能性がある。

　　注）　インテンシティについては，［曽根 181-214］を参照されたい。
　　注）　1952-1994年の間において，署名収集における地理的要件がある州は，イニシアティヴが投票に付される割合が，同要件のない州の約半分である［Magleby b 225-227］。

(4)　署名収集者とその活動に対する制限

　多くの州では，署名収集を行う者（circulator 以下「署名収集者」という。）は，住民が署名した，という事実を証言する旨を宣誓しなければならない。また，署名収集者は，請願を収集する地域の選挙人名簿に登録された投票者か，そこに居住する者であることが求められている。ただし，これは連邦最高裁によって違憲と判断された。署名収集活動を主催する政治委員会も州の政治活動に係る規制を受け，政治献金等の報告もしなければならない。

　署名収集者が，相手に十分に投票案件の内容を説明し，必要な質疑応答を行い，十分納得した上で，署名をもらうのが理想の姿であろう。しかしながら，高い署名要件，人口の多さと，広大な土地，署名収集期間の短さ，さらには地理的要件が加わると，このような理想的な活動では，適格取得をすることが困難となることが容易に予想できる。ボランティアが自己の生活上の空き時間に，手弁当で活動を行うという形では，これらのハードルを越えることは難しい。そこで，署名収集を専門に扱う企業（以下「署名収集企業」という。）が登場することになる。現在では，市民運動が主導するタイプのイニシアティヴを含め，ほぼ全ての適格取得したイニシアティヴが，署名収集企業が雇う，プロの署名収集者（paid petition circulator）に依存している。

　この，署名収集企業の利用状況は，カリフォルニアのような大きな州でかつ利用頻度の高いところだけではなく，規模が小さい州またはイニシアティヴの頻度がそれほど高くない州でも観察される［Ellis 49-50］。これは，別の言い方をすると，大企業や富裕な個人が，資金力に物を言わせて，「適格取得を買う」ことができる状態になっているのである。このような状態は，「大企業および利益集団に対抗する手段」というイニシアティヴの制度趣旨

に反するものであり，上述のとおりの署名の機能を損なうものである。このため，いくつかの州では，プロによる署名収集活動を禁止するようになった。しかしながら，これらの署名収集に対する規制については，連邦最高裁が，Meyer v. Grant（486 U.S.414［1988］）で，プロによる署名収集を禁ずるコロラド州法を違憲とした。Buckley v. American Constitutional Law Foundation, Inc,（119 S. Ct. 636［1999］）では，コロラド州法の，①署名収集者が登録有権者であること，②「有料」と「無料」のバッジの着用を義務づけること，③イニシアティヴの提案者に署名収集者と彼らに対する支払額を公開させることの3点を違憲と判断している。この2つの判決では，次の3つの議論が修正1条の下で保障されている。①イニシアティヴの提案者の議論，②同反対者の議論，③署名者と収集者の間の議論［Kobach c 175］。

高い署名要件，短い署名収集期間，地理的要件の設定は，このような「適格取得を金で買う」という事態を改善するための方策という側面もあるが，逆に，市民運動グループが主導するタイプのイニシアティヴの適格取得を困難にするだけであるという，ジレンマが発生する。

　　注）　なお，署名収集企業はイニシアティヴの導入直後からすでに存在し，その弊害が問題となっていた。また，プロ禁止の法律も存在していた［Ellis 185-186］。

(5) 署名の検証（verification）

州務長官，副知事等の法律によって定められた機関が，収集された署名の点検を行う。この方法も，全署名の点検をする場合からサンプル抽出して点検する場合まで，様々な形態があるところ，近時は署名数の増加から後者の形が増えている。収集された署名は，署名者が登録されていないとか，二重に署名されているといった理由から無効とされるために，通常，署名要件の25％から50％の余裕をもつ必要がある。この検証の結果に対して，イニシアティヴの提案者または反対者から，訴訟が提起されることがある。

以上のように，署名の検証をクリアーすると，投票案件は投票適格を取得する。このとき，議会は，投票案件の提起する争点に対して別の見解を有していたり，投票案件の起草に問題があると判断した場合には，当該投票案件に対して，対抗案を同時に投票に付すことができる州もある（例えばマサチューセッツ，ミシガンなど）。これは，上述のとおりの，議会主導型レファレンダムである［Ban ducci 109-110］。

2.2.3 選挙運動
選挙運動のハードルには，投票者の投票行動と政治資金の2つがある。

(1) 選挙運動における対立

イニシアティヴ成立に向けて行われる選挙運動の大きなハードルは，イニシアティヴの提案者と反対者の激しい「対立」の存在である。投票案件に対して，賛否両陣営が激しく選挙運動を展開する場合は，そうでない場合と比較すると，当然，コストがかかる［Gerber a 52-54］。この対立には，利益集団と市民運動グループの2つを構成要素として，4つの形態が存在し，**3.3.2**で述べるように，それぞれ争点と運動の形態が異なる。

(2) 集票におけるコスト―動員と説得

続いて，投票案件に対して，票をどのように効率的に集めるか，という集票コストの問題が存在する。これは，投票者の投票行動に関わる問題である。住民投票においては，動員（mobilization）と説得（persuasion）の2つの集票方法がとられる。動員を行う場合，投票案件に対する既存の支持をうまく利用する方向で，選挙運動が展開される。つまり，投票者の選好を投票案件に結びつける戦術がとられる。動員は，投票者の見解が利益集団の目標に近いことが確認された場合，あるいは，中絶，死刑の存否など，投票者が争点に対して固定した意見（standing opinion）を有し［Magleby a 170-173］，選挙運動の経過に伴って，意見の変更をすることが困難であることが予想される場合に有効である。

一方，説得は，争点についての投票者の見解，および争点と投票者の選好の関係を変化させるものである。これは，動員より困難でコストがかかることは，容易に予想される。カリフォルニアの投票案件についての世論調査（1990～1996）［Dicamillo & Field］でも，低い支持率（5割以下）で選挙運動が開始された投票案件が，最終的に成立することが極めて少ない（6／58）ことが示されている。また，同調査では，当初高い支持率（5割を超える）であった投票案件が，最終的に成立する割合は比較的低い（13／32）ことが示されている。このことから，「当初支持されない投票案件は成立しにくく，当初支持されていた投票案件も選挙運動を通じて反対に傾くことが多い。」ことがわかる。さらに，同調査では，選挙運動の進行に伴って支持率が増加することも，極めて少ない（3／58）ことが示されている。以上のように，

投票者の説得が困難であることが理解される［Gerber a 54-55］。
 (3) 投票者の不安

さらに，投票行動のハードルとして，投票者の不安（uncertainty）がある。投票者は，一般に，投票案件がもたらす結果に対して不安を感じ，現状維持を好む傾向にある。投票者は投票案件が成立していない状態で生活し，その効果を体験していることから，「現状維持の方が，予期できない投票後の状態よりも良い」という判断が働く。投票案件に対する情報獲得のレベルに関わらず，一定の不安を感じるとすれば，イニシアティヴの提案者より，イニシアティヴへの反対者の方が有利である。反対する者は，投票者の不安を煽る戦略をとるだけでいいのに対して，提案者は，投票案件のあらゆる懸念を除去ないしは緩和するような戦略を，とらなければならないからである［Gerber a 56-58］。

 (4) 政治資金の影響力とその規制

選挙運動において，必要な政治資金を集めることはイニシアティヴ成立のための最大のハードルとなっている。つまり，選挙運動に必要な資金が高騰し，かつ，政治資金量の大小がイニシアティヴの成立に大きな影響を与えていることが指摘されているのである。上述のとおり，適格取得が事実上，金で買われている状態であるのに，選挙運動まで資金力が影響を与えるとすると，住民投票の導入の趣旨は崩壊しかねない。

さて，イニシアティヴにおいて，選挙運動を展開するために必要なものは，人的資源または政治資金であり，それは候補者に対する選挙と変わりがない。選挙運動期間中は，イニシアティヴの提案者および反対者の両陣営が，それぞれテレビ，ラジオのコマーシャル，ダイレクトメール，新聞広告等によって，投票案件に対する賛否を投票者に訴え，住民の意見形成（動員・説得・不安の利用）を試みる。こうした選挙運動を組織し，アドバイスをするのが，コンサルタント企業である。現在の，大企業および利益集団が主導するイニシアティヴは，コンサルタント企業の活動と密接な関係を有しており，当然，政治資金の多くは，このコンサルタント企業に対する支払いに充てられる。コンサルタント企業は，上述のとおりの起草から選挙運動に至るハードルを突破するために，多額の費用を計上し，それが，イニシアティヴにおける政治資金の高騰を招いたのであった［Donovan, Bowler & McCuan 101-120］。少な

くとも,ボランティアグループはこうした多額の政治資金を用意することは難しい。これは,「手弁当による選挙運動」という理想とは逆行するものである。

　70年代から80年代にかけて,イニシアティヴにおける政治資金の影響力の研究が多くなされ,[Shockley][Lowenstein][Magleby a][Zisk]等の研究によれば,イニシアティヴにおいて用いられる政治資金は,イニシアティヴの賛成側に支出するよりも,不安を煽ることで反対する側に支出することに効果的であると指摘されている。つまり,政治資金には,イニシアティヴによる政策推進ないしは改革を行う力よりも,現状を維持する力があることが理解される。この力が,利益集団による,市民運動主導のイニシアティヴをつぶす際に,利用されるのである。こうした事情が,政治資金の高騰の理由となっていることは明らかである。

　　注）一方,イニシアティヴを否決に導く金の効果は限定的であるという研究[Owens & Wade 83]がある。

　なお,80年までは,利益集団はそれほど高い費用をイニシアティヴにかけていた訳ではない。90年代になってから,選挙運動の費用が高騰する。

　　注）90年代においてカリフォルニアの政治資金は高騰し,1998年に,巨額支出の記録を作った。コロラドのような人口の少ない州も80〜90年代に高騰した[Daniel Smith 76-78]。

　このような政治資金の高騰に対して,州当局は,政治資金の支出・献金を制限する法を制定したが,連邦最高裁は,一連の判決によって,これらの規制が,結果的に政治的議論の拡散および情報の流通を制限することから,修正1条に違反し違憲と判断した。

　　注）Buckley v. Valeo（424 U.S. 1 [1976]）は,候補者に対する寄付金の制限を認めながらも,支出額の制限は表現の自由に重大な制約を及ぼす,とした。First National Bank of Boston v. Bellotti（435 U.S. 765 [1978]）では,住民投票に対する支出制限を規定する州法を違憲とした。Citizen against Rent Control v. City of Barkley（454 U.S. 290 [1981]）では住民投票を主催する政治委員会に対する献金制限を違憲とした。

(5)　パンフレットの作成―情報の流通

　連邦最高裁が説くように,投票案件に対する情報の流通は,賛成,反対のそれぞれの側の自由な競争に委ねるべきものではあるとしても,州発行の投

票案件についてのパンフレットは，投票者の情報量を増加させ，理解を助けるものである。州務長官は，来るべき選挙における投票案件の全文，それに対する賛否の両論を載せたパンフレットを作成し，登録した投票者に配布する。なお，カリフォルニアにおいては，議会による投票案件の財政上の効果についての分析が，パンフレットに記載される。現状においては，パンフレットが，投票者の最大の情報源となっている [Zimmerman 45-47]。

2.2.4 投票および成立要件

(1) 投票日および投票順序

イニシアティヴは，通常，2年おきの総選挙において投票される。なお，予備選挙において投票がなされる場合，議会・知事等の要求によって，イニシアティヴ実施のための特別選挙が行われる場合もある。イニシアティヴの提案者にとっては，この投票日の違いも成立のための重要な要素となっている。それは，総選挙でイニシアティヴの投票が行われた方が，予備選挙や特別選挙の場合よりも，成立する割合が高いからである。さらに，総選挙の場合，同時に行われる候補者選挙との順番も成立に影響を与える [Gerber a 42]。1970〜1992年のカリフォルニア・マサチューセッツ・ワシントンの3州についてのマグルビーの調査によると，候補者選挙の後に，イニシアティヴおよびレファレンダムの投票が行われると，13〜14％の投票者が棄権する [Magleby b 245-248]。

(2) 成立要件

イニシアティヴは通常，投票案件に対する有効投票総数の過半数を獲得した場合に成立する。しかし，いくつかの州で，何らかの形の特別多数決を規定する。その趣旨は，単なる一時的な多数によって，重大な政策変更が行われることを防ぐことにある。たとえば，イリノイ州は，憲法イニシアティヴだけを有するが，その成立要件は，イニシアティヴに対する投票総数の5分の3または総選挙における投票総数の過半数となっている。ワイオミング州においては，イニシアティヴが成立するためには，総選挙の投票総数の過半数を得ることが必要である。上述のように，候補者選挙と比較すると13〜14％程度が棄権することから，これらの規定は一種の特別多数決となっている。また，別の形としては，ネバダ州の憲法イニシアティヴがある。ここで

は，イニシアティヴは，連続する2回の総選挙で過半数を獲得することが求められている。2回の過半数は，州法との違いを明確にさせ，つまり「硬性化」し，有権者に熟慮を求めることになる。しかし，イニシアティヴの提案者からみると，厳しいハードルということになり，憲法イニシアティヴではなく，むしろ法律イニシアティヴを選ぶであろう［Ellis 127-139］［Tolbert, Lowenstein & Donovan 38］。

注）マサチューセッツの間接イニシアティヴも一種の特別多数決ということができる。

2.2.5 選挙後のハードル

イニシアティヴが成立要件を満たして成立した後も，イニシアティヴの提案者にとってのハードルは続く。これは，選挙後の段階（post-election）のハードルである［Gerber a 44］。

(1) 議会における修正および廃止

議会における修正および廃止が全く無制限である州においては，その後のロビー活動などの議会対策も，イニシアティヴの提案者にとっては重要になる。また，イニシアティヴへの反対者も，議会での修正および廃止を目指して，活動するであろう。一方，イニシアティヴで成立した憲法・法律の修正および廃止を制限する州も少なくない。たとえば，カリフォルニアでは，成立したイニシアティヴ自体に，修正および廃止を認める規定がない限り，議会において修正および廃止をすることができない。したがって，イニシアティヴに対しては，イニシアティヴによって修正および廃止をするしかなくなる。ノースダコタでは，イニシアティヴで成立した法律は，議会の各院の3分の2の賛成を得ない限り，成立してから7年間は，修正および廃止ができない。このように，修正および廃止が制限されている州では，イニシアティヴで成立した憲法・法律は，他の憲法・法律に比べて，特別の地位が与えられたことを意味する［Ellis 126］［Zimmerman 50-51］。このことは，これまで述べてきたように，成立のためのハードルが高いとしても，あえて提案する側が，議会での成立よりも，イニシアティヴでの成立を目指す十分なインセンティブになりうる［Gerber a 51］。

注）後述のとおり，議会において，修正および廃止ができないことが，イニシア

ティヴによって成立した法の遵守（コンプライアンス compliance）を妨害する大きな要因となっている［Gerber, Lupia, McCubbins & Kiewiet］。

(2) イニシアティヴに対する裁判

裁判所は，これまでみてきたように，イニシアティヴの過程の各段階で関わってくる。その中で，最も重要なものは，成立したイニシアティヴに対して提起される裁判である。もし，成立したイニシアティヴが，住民投票および直接民主制に対する批判者によって主張されるような，「熟慮と討論の過程を経ない，むき出しで一時的な多数（bare and transient majority）である」としても，裁判所が，「最後の砦」として賢慮を発揮することができれば，イニシアティヴの運用は，より安定したものとなるであろう。この裁判所の役割は，特にマイノリティーに対する権利侵害という点で重要となるが，本章第4節で，イニシアティヴの過程の全体を通じた役割を分析したい。

(3) イニシアティヴに対するコンプライアンス

成立したイニシアティヴは，最後に，コンプライアンスの段階で，その執行をブロックされる可能性を秘めている。①イニシアティヴの文言が抽象的ないしは曖昧な場合は，具体的な執行法を制定する必要があること，②そのことが政府の役人に執行のための裁量権を与えること，③議会が予算措置を講じる必要があること等から，イニシアティヴによって示された住民の意思が無視されたり，不十分な形でしか実現されない場合が少なからず存在する。これが，「イニシアティヴを盗む（stealing initiative）」という現象である。成立したイニシアティヴが，不十分にしか執行されない，もしくは全く執行されないとすれば，これこそがイニシアティヴ導入の趣旨に反するものであろう［Gerber, Lupia, McCubbins & Kiewiet 15-26］。

注）この場合，議会および知事，判検事，政府の役人が執行に反対するのであるが，その背後にはイニシアティヴに反対する民意が働いているとみるべきである。

第3節　アメリカの住民投票の利用形態

3.1　住民投票の過程に登場する者

住民投票は，それを主導するタイプによって，①市民運動（草の根運動）主導型，②企業・利益集団主導型，③個人主導型の3つに大きく分けること

ができる。
　イニシアティヴの導入の趣旨のとおり，イニシアティヴの提起の中心は，住民すなわち，市民運動グループである。こうした草の根運動型のイニシアティヴは，人的資源に恵まれ，最低限の資金を確保することが可能である。確かに，人口の多い州では，ボランティアだけで署名収集を行うことは困難であるが，近時は，市民運動主導型のイニシアティヴでも，署名収集企業を利用することによって，適格取得が容易になり，後述のように，争点によっては，イニシアティヴを成立させることが可能となってきた。
　しかし，市民運動グループ以外の多くの者が，様々な効果を狙ってイニシアティヴの過程に参加している。まず，近時は，知事，議員などの現職の政治家および候補者による住民投票の利用が増加している。カリフォルニアでは，70年代および80年代のイニシアティヴの3分の1以上が，資金集め等の，選挙に通じた現職の政治家もしくは候補者によって提起されている［Ellis 80-90］。ただし，賛成票を集めるつもりが，反対票を堀りおこし，自分にとってイニシアティヴ提起がマイナスになる場合がある。
　しかし，イニシアティヴの過程で最も活発に行動しているのは，経験が豊富で，多くのノウハウを有している「職業的」活動家である［Ellis 90-102］。また，豊富な資金力を有する資産家も，自己に有利な政策を形成するために，イニシアティヴを利用するようになった。彼らにとっては，議員になって立法活動を行うこと，および政治家に献金することに比較すると，イニシアティヴを提起する方が，政策実現の手段としては，直接的であるし，その可能性も高い。これらのイニシアティヴの活動家と資産家の問題点は，議会に対しても強い影響力を持ち，政治力を有しているにもかかわらず，政治家と違って，個人の政治的責任を追及することができないことにある。そして，これまで述べてきたように，様々なハードルを突破するのに十分な，人的資源および政治資金を有する利益集団も，主たるイニシアティヴの担い手である。ここでの利益集団とは，企業連合，労働組合，職業団体等の利益集団を指している。

　　注）［Ellis 92-94］に登場する，アメリカで最も有名なイニシアティヴの個人活動家，Sizemoreの例が興味深い。彼は，イニシアティヴについての高度なノウハウを有し，オレゴン州内で強い政治的影響力を有する，という。

そして，これらの担い手をバックアップするのが選挙運動の専門家である。現状では，イニシアティヴの提案者のほとんど全てが，選挙運動の専門家を利用し，その役割は極めて大きい。これらの専門家は，選挙法規等に詳しい弁護士，署名収集企業，コンサルタント企業などである。これらは，投票案件の起草（法律的アドバイス，真の意図の秘匿等の技術的アドバイス），裁判所からの表題の取得（自分が気に入る表題になるまで繰り返す，あるいは少しずつ違う複数の投票案件を提出する。），コマーシャルの作成等を行う。カリフォルニアでは，これらのコンサルタント企業を，いかに早い段階で利用するかが，イニシアティヴ成立の決め手となっている。

 注） カリフォルニアのコンサルタント企業の詳しい利用状況については［McCuan, Bowler, Donovan & Fernandez］を参照されたい。

3.2　住民投票における戦略とポピュリストパラドックス

続いて，このような住民投票の担い手は，具体的には，どのような戦略をとるのであろうか。

3.2.1　4つの戦略

ガーバーは，次のような5つの前提を立てて，上述のポピュリストパラドックスの存在を検証している［Gerber a 6-8］。①住民投票の担い手である利益集団は，影響力行使の方法と住民投票の戦略の中から，いずれかを選択して行動する。②利益集団は，現状維持もしくは現状変革を目的として，direct modifying（直接的現状変革，以下DMとする。），direct preserving（直接的現状維持，DP），indirect modifying（間接的現状変革，IM），indirect preserving（間接的現状維持，IP）の4つの形態の影響力を行使するために，住民投票を利用する。③制度と住民投票の他の担い手が作り出すハードルは，起草，適格取得，選挙運動であり，利益集団は，影響力行使のために，それらのハードルをクリアーしなければならない。④利益集団は，それぞれの戦略に結びついているハードルをクリアーするための資源を有する。それらの資源は，政治資金と，構成員，ボランティア，選挙運動の専門家といった，人的な資源に分けられる。⑤それぞれの利益集団は，住民投票における戦略で必要とされる資源を形成する比較優位性を有する。（たとえば，大企業は金

と人,あるいは市民運動グループは人など。)
　　注)　なお,[Gerber a] は,市民運動グループにも利益集団という言葉を用いる。

　このうち,4つの影響力行使の方法について述べると,まず,DM(直接的現状変革)を目指す者は,①イニシアティヴの提起,②選挙運動委員会(campaign committee)の形成,③選挙運動委員会への貢献(資金提供・人の派遣),④投票案件に対するエンドースメントの表明,の4つの戦略をとることができる。ここで,直接的とは,イニシアティヴを成立させることによって,議会によらず,直接的に,立法活動を行うという意味であり,現状変革とは,新しい立法によって,政策形成を行うという意味である。住民の多くが投票案件に賛成を示している場合は,成立は容易であるが,そうではない場合,たとえば,意見形成ができていない場合および住民の多くが投票案件に反対の意思を示している場合は,DM の戦略を成功させることは容易ではない [Gerber a 38-47]。

　次に,DP(直接的現状維持)は,進歩的・改革的立法を阻止する戦略で,①住民主導型レファレンダムの適格取得,②競合するイニシアティヴの提起,③選挙運動委員会の形成,④選挙運動委員会への貢献,⑤法廷闘争の5つの戦略をとる。このうち,①②⑤が DP 独自の戦略である [Gerber a 47-50]。

　①住民主導型レファレンダムの適格取得は,議会が成立させた立法を否決させる戦略である。議会と民意が乖離している場合には,有効な手段となるが,議会による立法に反対する多数意見を形成するハードルは高いであろう。この戦術も,州の政治過程に議題設定と議論の拡散を行う。②競合するイニシアティヴの提起は,ある利益集団にとっては,内容が行き過ぎているイニシアティヴをつぶすために,同じ争点について穏健な内容のイニシアティヴを提起して,過激な投票案件を好まない投票者の注目を集めるために行われる。また,競合するイニシアティヴを提案して,投票者を混乱させ,疲労させ,不安を煽ることによって,標的とするイニシアティヴの成立を阻止するのである。この戦略では,必ずしも,自己のイニシアティヴを成立させることが目標ではない。

　　注)　競合するイニシアティヴの利用状況については,[Banducci a 112-115] を参照されたい。

　⑤法廷闘争は,後述のように,イニシアティヴの過程の各段階において行

うことのできる戦略で、コストがかかるとしても、現状維持のためには、有効な手段である。

　利益集団の影響力行使のもう1つの形態に、間接的な形がある。間接的という意味は、イニシアティヴ等の住民投票を用いて、議会に影響力を行使して、現状変革または現状維持という結果をもたらすことにある。その影響力行使の方法は大きく分けて2つある。1つは、イニシアティヴを提起し成立させることを議会に対して「威嚇」することである。2つ目は、議会に対して、争点に対する利益集団の支持または反対を「警告」することである。

　　注）威嚇と警告が可能な条件については、［Gerber a 22-26］を参照されたい。

　IM（間接的現状変革）は、①間接イニシアティヴを提起する。（もちろん同制度が存在する州のみ可能である。）②議会に警告するためにイニシアティヴを提起する。③選挙運動委員会に貢献する、の3つの戦略をとることが可能である［Gerber a 50-52］。

　IP（間接的現状維持）のとる戦略は、議会に警告するために、自分以外の者が提起したイニシアティヴに対する反対活動を行うことである。

　ガーバーは、DP、IM、IPの戦略をとる利益集団は、人的資源または政治資金を有することによって、ハードルをクリアーすることができるが、DMの戦略をとる場合は、人的資源と政治資金の双方の必要があることが予想されるとして、検証を行う。

3.2.2　データによる仮説の検証

　1996年にカリフォルニア・オレゴン・ネブラスカ・アイダホの4州の利益集団について、ガーバーは、次のような、住民投票の利用の動機についての調査を行った（調査1）［Gerber a 76-79］。1988〜1992年の間に、住民投票に対して政治献金をした利益集団と、候補者に対してのみ政治献金をした利益集団の合計600集団（その割合は半分ずつ）について、住民投票を利用する動機について調査したところ、156の利益集団から回答を得た。この調査によると、市民運動グループは、イニシアティヴを用いて新規の立法を行うことで、直接的に政策に対する影響力を行使しようとしている。また、経済的利益集団（企業および経済団体）は、議会に圧力をかけることによって、間接的に政策に対する影響力を行使しようとしている。この結果は、市民運動グ

ループと経済的利益集団では，資源の優位性の違いを反映して，住民投票を利用する方法が異なることを示している。

また，同じ調査において，住民投票における実際の活動についてアンケートをしたところ，署名収集，選挙運動委員会への政治資金以外の貢献，政治献金，ロビー活動，エンドースメント，資金集め，選挙運動委員会への参加，起草のうち，経済的利益集団は，政治資金を必要とする活動を行う傾向にあり，市民運動グループは，人的資源を必要とする活動を行う傾向にあった。

次に，調査1と同時に，上述の4州に，メイン，ミシガン，ミズーリ，ワシントン州を追加して，利益集団の実際の活動の分析を行った（調査2）[Gerber a 79-80]。1988〜1992年の間に，上記8州で，適格取得したイニシアティヴおよびレファレンダム全161件に対してなされた政治献金を，5種の利益集団（内訳は，企業・経済団体・市民運動グループ・職能団体・専門職団体），個人および候補者ごとに分けて，その対象を分析した。それによると，市民運動グループ・職能団体・個人は，イニシアティヴを推進することに自己の政治献金を多く使い，レファレンダムに反対する（議会で成立した進歩的な立法の廃止に反対する）ことに政治献金をさらに多く用いる。一方，経済的利益集団・専門職団体・企業は，イニシアティヴに反対し，レファレンダムに賛成する（成立した進歩的立法の廃止を求める）ことに政治献金を多く用いている［Gerber 97]。

上述の161の投票案件について，政治献金の効果を分析すると，結論的には，経済的利益集団がイニシアティヴを成立させるのは困難で，市民運動グループの方が成立させることができる。しかし，経済的利益集団は反対する陣営に献金することで，投票案件の成立を阻止することができる。

それは，次の分析結果から導き出される［Gerber a 119-120]。①経済的利益集団の行う政治献金は，票差を減らし（不成立の方向に有効），成立率を減少させる効果がある。一方，市民運動グループの政治献金には，成立に対しても不成立に対しても，著しい効果を見出すことはできない。②成立要件が単純多数の場合，市民運動グループが支持したイニシアティヴは，経済的利益集団の支持したイニシアティヴと比較すると，かなり高い割合で成立する。③成立したイニシアティヴは，政治献金を，経済的利益集団よりも市民運動グループから，多く受けていた。一方，不成立のイニシアティヴは，多くの

政治献金を，経済的利益集団から受けていた。成立したイニシアティヴは，経済的利益集団の反対をあまり受けることがなく，逆に不成立のイニシアティヴは，それを多く受けていた。

なお，間接的影響力の行使について，ガーバーは方法論上の難点があるとしながら，イニシアティヴのある州とない州を比較すると，環境，運輸，公衆衛生，租税の政策で，重要な違いがあり，そこには，市民運動グループと経済的利益団体の影響を観察することができるとする［Gerber a 121-128］。

3.2.3 ポピュリストパラドックスは存在するか？

まとめると，以下の通りになる。ガーバーが取り上げた利益集団のうち，市民運動グループはイニシアティヴを成立させる戦略をとり，成立したイニシアティヴは，市民運動グループが推進したものとなっている。また，経済的利益集団は，イニシアティヴを提起するが成立させることは少なく，提起されたイニシアティヴの成立を阻止する戦略をとっている。そして，経済的利益集団が反対するイニシアティヴは，成立しないことが多い。さらに，経済的利益集団は，成立しなくても，威嚇，警告のためにイニシアティヴを提起するが，それらの効果は限定的である。以上から，適格取得までは，金で買うことができるが，成立を金で買うことはできないことから，ポピュリストパラドックスが存在するという主張は不正確である［Gerber a 137-140］。

3.3 イニシアティヴの対立の構図―4つのタイプ
3.3.1 狭い利益集団対広い市民運動グループの対立

続いて，ドノバン・ボーラーらの研究に従って，狭い利益集団対広い市民運動グループの対立という軸で，イニシアティヴの選挙運動および投票結果を分析する［Donovan, Bowler, McCuan & Fernandez］。この分析によって，3.2に加えて，イニシアティヴの争点と対立状況の関係，そして，その選挙運動のあり方を示すことができる。ここで，狭い利益集団とは，狭い範囲で構成され（narrow-based），十分に組織化された（well-organized）集団で，それらは，特定可能な利益を保護し，排他的で構成員に分割することのできる利益（規制からの免除，税の優遇など）を追求する。具体例としては，タバコ会

社・石油会社・弁護士の団体などである。それらは規模の小ささと均質性を特徴とする。一方，広い市民運動グループは，広範囲な（broad, diffuse）選挙民からなる集団で，自己の利益に対する直接的な脅威を欠き，共通の目標がないことから，組織性が弱いことを特徴とする。これらの集団は，環境保護など，構成員に分割することのできない利益を有する。この集団の中には，多様なイニシアティヴに反対もしくは賛成するために，継続的な活動を行うものもあるが，多くは一時的に形成されたものであるので，政治資金を必要に応じてすぐに集めることは難しい。以下，この２つの集団を組み合わせた４つのタイプにイニシアティヴの選挙運動を分類して，考察する［Donovan, Bowler, McCuan & Fernandez 82-83］。

3.3.2 対立の４つのタイプ

(1) 利益集団間の闘争（interest group contest）—狭い利益集団対狭い利益集団の争い（タイプ１）

このタイプは，保険会社（経済的利益集団）と法廷弁護士（専門職団体）が，損害賠償保険・自動車保険を巡って，互いに自己に有利なイニシアティヴを提案する場合のように，議会において，争点についての妥協が成立しないときに生じる。ここでは，双方とも，人的資源を欠いているので，コンサルタント会社を用いて，激しい選挙運動を展開することから，多額の支出（high spending）を特徴とする。1988年カリフォルニアにおいて，保険会社，法廷弁護士，消費者間で規制についての妥協が成立しないことから，保険会社が３つのイニシアティヴの適格取得をしたところ，そのうちの提案106号が法廷弁護士を標的にする内容であったので，法廷弁護士の集団が逆に保険会社を標的とする提案100号を適格取得して，多額の支出を伴う激しい争いになった。この争いでは，最初に適格取得したイニシアティヴに反対する側が有利である。それは，投票者を混乱させるような競合するイニシアティヴを作成できるし，相手陣営は，自己の投票案件に対する集票だけでなく，競合するイニシアティヴへの戦いに力を注がざるを得ないからである。

このタイプのイニシアティヴは，企業間の交渉の行き詰まりを引きずるだけで，多額の支出の割には，イニシアティヴもほとんど成立せず，賛成票の割合も低い。上述のカリフォルニアの例では，合計９つの保険関係のイニシ

アティヴが提案され，成立したのは，消費者の提案したもの（これは後述タイプ2）であった［Donovan, Bowler, McCuan & Fernandez 83-87］。
  (2) 公益のための闘争（entrepreneurial contest）―広い市民運動グループが狭い利益集団に挑戦（タイプ2）

　これは，広い市民運動グループが，最低賃金，ボトルリサイクル，森林保護，特定の産業に対する課税，富裕層を対象とした課税などについてのイニシアティヴを提起し，それに対して，経済的利益集団，富裕層などが激しい反対の選挙運動を展開するタイプである。上述のとおり，経済的利益集団の現状維持の戦略（DP）が成功している領域であり，この領域に，住民投票の制度および運用実態に対する批判が集中している。公益を掲げて選挙運動を展開する市民運動グループに対して，自己の利益が脅かされる集団が豊富な政治資金に物を言わせて，フルタイムで活動する選挙のプロを雇い，起草の段階から，選挙後の段階に至るまで，イニシアティヴを不成立・無効にする戦略をとるのである。この選挙運動においては，市民運動グループには人的資源があるが，政治資金を短い時間に大量に集めることはできない。一方，経済的利益集団は，政治資金をすぐ集めて，メディアを用いた宣伝等に大量に使うことができるし，競合するイニシアティヴを作成し投票適格をすぐ獲得できるなどの有利な点がある。しかも，政治資金の獲得と支出は現状では無制限であることから，不安を煽って，投票者を混乱させて，反対票の集票を優位に進めることができる。

　　注）　ここで，entrepreneurial は，「企業の」という意味ではなく，「公益のためにイニシアティヴを提起する者の」という意味である。

　しかし，このタイプのイニシアティヴの成立する割合が著しく低いというわけではない。カリフォルニアの1986年から1996年までの総選挙における，同タイプの14のイニシアティヴの成立率は35％で，この時期のイニシアティヴ全体の成立率41.5％，マグルビーの計算による，1888年から1992年までの全イニシアティヴの成立率38.1％と比較しても，極端に低い数字ではない［Magleby b 230-231］。また，キャンベルの研究によると［Campbell a］，コロラド州において，1966年から1994年までの同タイプの成立率48％は，同時期の全イニシアティヴの成立率37％を上回っている［Donovan, Bowler, McCuan & Fernandez 87-89］。

(3) 利権目あての政治（client politics）―狭い利益集団が広い市民運動グループに挑戦（タイプ3）

　これは，政府に依存し，または政府から利権を受けることを目指す利益集団が，補助金の獲得，競争の緩和，優遇税制を内容とするイニシアティヴを提案するタイプである。本来は，議会において，利益集団がこのような利権目あての政治を行うのであるが，議会で利権獲得がうまくいかないときに，あえてこの方法をとる場合がある。経済的利益集団は，イニシアティヴの適格取得はできるが，ログローリングや裏取引が行われる議会とは異なり，市民に対して，自己の利権獲得の正当性を説得することは難しい。このようなイニシアティヴの例としては，ギャンブル産業によるギャンブル・くじの営業開始，土地所有者による家賃統制の廃止，たばこ会社による禁煙州法の廃止，保険会社による保険に係る規制の緩和などがある。

　このようなイニシアティヴに対しては，潜在的に反対する者（賃貸人，納税者，道徳的にギャンブルを嫌悪する者，たばこの副流煙の被害者）は存在するが，提案する側の経済的利益集団と比較すると，組織性が低いことは否定できない。おそらく，組織的な反対陣営が形成されれば，これまでみたように，投票者の不安を煽って，投票案件の不成立に持っていくことは可能であろう。しかし，潜在的に反対する者が存在するものの，組織性が低いことから，集金力も弱く，反対の選挙運動を効率的に行うことができない。エリートを呼んで行う反対集会・市民運動グループによるエンドースメント・無料メディアの利用といったものに限定される。この点，反対する側が有利であったタイプ1および2とは異なる。

　しかしながら，だからといって，経済的利益集団に有利な結果がもたらされる訳ではない。というのは，イニシアティヴの背後にいる集団が明らかになると，投票者はそれを投票の鍵として用いて，反対票を投ずることになるからである。多くの研究が示すように，経済的利益集団による多額の支出が明らかになると，たとえば，禁煙緩和のイニシアティヴのスポンサーがたばこ会社であることが，メディアで報道されると，投票案件が成立することは難しくなる。キャンベルの研究によると，コロラド州において，1966年から1994年までの同タイプの成立は，1／12と極めて低い［Campbell a］。カリフォルニアの統計でも，成立率は14％であり，平均の賛成票の割合も，28％

と低い。
(4) 多数決で決着をつける争い（majoritarian contest）―広い市民運動グループ対（組織されない）広い市民運動グループ（タイプ4）

このタイプのイニシアティヴは、1つの広い市民運動グループが、他の市民運動グループ、または投票者全体に対して、論点を提示するものである。このタイプ4のイニシアティヴの対象には、政治改革（議員・首長の任期制限、選挙運動の改革）、税金（タイプ2と異なり住民全体を対象とするもの）、社会・道徳問題（自殺幇助、医療用マリファナ）が該当する。したがって、これらは、最も注目を集め、賛否両論を喚起するイニシアティヴとなる。ここでは、一度、1つの市民運動グループからイニシアティヴが提案されると、イニシアティヴから影響を受ける人が多いので、当初の提案する側の活動をはるかに超えて、賛成反対の議論が広がっていく。また、政党・候補者・知事が提案し、イニシアティヴの選挙運動に関与することがよくある。ここでの賛成側は、タイプ2と同じように、政治資金が少ないが、熱心なボランティアおよび政治家のスタッフの協力・応援によって、適格をしばしば取得する。反対側も、タイプ3と同じように組織力が弱く、十分な反対運動ができない。なお、場合によっては、適格取得で賛成の運動は終了し、イニシアティヴによって影響を受ける利益が、非常に拡散しているために、反対の運動も議論も起きないことがある。

賛否両陣営とも、資金力・組織力が十分ではないことから、高い支出も選挙のプロも登場しないが、選挙運動が目立たないというわけではない。イニシアティヴによって、影響を受ける利害関係者が増加し、政治的関心が高まるにつれて、政党、候補者、学者が議論を盛り上げ、フリーペーパーなどの無料メディアで論点が取り上げられる機会が増加する。

ここでの適格取得には、選挙のプロが用いられるとしても、コマーシャルやダイレクトメールによって、投票者が情報取得することはあまりない。むしろ、投票者は、上述のとおり無料メディアからの情報を取得し、イニシアティヴに対する政党および候補者のエンドースメントを投票の鍵としている。1986年から1996年のカリフォルニアのイニシアティヴの約半分（47%）がこのタイプに該当するということは、コンサルタント企業の影響力が少ないところでイニシアティヴが運用されているということであり、住民投票の理想

が、ここでは保たれていることを意味する。ただし、後述のように、同性愛者、不法入国者、黒人等、社会的・人種的マイノリティーの権利侵害を内容とするイニシアティヴが登場するのも、このタイプである。この点は、住民投票に対する批判者が懸念していたとおりの事態となっている。

なお、このタイプの成立率は、比較的高い。カリフォルニアの上述のとおりの調査では、58％、コロラドのキャンベルによる調査では、50％を示している。これは、反対する側が、組織されず、資金力がないことが原因であると思われる［Donovan, Bowler, McCuan & Fernandez 93-96］。

以上のとおり、4つのタイプの分析は、ガーバーの結論に一致している。広い市民運動グループの利益を表すイニシアティヴ（タイプ2および4）の成立率は、50％（19／38）であり、狭い利益集団が反対するイニシアティヴ（タイプ1および3）は、65％以上（14／21）が不成立に終わっている。狭い利益集団がイニシアティヴを提起する場合（タイプ3）は、14％しか成立させることができない。

3.3.3 「2番目に動くこと」の利点

3.3.2の研究は、なぜ多くのイニシアティヴが成立しないのかを示している。住民投票においては、豊富な資金でキャンペーン企業を使ったから有利になるのではない。有利なのは、「2番目に動く」点である［Donovan, Bowler, McCuan & Fernandez 96-99］。

まず、イニシアティヴを提案する者は、適格取得の段階、つまり署名収集に金がかかる。プライスのカリフォルニアにおける調査（1980～1988）によると、提案する側はその資金のほとんどを適格取得の段階に費やしているという［Price］。しかも、署名収集の報酬は、他の投票案件で混み合うとき、署名収集期間が終わりに近づいて来たときは、上昇する。カリフォルニア、オレゴン、ワシントンでは、プロなしで署名収集をしても、適格を取得できないのが現実である。このため、提案する側は、適格取得にエネルギーを使い、一方、反対する側は、適格を取得する必要がなく、キャンペーンに力を注ぐことができる。また、反対する側は、イニシアティヴの文言が固定されているので、些細なミスも逃さず攻めることができる。この点は、候補者の選挙とは異なり、見解の修正、釈明等ができないことから、防御する側に

とっては不利である。さらに，イニシアティヴを複数提起し，kill clause（競合するイニシアティヴがともに成立した場合は票の多い方を採用する条項）の利用で，投票者を混乱させることができる。利益集団の中で，議会に圧力をかけることのできる者は，議会に対抗案を提出させて，同様の効果を狙うことができる。このように，反対する側は，署名収集，集票，投票行動というハードルのために，「2番目に動く」ことの優位性を持つことになり，多くのイニシアティヴが否決されるのである。

  注） イリスは小さな州もプロの助力なしでは，適格取得できないとする［Ellis 49］。

第4節　アメリカの住民投票における裁判所の役割

　アメリカの住民投票には，これまでみてきたように，各段階に様々なハードルが設定されているが，裁判所は，それらの作用・機能を決定する役割を担っている［Zimmerman 57］。つまり，適格取得および選挙運動の段階では，投票案件に係る言論を拡大する方向で，各種の規制を違憲としてきた。一方，投票案件に対する選挙前の審査と選挙後の審査については，裁判所自体がハードルとして機能している。

4.1　適格取得前の審査
4.1.1　表題の審査

　イニシアティヴに対する裁判所の関与は，州の制度によって異なるが，多くの州では，投票案件に対する表題の作成から始まる。この中では，オレゴンの裁判所が表題の作成に最も関与しているということができる。オレゴンでは，司法長官が表題と要約を作成するところ，これらに不満のある当事者（イニシアティヴの提案者およびイニシアティヴの反対者）は，州最高裁判所に訴えを提起することができる。州最高裁判所は，投票案件を「適正かつ時宜を得た署名収集が確保できるように緊急に」審査しなければならないことから，最優先で審理する。ここで，州最高裁判所は，司法長官の作成した投票案件を是認するか，あるいは，州法が規定する要件に「実質的に」適合しないと判断した場合は，表題を書き換えることができる。1999～2000年の選挙運動期間において，司法長官が作成した146の表題のうち，92が州最高裁判

所で争われた。2000年の3月と4月は，最高裁のスタッフの証言によれば，判事とそのスタッフは，投票案件の審査にほとんど全ての勤務時間を充てなければならなかったという。

　このように，オレゴン州最高裁が，投票案件の表題の審査に忙殺される原因は，投票案件自体が増加したことが大きいが，さらに大きな原因となっているのは，イニシアティヴの利用が，コンサルタント企業の参加によって洗練・巧緻化していることにある。たとえば，ballot shopping という方法がある。イニシアティヴの提案者は，少しずつ違う複数の投票案件を作成して，自分の好みの表題が作成される可能性を増加させるのである。イニシアティヴへの反対者も，署名収集開始の時期を2，3ヵ月遅らせるために，訴訟を提起するのである。このように，表題に係る争いが，イニシアティヴの最初の戦場になっているのが現状である。

　なお，司法長官が中立的な表題を作成することは難しく，表題の審査・書き換えは，裁判所を政治的な紛争に巻き込むことになり，次のシングルサブジェクトルール違反の審査とともに，裁判所に対する信頼確保という点では少なからぬ問題を含んでいる。

　　注）ここまでは，［Ellis 149-155］によった。

4.2　シングルサブジェクトルールの審査

　シングルサブジェクトルールの審査は，通常，投票案件の表題および要約が司法長官によって決定された後に（署名収集が開始される前に），州最高裁判所において，住民（通常はイニシアティヴへの反対者）の申立によって，提起される。一方，署名収集後に審査が行われる州（フロリダ・アーカンソー）もある。フロリダでは，提案者は先に自分でタイトルと要約を作成してから署名収集し，署名要件を満たした投票案件は，全て州最高裁判所によって，シングルサブジェクトルールの審査を受ける。その際，裁判所は，司法長官にシングルサブジェクトルールが満たされているかどうか，および要約が明確であるかどうか，についての勧告的意見を求める。これを受けて，裁判所は，表題の書き直しはできないが，投票案件がこれらの要件を満たしていないときは，収集された署名は無効と判断し，提案者は，最初に戻って署名収集を始めなければならない。

第 2 部　国民投票各論—主要実施国の運用実態—

　最高裁判所によって投票案件の表題が確定し，シングルサブジェクトルールに違反しない旨の判断が下されるまでは，大半の州においては，署名収集をすることができないので，イニシアティヴへの反対者にとっては，たとえ最終的に裁判に負けたとしても，反対の選挙運動を展開するよりは，コストの低い妨害手段となっている。イニシアティヴの提案者は，裁判対策と署名収集の遅れによって打撃を受ける。これも，上述のとおりの「2番目に動く方が有利」という選挙運動（ここは起草段階も含む広い意味での）を支配する原則が，あてはまっているといえよう。このように，表題の審査と並んで，シングルサブジェクトルールの審査は，イニシアティヴに係る争いの第1ステージを形成している。
　　注）　ここまでは［Ellis 157-158］によった。
　さて，本章2.2.1(3)のとおり，シングルサブジェクトルールが，主にログローリングの防止と投票者に十分な情報を提供することを目的とするとしても，「1つの投票案件は1つの主題のみを含む」という原則の意味は，それほど明確ではなく，判例の展開を待たなければならない。一般的な傾向としては，大半の州の最高裁判所が，少なくとも最近までは，シングルサブジェクトルールの適用をためらっていたことは事実であるが［Ellis 142］，少しずつ，同ルール違反と判断する傾向が強くなってきたことが観察される。そうであるとすれば，なぜ議会による立法と比較して，イニシアティヴに同ルールを厳格に適用しなければならないのであろうか。イニシアティヴは，候補者への選挙と比較すると，特定の論点に対する投票者の選好を集計することにその特徴がある。つまり，投票者は候補者への投票においては，候補者の掲げるリベラルもしくは保守といった，特定の論点の集合ないしはそのイメージを考慮して，投票しなければならないが，イニシアティヴの投票では，保守的な論点（積極的是正措置の廃止）に賛成しながら，同時にリベラルな論点（最低賃金の増加）に賛成することもできる［Ellis 141］。したがって，投票者の選好を正確に反映させるために，同ルールをイニシアティヴに対しては，厳格に適用しなければならないのであり，そうした裁判所の対応には，一応の合理性はある。この，「投票者の選好の正確な反映」が，シングルサブジェクトルールの第4の趣旨である。
　さらに，判例（フロリダ，モンタナ）は，イニシアティヴの過程に討論と

聴聞の機会が欠けていることを厳格審査の理由にしているが，議会による立法の多くは，会期終了間際に十分な審議を経ずに成立していることをみれば，これらは十分な理由にはなりえない。むしろ，議会による立法に対して厳格審査を適用しない理由は，議会の長所に求められるべきであろう。つまり，議会による立法に対して同ルールを厳格に適用すると，多様な利害と信条の中から一致点を見出し，広く支持されるように法案を鍛え上げ，マイノリティーの利益を保護し，利害関係者のインテンシティを考慮するという議会の役割を阻害してしまうことに，その理由がある［Ellis 144］。これは，別の言い方をすると，権力分立に裁判所が配慮していることに他ならない。判例は，一般に，議会主導型レファレンダムに対しても，同ルールを適用しない傾向にあるが［Campbell b141］，これも，議会において，妥協と利害の調整がなされた法案に対して，同様の配慮がなされているものと解される。

　しかしながら，今やシングルサブジェクトルール違反の判断が少しずつ増加し，なかでも，フロリダ，アーカンソーといった州では，裁判所がイニシアティヴのハードルの中心となっている。一方，各州の憲法に規定されているとおり，イニシアティヴが立法過程の一部であるとしても，イニシアティヴによる立法権の行使に対しては，そのプロセスの違いに対する一定の配慮が必要であろう。さらに，同ルールを厳格に適用しない多くの州最高裁判所でも，判事の意見が一致せず，ゆるやかな審査に対して強い反対意見が出されている。こうした現状は，同ルールの適用が判事の「好みのまま（in the eye of the beholder）」［Campbell b 161］となっていることを示している。同ルールの適用が不安定もしくは不統一であるのに，裁判所の役割が大きいことは，裁判所の信頼を傷つける契機となりかねない。ここも，表題の審査と並んで，裁判所のジレンマの一局面となっている。

　　注）　裁判所の改革を提案するイニシアティヴが，同ルール違反と判示された例がある。こうした場合は，利害関係者からの信頼を傷つける契機となりうる［Campbell b 163］。

　なお，シングルサブジェクトルール違反が選挙後（post-election）の裁判で主張されることがあるが，一般に，成立したイニシアティヴに対して，裁判所は，シングルサブジェクトルールに違反するという判断をしない傾向にある［Kobach c 164］。これは，1962年10月のフランスの国民投票における，

選挙後の憲法院の審査と同じ対応である。

4.3 成立したイニシアティヴに対する審査
4.3.1 イニシアティヴに対する審査の増加

　成立したイニシアティヴに対して提起される裁判は、イニシアティヴを巡る闘争の第3ステージである。1960年から1998年までの40年間のデータで、イニシアティヴの利用の多い3大州（カリフォルニア、コロラド、オレゴン）において、成立したイニシアティヴ全127件のうち、69件（54％）に対して訴訟が提起され、さらにそのうちの33件（55％）が一部または全部無効とされた。

　　　注）細かい内訳は、全127件のうち、69件が訴訟に持ち込まれ、61件が判決（8件が未決）され、28件が原告勝訴、14件が全部取消、19件が一部取消。

　まず、上述のデータをみると、そもそも、イニシアティヴに対する訴訟の件数が、絶対的に増加していることが観察される。その原因は、イニシアティヴ自体の増加にある。全体的に見れば、40年間で、成立したイニシアティヴに対する訴訟提起は、一定の割合を示している。州別にみると、オレゴンは増加し、他の2州より、カリフォルニアはもともと高いことがわかる。10年ごとの動きでは、60件中35件の訴訟提起がなされたことから、90年代は、黄金の時代であった［Miller 10-11］。このように、多くのイニシアティヴが訴訟に持ち込まれる理由は、シングルサブジェクトルール違反の審査の増加と同じく、イニシアティヴの成立の阻止である［Ellis 170-173］。

4.3.2 裁判官の2つの立場

　連邦最高裁判所は、違憲審査権の行使において、イニシアティヴを議会による立法と同様に扱わなければならないと判示している。連邦最高裁は、Citizens Against Rent Control v.City of Berkley（454 U.S. 290, 295［1981］）において、「投票者が、イニシアティヴによって憲法違反をする程度は、議会がその立法によって憲法違反をする程度と同じであることから、議会ではなく、投票者が（当該法を）制定したということは、問題にならない。」と明言している。しかしながら、大半のイニシアティヴの主戦場となっている、連邦の下級裁判所および州裁判所では、上述のとおり、イニシアティヴの立法過程が議会による立法とはかなり異なるものであり、その違いが審査に影

響を与えるという点を，判事が認識するようになってきた。議会による立法に対する違憲審査権の行使と同様に，イニシアティヴに対する審査にも，積極主義と消極主義の2つの見解が対立しており，それは判例においても現れている。ここには，ポピュリストと革新主義の対立が見られる［Qvortrup a 201］。

ポピュリストは，イニシアティヴは人民の純粋な意思を表すものであり，人民の意思は，大きな敬意を払うに値するものであるから，司法審査にあたっては，イニシアティヴに格別の謙譲を示すべきであると主張する。現代の革新主義者は，ポピュリスト志向のイニシアティヴの手続に対する懸念を強め，マイノリティーの権利を保障し，代議制民主主義を擁護するための正当な手段として，イニシアティヴに対して警戒心をもって審査することを主張する。この2つが，判事のイニシアティヴに対する司法審査に投影されている［Cain &Miller 54］。

注) 上述のとおりのポピュリスト的見解を有する判事は，juris-populistと呼ばれる。革新主義志向の判事は，監視役（watchdog）と呼ばれ，イニシアティヴの手続的欠陥を懸念し，イニシアティヴに対して警戒心をもって審査することを主張する［Cain & Miller 55］。

4.3.3 審査の状況

イニシアティヴに対する訴訟提起の結果を示すと，上記3州とも，全部または一部取消率は，5割を超えている。

次に，イニシアティヴに対する訴訟提起を，連邦と州の裁判所という視点で分析する。ホールマン・スターンの研究は，カリフォルニアのイニシアティヴに対する司法審査を連邦と州の裁判所で比較し，興味深い結果を報告している［Holman & Stern 6］。少し細かい説明が以下に説明する。

まず，カリフォルニアは，伝統的にイニシアティヴ対する敬意が観察される。1964年から1990年の予備選挙までの，適格取得した79件のイニシアティヴのうち，21件が選挙前ないしは選挙後に訴訟提起されたが，10件が一部または全部無効とされている。同21件のうち，18件は州裁判所で審理された。しかし，18件のうち，56％について是認または大部分を維持し，44％を一部または全部無効とした。しかし，全部無効は少なく，同期間の25年で6件，

第2部　国民投票各論―主要実施国の運用実態―

　1974年から1990年までは3件と極めて少ない。（内訳は，6号相続税，68号選挙運動資金，105号献金の情報公開となっている。）一方，この期間に連邦裁判所は，14号（公正住宅），73号（選挙運動資金の規制）の全部または大部分を無効とし，均衡予算を掲げたイニシアティヴを選挙前の審理で無効とした。このように，州裁判所と比べると，この時期において，連邦裁判所は，イニシアティヴを積極的に無効としていたのである。このため，州裁判所ではなく，連邦裁判所に，イニシアティヴに反対する側が訴訟提起するようになった。カリフォルニアでは，1990年総選挙以降，連邦裁判所のイニシアティヴ審査が激増し，1996年までに訴訟を提起されたイニシアティヴのうち78％が連邦裁判所に持ち込まれた（それ以前の26年間は，14％）。さらに，1990年の総選挙以降，成立したイニシアティヴの60％が連邦裁判所に持ち込まれた。その前は，53％であった［Holman & Stern 6-7］。ミラーの研究でも，同様の結果が示されている。80年代は，成立したイニシアティヴ21件中，連邦裁判所での訴訟提起は，1件（73号），だが，90年代の10年では，24件中7件であり，州裁判所は，逆に80年代は21件中12件が，90年代は，24件中9件に減っている［Miller 14］。

　連邦地裁レベルでは，この作戦は成功している。5つのイニシアティヴが全部または一部無効となっているからである。（73号，140号任期制限，187号不法移民の制限，208号政治資金，209号積極的是正措置の禁止［Miller 14-15］。）しかし，そのうち，2つ（140号と209号）が第9連邦巡回控訴裁判所で覆され，2つとも連邦最高裁判所で裁量上訴が認められなかった。5つのうち，73号は第9連邦巡回控訴裁判所で連邦地裁の違憲判決が支持され，187号は取り下げられ，208号は同裁判所で審理中である。このように，連邦巡回控訴裁判所の方が，連邦地裁よりも融和的であることが理解される。1998年において，4件の成立したイニシアティヴのうち3件が州裁判所で審理されているので，カリフォルニアでは，連邦裁判所への提起は減少傾向ということができる。

　オレゴンは，カリフォルニアと多少事情が異なる。80年代に成立したイニシアティヴ14件中，6件が訴訟提起され，そのうち4件が連邦裁判所に，2件が州の裁判所に提訴されたのであった。90年代は，成立したイニシアティヴ22件中，8件が連邦に，4件が州の裁判所に持ち込まれた。この数字をみ

る限りでは，数が少ないが連邦に持ち込まれるケースが多いということができる。また，連邦裁判所では，6件中（このうち1件継続中）で，3件が違憲と判断された。違憲判決のうち，M6（医者の介助による自殺）は，第9連邦巡回控訴裁判所で覆された。州裁判所の方は，80年代と90年代の20年間で，12件中4件（この時点で2件が継続中）が全部または一部無効とされた。結局，オレゴン州では，連邦の方が州より積極的に違憲とする証拠はほとんどない。

コロラドでは，40年間の比較では，連邦9件に対して州5件と，連邦への提起が多く，連邦裁判所は，コロラドのイニシアティヴを敵視しているようにみえるが，州の裁判所との比較は，数が少ないために困難となっている［Miller 16-17］。

まとめると，1990年代の連邦裁判所への依存と連邦裁判所での違憲判決は，カリフォルニアで特に顕著であるが，そこでも，連邦高裁では修正されてきたということができる［Miller 17］。

その他に監視役として，裁判所が機能した例としては，カリフォルニアの最高裁判所が，1990年の提案115号（犯罪被害者の権利拡大および被疑者の権利の制限）を，改訂を禁止する条項を適用して，一部無効としたものがある。ここでは，連邦憲法の下で保障された，被疑者の最低限の権利を制限することが，州憲法の"revise"にあたるとされた。また，オレゴンでは，「憲法の各修正案は，1つの主題のみを含み，適切に関連しなければならない。」（シングルサブジェクトルール）を用いて，1996年のM40（犯罪被害者の権利拡大および被疑者の権利の制限）を違憲とした［Miller 25-26］。

一方，イニシアティヴを解釈または書き直しによって救済する，融和主義の判事の例も見られる［Miller 26-27］。

4.3.4 評　価

このように，イニシアティヴの増加に伴い，イニシアティヴを違憲とする判決も増加してきていることが理解される。イニシアティヴを違憲とする理由は，人権侵害を理由とするもの，構造的・手続的ルール（改訂禁止・シングルサブジェクトルールなど）の違反を理由とするものがあるが，いずれにせよ，住民の意思が反映されたイニシアティヴを，少なからぬ割合で裁判所が

第2部　国民投票各論―主要実施国の運用実態―

違憲と判断することによって，住民の怒りが判事に向けられ，判事に対する継続審査（retention election）がある州では，判事の落選の可能性が生じる。カリフォルニアの裁判所が，比較的イニシアティヴに対して融和的な態度を示していること，および終身制をとる連邦裁判所の方が，違憲判決を出す傾向にあることをみれば［Holman& Stern］，継続審査が，判事のイニシアティヴ審査に，少なくとも心理的影響を与えていることは明らかである。また，このような継続審査の影響は，場合によっては，司法の独立を侵害する契機となりかねないであろう。そうであるとすれば，裁判所の負担の軽減を図る方向で，イニシアティヴの改革が行われなければならない。

　注）　日本の最高裁判事に対する国民審査のモデルである，アメリカの州の継続審査とその住民投票への影響については，［Eule］［Cain& Miller 58-59］［福井 b］を参照されたい。

　とりわけ，イニシアティヴには，本来議会がなすべき，立法技術上のチェックおよび利害調整がなされていないことを理由として，裁判が提起されるとすれば，裁判所の負担が大きくなることは明らかであろう。つまり，代議制民主主義を迂回することによって，最も非民主的な国家機関である裁判所に依存するようになったのである。裁判所が直接民主制の欠点を修正するのは，評価すべきであるとしても，国家機関の中で最も非民主的な機関であることを考えると，過度の依存は望ましいことではないと思われる。

　裁判所は，本来議会ですべき，フィルターの役目を果たすには向いていない。つまり，判決で白黒をつけることはできるが，法の欠陥の修正および利害調整はできない。結局，イリスは，裁判所との関係では，現代の直接民主制は，キャッチ22（catch 22　金縛りの状態）になっている，という［Ellis 175-176］。その意味は，裁判所が，立法技術上のチェックおよび利害調整を行う議会（フィルター）を通過しないイニシアティヴを無効にすると，権力分立に反するという批判を浴びる。一方，裁判所は，そうでなければ，より消極的な立場をとり，利害調整がなされず，立法技術上の問題のあるイニシアティヴをそのまま州の法体系に編入することになり，その法規に係る裁判を担当することになる。ここでも，裁判所のジレンマが発生する。

　注）　さらに，イニシアティヴを違憲無効とすることが増加すると，裁判所への怒りが増加し，司法の独立性，信頼が損なわれる。近時，継続審査で，判事が落選す

る例があることから，判事は継続審査を意識することは明らかである。

第5節 アメリカの住民投票の問題点とその改革

以下，ガーバー［Gerber b］の分析を参考にして，イニシアティヴの問題点と改革を探りたい。

5.1 政治資金と利益集団の影響力

アメリカでは，イニシアティヴの過程に政治資金の影響力が強いと指摘されてきた。しかし，ポピュリストパラドックスの検証でみたように，実証的な研究に照らしてみると，この批判は，上述のとおり，適格取得段階にはあてはまるが，投票結果については，限定的なものである［Gerber b 144-147］。

また，選挙後の段階において，実証的データはないが，裁判に勝つためには，多額の政治資金または弁護士等の人的資源が必要であることは明らかである。そして，イニシアティヴが成立すると，州の法規になるので，州が当該法規の正当性の主張，立証を行うことになり，それは，イニシアティヴの提案者のコストを減らし，彼らに有利に作用する［Gerber b 155］。

裁判と同時に議会でも修正・廃止が，争われる。議会における金の効果については，もちろん，数多くの研究が存し，そこでは，献金の効果は限界があるものの，重要であると示されている。つまり，票を金で買うことはできないが，議員にアクセスすることは可能となり，それによって，議題に影響を与え，利益集団の立場を聞いてもらえるようになり，立法の内容に影響を与えることができるようになる。これは，金だけではなく，集票力についても同じであろう。まとめると，選挙後の段階で影響力を行使するためには，政治資金または人的資源が必要である。

　　注）これは，間接的効果を狙う戦略と同じであろう。

このような政治資金の影響力の現状にあわせて，次の改革案が提案されている［Gerber b 147-156］。まず，適格取得段階においては，①プロを禁止し，あるいはプロとボランティアの違いを示すバッジ着用の義務づける。つまり，プロの影響力を低下させる改革案が提案されている（ただし，前述のとおり，連邦最高裁で違憲とされた）。②署名収集期間を長くする。③二重構造の署名

要件を導入する。つまり，プロを使った場合の署名要件のハードルを高くし，ボランティアを使った場合を低くする。④インターネットによる署名収集を認める。ただし，インターネットでは，全住民の民意を反映したことにならないし，議論の拡散機能を低下させるという批判もある。⑤署名を全く廃止する。⑥署名収集に対して公的扶助を行う。

次に，選挙運動段階においては，情報公開を，政治献金と政治資金の支出について行う。カリフォルニア提案105号のように，主要な献金者を公開する。また，現行の制度では，選挙の数ヵ月後に最終報告書が出ることから，リアルタイムで閲覧できるように，インターネットによる献金公開を行う。

 注） 提案105号は4.3.3のとおり，シングルサブジェクトルール違反で州最高裁で違憲とされた。なお，ミシガン，オクラホマにも同様の制度がある。

そして，選挙後の段階のうち，裁判については，単独審ではなく，三人制の審査が提案されている。これによって，利益集団の影響力を減らすことができるという［Holman & Stern］。議員については，政治献金の制限が提案されている。

政治資金は，議題設定において最も重要であるとすれば，適格取得するための資金が不足している集団が，イニシアティヴの過程に参加できるようにするためには，署名収集期間の延長や二重構造の署名収集が有効であろう。しかし，それらの改革は選挙運動を勝ち抜くことまでを保障するわけではない。人と金がなければ，選挙運動を勝ち抜くことは難しい。また，住民の意思を重視して，議会での修正を減らすためには，むしろ，イニシアティヴにおける政治資金の制限ではなく，議員への献金を制限し，同時に政党が選挙の中心となるように，政党に対する公的扶助を行なうことが重要となるであろう。これによって，議員が利益集団から受ける影響を減らすことができる［Gerber b 156］。

5.2　投票者の能力的限界

従来，住民投票における投票者の能力については，否定的な見解が多かった。投票者は，投票案件の多さに対応できず，また，混乱しやすく，情報不足の場合は，反対票を入れるか，棄権する傾向があると，報告されていた［Cronin］［Lowenstein］。しかし，近時の政治学者の投票行動の研究によれば，

投票者が，間接民主制において，レベルは低いながらも一定の情報を有した上で，政治的決定（informed political decision）を行うことができるように，直接民主制においても，このような低い情報レベルの下でも，以下のとおり，合理的な投票行動をとっている，としている。

ルピアの研究は，1988年の保険についての，5つのイニシアティヴで出口調査を行った。この場合，①投票案件が長くて，専門的であり，②選挙運動では，保険会社が消費者寄りのイニシアティヴに対抗するために，故意に4つのイニシアティヴを提起して，投票者の混乱を狙ったことから，投票者の情報獲得は困難であった。しかしながら，投票者は，「どのイニシアティヴが保険会社の提起するものか」という点を投票の鍵として，情報不足を補ったのであった［Lupia a］。

ボーラー・ドノバンは，このルピアの研究を基礎として，投票者の3つの投票態度を導き出した。それは，投票者は，①情報不足の時は，棄権またはNoと投票する，②低いコストの情報源（パンフレット，コマーシャル，友人の話）を用いる，③エリートのエンドースメントを利用する，というものである［Bowler & Donovan］。

さらに，ガーバー・ルピアは，カリフォルニアの36のイニシアティヴを分析して，次の結論を提示する。賛成・反対の両陣営が多額の支出をした場合，情報が不十分でも，情報を有する投票者と同じ投票行動が生じる。逆に，一方だけが多額の支出の場合，もしくは多額の支出がない場合は，そうした投票行動にはならない。というのは，賛成・反対の各陣営が，相手の正体や利害を暴き立てるからである。これによって，投票者は，重要な投票の鍵を得ることができるのである。一方だけが多額の支出の場合は，反対側からのそのような動きはなく，多額の支出がない場合は，このような情報は，投票者に提供されない［Gerber & Lupia］。

このような実証研究に対応して，次のような改革が提案されている［Gerber b 157-159］。

(i) 文の長さ・リーディングレベルを下げることによって，イニシアティヴを理解しやすいものにする。これは，「投票者の無能力は，イニシアティヴの複雑さから発生する。」という仮定に基づいている。また，投票案件の数を制限すること，1つの争点を扱う複数の投票案件をまとめ

て1つにすること，シングルサブジェクトルールの審査を強化することが提案されている。これは，「投票案件が少なければ，投票者は時間とエネルギーを集中させることができる。」という仮定に基づく。

(ii) 情報を提供することによって，投票者の投票案件に対する理解力の向上を図る。具体的には適格取得した全ての投票案件に対する公聴会を実施すること，イニシアティヴを評価して，公平な情報を提供する第三者機関を設置すること，パンフレットの内容と利用可能性を向上することが提案されている。

> 注) カリフォルニアでは，投票案件についての賛否両論を含むように改革した後，投票者のパンフレット依存が高まったことが指摘されている。

(iii) イニシアティヴに対する献金および支出を情報公開する。これは，イニシアティヴのスポンサーが誰かという情報が，投票の鍵になっていることを重視したものである。従来のこの種の情報公開は，選挙運動終了後に行われていたことから，インターネットを利用して，選挙運動中に情報公開を実施することは，重要な意味をもつ。これまでも情報は公開されていたが，一層の情報の拡散と利用可能性の向上が期待される。

以上のような，実証的研究は，投票者が直接民主制においても，情報不足を克服し，合理的な決定を行っていることを示している。特に，安価な情報源が利用可能であると，その傾向が強まる。それゆえ，州の当局は，情報獲得の向上のために，パンフレットをより利用しやすくすること，献金の情報公開を改善することが望ましい。選挙が激しいほど，投票者の情報（たとえばスポンサーが誰か等）が多くなるという実証研究からすると，選挙運動や金を規制するのは望しくないということになる。

5.3 投票案件の起草上の問題点

イニシアティヴの起草上の問題点は，①文言上の問題点，②成立後の予期せぬ結果の発生，③議題の設定が提案者のみで行われることであり，これに対応して以下の改革が示される ［Gerber b 161-164］。

①の文言上の問題点は，本章2.2.1(5)のとおり，州の当局が，アドバイスをすることで解決を図る。これは，特に人的資源または政治資金に恵まれない集団にとっては有利に働くはずである。

②の予期せぬ結果の発生を回避するために，選挙前に行われる（裁判所，州政府，議会の）審査による改善が期待される。あるいは，選挙後に行われる議会の修正にも，この問題の改善が期待できる。実際は，カリフォルニア以外は，議会での何らかの修正を許容するが，そこでは，特別多数や一定期間の修正禁止がハードルとして設定されている。

③の議題設定の独占に対する改革としては，ⓐ議員の関与ないしは，間接イニシアティヴが挙げられる。10の州が，間接イニシアティヴを採用し，選挙前に適格取得したイニシアティヴを何らかの形で審査する。しかし，投票者は，信頼していない議会に，イニシアティヴを審査する権限を与えることを嫌がるのも事実である。

また，ⓑスイスのように，議会が，各種の利害関係者との調整を行った後に対抗イニシアティヴを提出する制度にする。これによって，投票者には，イニシアティヴ，妥協調整を経た対抗イニシアティヴ，現状維持という3つの選択肢ができることになる。

残念ながら，上記の問題点が発生しているということを示す実証的証拠はほとんどない。議会で修正されたり，裁判が提起されたりしているが，それについては，議会による立法も事情は同じだと思われる。しかし，いくつかのイニシアティヴは，起草のミスで，裁判になっていると推定される。

革新主義運動は，議会を迂回して住民が立法するという当初の趣旨から，イニシアティヴを議会が修正するのを困難にした。たとえば，特別多数，憲法改正に対する義務的レファレンダムなどである。そして起草上の問題点を効果的に修正するには，投票前より投票後の方が，適している。一方，実現可能性という点では，投票前の方が，イニシアティヴの提案者に議題設定機能を与え，審査結果を無視して投票にかけることができるという点から，優れている［Gerber b 164-165］。

5.4 マイノリティーの権利侵害

ユール［Eule］に代表されるように，マイノリティーの権利侵害も，大きな問題点である。マイノリティーの権利侵害に対する実証的研究では，侵害の可能性の程度についての見解が分かれている。ギャンブル［Gamble］の研究は，マイノリティーの権利を侵害するイニシアティヴの成立率が高いと結

論づけているが，ドノバン・ボーラー［Donovan & Bowler b］は，反マイノリティーのイニシアティヴの成立率は，平均よりむしろ低いとしている。

なお，フレイ・ゲーテ［Frey & Goette］は，スイスの直接民主制において，マイノリティーの権利を侵害する立法の成立率は高くないとしている。

イニシアティヴにおいて，マイノリティーの権利侵害が生じる可能性は高くない，という研究に対して，ガーバー・ハッグ［Gerber & Hug］は，次のように反論する。まず，マイノリティーを標的とするイニシアティヴの成立を予想して，議会が現状よりもマイノリティーを保護する立法を行う可能性があるので，イニシアティヴの直接的効果の分析だけでは不十分である。次に，これらの研究は，州間の投票者の選好（反マイノリティーの傾向）の違いを無視している。したがって，同性愛者に対する差別を，制度，選好，彼らに係る10の政策という要因で，総合的に分析すると，イニシアティヴで差別が生じるのは，イニシアティヴの制度が原因なのではなく，その州の多数派の選好が原因であると結論づけた。ガーバーは，イニシアティヴにおけるマイノリティーの権利侵害を分析するには，直接的効果と間接的効果の両方の分析が必要であろうとしている［Gerber b 167-168］。

マイノリティーの権利侵害の可能性の程度には議論があるとしても，現実に，同性愛者に対する差別が問題となった，Romer v. Evans（116 S. Ct. 1620［1996］）のように，明確な権利侵害が発生している以上，その対策は必要であろう。マイノリティーは，直接民主制では権利侵害の危険にさらされるが，ユールが主張するように，代議制民主主義では，マイノリティーが議案に意見を反映させ，政治責任を負う政治家の公開された討論によって，権利侵害がブロックされる可能性を秘めている［Eule 1554］。一方，直接民主制の場合は，議論の過程が公開されず，権利侵害に対する意見表明もなく，責任追及ができない。これに対しては，投票前後に，裁判所の違憲審査権を行使するか，ないしは議会等を利用して，投票案件に対する理解と周知徹底を進めるという方策が考えられる。したがって，現時点では，次のような方法が提案されている。

(i) 公聴会を実施して，起草段階にマイノリティーが参加する。もっとも，この効果は，提案者が，マイノリティーに対して融和的な態度をとるかどうかに依存する。公聴会を実施してもなお，マイノリティーの権利を

考慮しない場合もありうるであろう。
(ii) 投票前の議会による審査を義務的に行うようにする。ないしは，間接イニシアティヴのように，イニシアティヴの提案する政策領域に対して，提案者からは独立して議会が関与する。
(iii) 裁判所による救済として，選挙前に司法審査を実施する。この場合，裁判所は投票に付される前に投票案件を審査し，当該投票案件を投票から排除するか，違憲である旨のコメントを付した上で投票に付す，という方法が考えられる［Gerber b 166-167］。選挙後の審査においては，当該立法に対して，より厳格な審査を行なう。

私見においては，たとえ数の上では少数であるとしても，反マイノリティーのイニシアティヴが，これまで成立したことがあり，今後も成立する可能性があるという視点が，重要であると思われる。それらの多くがイニシアティヴの内容に対する無知によるものであるとしたら，公聴会および議会での審議で，その内容を周知させることが有効であろう。無知よりも，反マイノリティーという投票者の選好に原因があるとするならば，裁判所による審査で，投票前に，投票箱から取り除くことが有効であろう。

注）裁判所の関与は，裁判所に負担をかけ，信頼を傷つける契機を含む。議会の関与は，議会を迂回するという制度の趣旨に反するというジレンマがある。

5.5　問題点およびフィルター・ハードルの相互作用

これまでみたような，イニシアティヴの問題点と改革案については，それぞれを他の改革や問題点から切り離して，個別にその作用を分析するのではなく，その相互作用を斟酌して制度構築を行わなければならない［Gerber b 169-171］。というのは，問題点も改革も，それぞれ相互作用があり，1つの提案は，他の提案に影響を与え，予期せぬ結果をもたらす可能性があるからである。これまでみてきたように，1つの改革は複数の目的に向けられている場合が多い。たとえば公聴会は，投票者の能力向上，拙劣な起草の防止，議会の関与の増加などを目的として行われる。このように，1つの改革が多元的な効果を持つことを，正の外部性（positive externalities）と呼ぶ。逆に，ある段階の作用が，他の段階にとっては，負の作用つまり負の外部性（negative externalities）を示すことがある。たとえば，選挙運動の支出額・献

金を減らす改革は，政治資金の役割が限定的であることから，情報の流通を減らし，投票の鍵を減らすことになりかねない。つまり，投票者の能力にマイナスに作用することになるのである。また，投票者の情報獲得を増加させるために，イニシアティヴの数を制限する改革は，議会の対抗イニシアティヴ（通常より穏やかなものとなる）を提案する機会，議会がイニシアティヴに参加する機会を奪うことになる。

　また，2つの改革を同時に行うことによって，改革の効果が十分に現われなくなる恐れがある。たとえば，ある州で，政治資金の情報公開と公的扶助が同時に行われた場合，公的扶助によって，陣営間の資金の格差が縮小し，公開された情報の意味が曖昧になってしまう。また，署名収集期間の拡大と投票案件の制限が同時になされると，前者は適格取得を拡大する方向に作用し，縮小する方向の後者の改革と衝突してしまう。

　このように，問題点および改革案を単独で考えてはならない。ある段階の改革が，他の段階ではマイナスに作用するかもしれない。相互作用，外部性，多元的作用を常に意識して，問題点の指摘と改革を行なうべきである。

　　注）第3部で，憲法改正国民投票の運用のあり方および制度論としての国民投票の導入の是非を考察するに際して，「フィルター・ハードルの相互作用に留意すべきである。」という，ガーバーの指摘は貴重な示唆を提供してくれるものである。

　ガーバーは，このような視点および実証的研究に照らしてみると，提案され，実施されている改革の中には，効果が疑わしいものがあるとする。たとえば，金と利益集団の影響力は限定的であり，政治資金はイニシアティヴに反対するのに効果的であって，成立したイニシアティヴは，利益集団の利益や支持を反映したものは少ない。利益集団の金の威力が発揮されるのは，適格取得である。ところが，裁判所は，利益集団の適格取得を制限する方向の規制を違憲としたので，改革の方向は，市民の適格取得を増加させる方向のもの，つまり二重構造の署名収集と長い署名収集期間となった。しかし，この改革は投票案件を増加させ，住民の情報取得に負担をかけるものとなった。

　投票者が，投票に必要な情報を獲得する能力に欠けているという証拠もほとんどない。選挙運動が活発になれば，投票者は，イニシアティヴのインパクトを理解し，十分な情報を得られた場合と同じ投票行動をとる。また，実証的研究によると，マイノリティーに対する差別は，多数派の選好に依存す

る。しかし，その可能性がある以上，マイノリティーを立法過程に参加させること，および起草段階から議会が関与するという改革は有効であろう。

　そして，最後に，ガーバーは，イニシアティヴを批判する論者の多くは，イニシアティヴに問題があると論じているのではなく，特定の政策がイニシアティヴを通じて実現していることを，規範的にマイナス評価しているのであり，その点を明らかにしなければならないとする［Gerber b 171-172］。

第6節　まとめ

　アメリカにおいて，イニシアティヴは，起草段階からコンプライアンスの段階まで，イニシアティヴの提案者とイニシアティヴへの反対者の激しい戦場となっている。この運用の現状を肯定的にみると，次の点を指摘することができる。イニシアティヴは，適格取得のための多少の資金力を得ることができれば，住民の政治参加のための手段として機能していること，したがって，環境・税制・政治改革など，議会が審議を回避する傾向にある争点については，イニシアティヴを成立させることができること，このことは利益集団の影響力をある程度ブロックしていることを意味すること，である。すなわち，イニシアティヴを導入したポピュリスト・革新主義の理想は，一定程度，実現しているとみることができる。

　一方，否定的側面は次のとおりである。利益集団が容易に適格取得できること，このためイニシアティヴが増加し，それが，裁判所および投票者の負担になっていること，利益集団は市民運動グループが提案するイニシアティヴの成立をブロックすることができること，マイノリティーの権利を侵害するイニシアティヴが成立する可能性を秘めていること，イニシアティヴに影響を与える個人の責任追及ができないこと（議会主導型国民投票では，政治家ないしは政党の責任追及ができる点が異なる），起草から成立までの過程において，裁判所の負担が大きく，場合によっては裁判所に対する信頼が動揺しかねないこと，コンプライアンス段階でイニシアティヴの執行がブロックされてしまう可能性が高いことが指摘できる。

　このように，直接民主制・住民投票の実験場としてのアメリカの運用実態は，間接民主制同様に，直接民主制にも多くの長所と同時に問題点があるこ

とを示し，その問題点を抑制するためのフィルターは，間接民主制より必然的に多くなること，さらに，その相互作用に留意して慎重に付加しなければならないことを示している。

第2章　スイスの国民投票

第1節　スイスの国民投票の沿革

　スイスは，国民投票を世界中で最も多く実施している国であり，直接民主制の歴史も古い。国レベルだけではなく，カントン（邦）レベル，市町村レベルでの住民投票も多いことから，間接民主制の投票を合わせると，スイスの国民が1年間に投票する回数と件数は，他の欧州諸国の国民が生涯投票する回数より多く［Kobach b 99］，年間を通じて，全てのレベルを含めると，20ないし30の争点に対する選好を示す機会が与えられている［Linder 95］。トレクセル・クリージー［Trechsel & Kriesie 185-186］は，「半直接民主制」といわれるほど，様々な国民投票の制度と豊富な体験を誇る，スイスの国民投票および直接民主制の淵源を，時代順に次の3点に求める。

　　注）　沿革については，［小林 a］［斎藤］［関根 a］［関根 b］［関根 c］［Kobach a］
　　　　　［Linder］［Fossedal］［Neidhart］を参照した。

　①中世に，ランツゲマインデ（全邦集会）が実施され，重要事項が住民によって直接決定されていたこと，②フランス革命の広まりと同時に，人民主権の思想とアメリカの州の憲法レファレンダムの経験が伝えられ，さらにナポレオンの支配の下で，国民投票によって新憲法が制定されたこと，③1830年代のフランス7月革命を契機に「再生の時代」に入り，1830年代から1840年代にかけて，多くのカントンで，自由主義化と民主主義化の流れを受けた新憲法が制定されたが，その際に，住民投票が制度化されていったこと。

　　注）　スクシ［Suksi a 55］は，スイスの国民投票の起源を，①スイス国内に強い中
　　　　　央の政権が存在しなかったこと，②議会では，有権者の委任による投票ばかりで，
　　　　　重大な決定が行われていなかったこと，③フランス革命の影響が強いこと，④国
　　　　　内の大部分の地域で住民による決定を既に行っていたこと，⑤スイスの地理上の
　　　　　規模が直接民主制に向いていたこと，の5点に求める。

　そして，再生の時代以降の自由主義化と民主主義化の波は，当時のカント

ンを結びつけていた同盟協約改正の動きに発展する。結局，分離同盟戦争という内戦を経て，新憲法は，1848年に国民の賛成とカントンの賛成（二重の賛成）で承認された。1848年憲法は，これまでの小国家の連合を脱却し，近代的な連邦国家を構築することを目標としていたが，中央集権をもたらすものではなく，カントンはなお，部分的な主権を有していた。また，1848年憲法は，3種の国民投票を導入したが，法律に対する拒否型の国民投票はなく，直接民主制の拡大を求める勢力にとっては，この点が不満であった。このため，国民の，より直接的な政治参加の実現と強力な連邦の創出を求めて，1860年代になると，憲法改正の動きが出始めた。結局，紆余曲折を経て，カントンに配慮して中央集権色を大幅に減らし，国民投票については，法律を対象とする任意的レファレンダム（拒否型国民投票）だけを規定する憲法改正案が，国民投票に付され，成立することになる。これが，1874年憲法であり，1999年の全面改正まで，長くスイスの近現代政治を規定する憲法となる。

注）スイス憲法を概観した文献には［小林 a］［関根・岡本 a］［渡辺久丸］がある。

1874年憲法は，制定以降，数多くの改正を経て，1999年まで続き，その間に，国民投票の種類とその対象は，徐々に拡大されていく。カントンレベルでは，法律イニシアティヴが導入されているにもかかわらず，連邦レベルでは，長い間導入されなかったところ，2003年憲法改正で，法律についてのイニシアティヴの規定がようやく導入された。一方，拒否型の国民投票である任意的レファレンダムは，スイスの政治制度に多大な影響を与えるようになる。スイスにおいては，国民は議会と並ぶ立法者であり，スイスの国民投票は，様々な問題点を含みつつも，安定した運用を示している。このような国民投票のあり方を，以下分析していきたい。

第2節　スイスのイニシアティヴ・レファレンダムの制度

2.1　イニシアティヴの制度

現行の憲法（以下「1999年憲法」という。）の下では，憲法イニシアティヴに加えて，2003年改正で，法律を含む，一般的国民イニシアティヴが制度化された。憲法イニシアティヴは，全面改正のイニシアティヴと部分改正のイニシアティヴが存在する。

注) 以下の記述は，[小林 a]［関根 a]［関根・岡本 a]［衆院資料平成18年2月117-135］［Kaufmann & Waters 120-121］を参考にした。

2.1.1 全面改正のためのイニシアティヴ

① 憲法全面改正のためのイニシアティヴは，国民を発議機関として行われる（138条1項）。なお，憲法改正の発議機関は，国民の他に，個々の議員・議会委員会・連邦参事会・カントンであり，その場合は，義務的レファレンダムが行われる。
② イニシアティヴは，改正の趣旨を示す「一般的発議」の形で行われる。
③ 署名要件は10万人で，署名収集期間は18ヵ月である（138条1項・193条1項）。
④ 署名要件が満たされた場合，改正の是非を問う国民投票（これを「先決投票」という。）が実施される（138条2項・193条2項）。過半数の賛成を得た場合は，投票案件が国民の支持を得たとみなされ，連邦議会の解散・総選挙が実施される（193条3項）。
⑤ 新たに選出された連邦議会は，憲法改正草案を作成し，それを投票案件として，第2回目の国民投票を実施する。
⑥ 国民およびカントンの過半数の賛成を得たとき，憲法の全面改正が成立する（140条1項a号・195条）。

2.1.2 部分改正のためのイニシアティヴ（旧139条）

2003年の憲法改正において，改正前のイニシアティヴと改正後のイニシアティヴが，当面並立することになったので，現時点（2007年1月）で効力を有する制度について述べたい。
(1) 現行のイニシアティヴ
旧139条においては，部分改正のためのイニシアティヴを，(i)「一般的発議」の場合（旧139条2項・新139a条）と，(ii)「完成された草案」（139条2項）の場合について規定する。
(i)(ii)共通の要件としては，次の規定がある。
　① 発議機関は，国民で，署名要件は10万人で，署名収集期間は18ヵ月である（旧139条2項）。

② 連邦議会は，投票案件が，「形式の統一性の原理，主題の統一性の原理，国際法の強行規定を遵守していない」場合は，その一部または全部を無効と宣言する（旧139条3項・新139a条2項）。形式の統一性は，投票案件に複数のイニシアティヴを含まないことを意味する。また，主題の統一性の原理とは，国民の意思表示を明確にするために，投票案件が複数の争点を含まないことを意味する。このように，アメリカ・イタリアのような裁判所ではなく，連邦議会によって，シングルサブジェクトルールの遵守が審査されるのである［Kaufmann & Waters 119-120］。なお，投票案件の審査対象としては，上記の通りの明文で示されたものに加えて，執行可能性のない投票案件，民主主義および法の支配といった，基本原理を侵害する投票案件は，連邦議会によって無効とされる。これは不文の原則である［Häfelin 68-70］。この投票案件の審査を通過すると，適格取得となる。

(i) 一般的発議の場合

③ 連邦議会が一般的発議に同意した場合は，連邦議会は，提案の趣旨に沿った草案を起草する（旧139条4項）。

④ 連邦議会が不同意の場合は，一般的発議を投票案件として，国民投票（先決投票）を実施する。先決投票で，過半数の賛成を得た場合は，連邦議会は，提案の趣旨に沿った草案を起草する（旧139条4項）。

⑤ 提案の趣旨に沿った草案を投票案件として，国民投票を実施する。

⑥ 国民投票において，国民とカントンの過半数の賛成により成立する（140条1項a号・195条）。

(ii) 完成された草案の場合

③ 連邦議会が同意した場合は，国民投票を実施する（139a条3項）。

④ 連邦議会が不同意の場合は，対抗草案を作成し，添付することができる（139a条4項）。

⑤ イニシアティヴによる草案および対抗草案を投票案件として，国民投票を実施する。

⑥ 国民とカントンの過半数の賛成により成立する（140条1項a号・195条）。

なお，イニシアティヴは，適格取得してから，39ヵ月以内に国民投票に

付されなければならない。また，対抗草案の手続は，1987年に制定された。それ以前の連邦議会は，イニシアティヴと対抗草案の間で票を分割させて，投票案件を各個撃破（divide and rule）するために，対抗草案を戦術的に用いていたので，この手続成立以降，対抗草案の提出はまれになった［Kaufmann & Waters 120］。対抗草案が出されたときは，投票者は次の3つについて投票する。①イニシアティヴを実施するか否か，②対抗草案を実施するか否か，③双方の案が二重の賛成を得た場合，どちらを実施すべきか。

注）　1987年の改革で対抗草案にも二重の賛成が必要になった。
注）　なお，イニシアティヴは，署名収集の前に，連邦参事会および連邦行政府（「以下あわせて「政府」という。）で，形式審査を受けることになっている。政治的権利に関する連邦法69条が，この手続（予備審査）を規定する。ここでは，件名の妥当性および本文の整合性が審査され，必要に応じて修正される。

(2) 一般的国民イニシアティヴ制度の導入

2003年の憲法改正によって，一般的国民イニシアティヴ制度（139a条）が導入された。同イニシアティヴは，憲法イニシアティヴと法律イニシアティヴ制度を併せ持つ制度である。①署名要件は10万人である。②国民は，一般的発議の形式で議会に提案することができる。③イニシアティヴを憲法の形式で草案化するか，法律の形式で草案化するかの判断は，議会の裁量に委ねられている。④議会が，一般的国民イニシアティヴの内容や目的を，誤った形で法案化した場合，連邦裁判所へ提訴する可能性も保障されている（第189条第1^{bis}項）。

このように，一般的国民イニシアティヴの導入によって，今後，スイスでは，3種類のイニシアティヴを提起することが可能となった。それは，①一般的発議形式による，憲法全面改正イニシアティヴ，②完成された草案形式による，憲法部分改正イニシアティヴ，③一般的発議形式による，一般的国民イニシアティヴ，である。なお，この3種類が併存する形は，2006年から開始が予定され，対応する法律も制定される予定であるとのことであるが，2006年11月の段階では，それを確認できていない。

注）　一般的国民イニシアティヴ制度に関する以上の記述は，［Kaufmann & Waters 122］［関根・岡本b 2-3］を参考にした。
注）　2003年のイニシアティヴに係るその他の改正点である，（対抗草案が出されたときの）連邦議会の勧告に関する改革（139条3項）・2案が成立したときの票の算定に関する百分率規定（139条b第3項）については，［関根・岡本b 5-6］を参

第2部　国民投票各論—主要実施国の運用実態—

照されたい。

2.2　イニシアティヴの制度上の特徴

　スイスのイニシアティヴには，国民投票によって示された国民の意思を連邦議会が具体化する，という特徴がある。これは，連邦議会を迂回せず，連邦議会に直接提案する形（アメリカの間接イニシアティヴに類似する形態）をとるという点に，まず表れている。そして，一般的発議という提案形式によることで，連邦議会の立法能力および調査能力を利用し，連邦議会がイニシアティヴに不満な場合は，対抗草案をイニシアティ・ヴと同時に提示できるようにすること，先決投票を用いて，連邦議会の意思と国民の意思の間にずれがある場合に，国民の意思を確認し尊重することにも，連邦議会と国民の共同決定の姿勢をうかがうことができる。

　しかしながら，制度的には，国民と連邦議会の共同決定が求められているとしても，連邦議会および連邦参事会は，投票案件についての審議をコントロールしているので，イニシアティヴが採択されてから，連邦議会で審議されて投票に付すまで，長期にわたって事実上「放置」されることがある。イニシアティヴは，適格取得から投票まで39ヵ月を費やすことができるし，政府は，国民投票の日取りを自己の裁量で決定することができるからである。このため，政府はイニシアティヴを，その勢いがなくなった時点で投票に付し，そのインパクトを減殺することができる。たとえば，1977年に，社会民主党が提案した「銀行の秘密に対する規制」のイニシアティヴが，投票に付されたのは1984年であり，27％しか賛成を得ることができなかった。このイニシアティヴ審議の長期化については批判が多い［Kobach b 105-106］。

　　注）　ただし，国民投票は年4回の決められた日に実施されているので，政府はその
　　　　範囲内で実施日を決定できることになる。

　また，連邦議会によるイニシアティヴの審査も，運用次第では，国民の意思をブロックする方向に向かう可能性がある。ただし，主題の統一性の原理については，これまでは，国民の権利に制限を加えることから，ゆるやかな審査が行われてきたが，この運用についての批判もある［Häfelin 68］。

　　注）　なお，主題の統一性審査で，無効とされた投票案件としては，1977年のイニシ
　　　　アティヴがある。

イニシアティヴの制度全体をハードルという視点でみると，これまで憲法を対象としてきたため（今後は法律も可能），成立のためのハードルは多いが，適格取得のハードルは比較的低い。適格取得が容易であるとすると，政策変更を求めて提起する側にとっては，イニシアティヴは大きな武器になる。一方，成立のためのハードルとしての「二重の賛成」は，マイノリティー保護および連邦主義という原理から導き出されたものであるが，一般の投票で賛成多数でありながらカントンの反対で不成立となった投票案件は少ない [Nef]（2006年の時点で10件）。

最後に，大きな問題点としては，2003年憲法改正までは，法律イニシアティヴがなかったことから，イニシアティヴの投票案件は，法律レベルに近いものが提案されることが多く，また，そのため，憲法の規定にも，基本原理を示す規定以外に，細かい具体的な規定が含まれるようになっている。これは，政府による予備審査および議会の審査において，憲法に無関係であることを理由として，または，形式上の不備を理由として，投票案件が無効になることが，少ないことを意味する [Linder 97-99]。

注）細かい規定が増加したことは，1999年の全面改正の１つの契機となっている。

2.3 レファレンダムの制度

レファレンダムは，一定事項が，自動的に国民投票に付される義務的レファレンダムと，国民に発議権のある任意的レファレンダム（拒否型国民投票）の２種類がある。

注）以下の対象事項の訳語については，[関根ａ][衆院資料平成18年２月] で用いられているものを参考にした。

2.3.1 義務的レファレンダム（140条）

義務的レファレンダムは，次の手続をとる。

(i) 次の事項が連邦議会で可決されること。①イニシアティヴ以外による憲法の改正，②集団的安全保障機構または超国家的共同体への加盟，③憲法に基づかず，かつ，１年を超えて効力を有する，緊急と宣言された連邦法律。なお，③は，連邦議会で採択後，１年以内に国民投票に付されなければならない。

(ii) 国民投票を実施して、国民とカントンの過半数の賛成で、投票案件が承認されたとみなされる。

なお、6つのカントンは小規模であることから、半カントンとして、1／2票として算入する。

2.3.2 任意的レファレンダム（141条）

任意的レファレンダムは次の手続をとる。
(i) 次の事項が連邦議会で、可決されること。①連邦法律、②1年を超えて効力を有する、緊急に宣言された連邦法律、③任意的レファレンダムの対象となると憲法または法律で定められている連邦決議、④期限が付されず、かつ、終了通告権が留保されていない国際条約、⑤国際機構への加盟を規定する国際条約、⑥法的規律をもたらす重要な規定を含む国際条約またはその履行のために連邦法の制定が必要な国際条約。なお、連邦議会は、自己の判断で、上記に列挙した以外の国際条約を任意的レファレンダムの対象とすることができる。
(ii) 可決から100日以内（改正前90日以内）に、5万人以上の署名を集めるか、または8つ以上のカントンの議会がレファレンダムを求める議決をすること。
(iii) 国民投票を実施し、投票者の過半数の賛成を得た場合、対象となる事項の連邦議会での可決は無効となる。

2.4 レファレンダムの制度上の特徴

憲法改正、国家の主権の委譲等、重要な事項が義務的レファレンダムの対象となっていることから、重要事項の決定には、国民が必ず参加するという原則が確立している。したがって、イギリスのEC加盟の国民投票のように、国民投票の実施自体が政治的争点となることは回避されうる。しかし、一方で、義務的レファレンダムの対象の中には、重要性の低いもの、あるいは確認的要素が強いものも少なくない。これが、後述のとおり、投票案件の増加を招き、低投票率の原因となっている点は否定できない。

任意的レファレンダムの対象のうち、連邦法律については、イタリアと異なり、対象上の制限が設けられていない。たとえ、拒否型の国民投票といっ

ても，第3章5.3にみるように，明確性や争点の組み合わせの禁止が要請されると思われるが，それに関する制限がない。

　また，可決から100日以内という署名収集期間は，アメリカの州，イタリアといった他の国民主導型国民投票と比較すると，かなり短い。これは，イニシアティヴについては18ヵ月であることに比較しても短い。しかし，署名要件のハードルが低いために，任意的レファレンダムの署名収集期間の短さ自体は，事実上，ハードルになっていない。また，任意的レファレンダムには，「二重の賛成」もなく，国民投票を提起する側にとっては，適格取得しやすく，比較的成立させやすい制度になっている。

第3節　スイスの国民投票の利用形態

3.1　国民投票の運用状況
3.1.1　テーマ別の分類

　フォセダルは，スイスの国民投票の対象を分類し，それによると，1848年の国民投票導入以来，約85～95%が国内問題であり，残りはEU加盟等の国際問題である。このうち，国内問題は，さらに，次のよう分類される[Fossedal 100]。

　①税金と支出（国内問題の約20%），②①以外の経済財政上の問題―中央銀行の経営，社会保障プログロラム等（同約15%），③政治改革（同約20%），④手続問題（同約15%），⑤社会倫理上の争点（同約15%），⑥その他複合的問題（同約10～15%）

　トレクセル・クリージーは，1848年から1994年（以下「全体では」とする。）および1980年から1994年まで（以下「80年代以降」とする。）のスイスの国民投票をテーマごとに分類を行う[Trechsel & Kriesie 194-196]。これによると，頻度の多いテーマは順に，①税金・財政等経済一般，②エネルギー・環境・輸送，③政治参加の権利・行政機構の改廃，④陸軍・国防，⑤労働・失業・社会保障，⑥農業・パン・食料である。その他のやや頻度の低いテーマとしては，⑦住宅・建設・土地，⑧公衆衛生・疾病，⑨アルコール・たばこ，⑩民法・刑法等の法律問題，⑪外国人・難民収容所，⑫教育・科学，⑬国際条約の批准・国際機関の加盟，⑭原子力等核エネルギー，⑮通信・文化，

⑯カジノ・ギャンブル，⑰動物保護・動物実験，⑱その他，となっている。

全体では，①〜④までで，導入以来のテーマの40％を占める。また，80年代以降は，エネルギー・環境・運輸問題が突出し，税金と政治参加の権利の国民投票が減っている。これらを制度別にみると，義務的レファレンダムは，圧倒的に，①税金・財政問題が多く，②エネルギー・環境問題が続く。これは，80年代以降も同じパターンを示している。一方，任意的レファレンダムは，全体的には，経済・エネルギー・農業が多い。ところが，80年代以降は，②エネルギー・環境問題が多く，⑩民法・刑法等法律問題と⑬外国人問題が続く。イニシアティヴは，①〜⑤が多い。しかし，80年代以降は，エネルギー環境問題が増えてきて，それ以外のイニシアティヴの対象は，特定の分野に集中することなく，分散されている，ということができる。

3.2　運用状況の分析

国民投票の対象という点から分析すると，まず，スイスでは，投票案件が「パンに対する補助金から，陸軍の廃止まで」と多様で，それらは，国政における重要性に大きな差があるが，逆に，これは，議題設定の権利が国民に十分保障されていることを意味する。

80年代以降の特徴として，次の4点を指摘できる。第1に，環境問題がスイスの国民投票の主要なテーマとなっていることである。原因としては，アメリカ，イタリア同様，世界的な環境保護運動の流れに影響を受けたことが挙げられる。第2に，外国人・移民問題が任意的レファレンダムで多く取り上げられているが，これは，移民排斥を狙う立法（右翼の積極的活動によるもの）に，左翼勢力が任意的レファレンダムを仕掛けることによって生じたものである。第3に，イニシアティヴで，陸軍・国防関係および原子力関係の国民投票が増加している。これは，80年代初頭以降の平和運動，反核運動の影響を受けていることが推定される。第4に，同じくイニシアティヴで，失業問題，疾病・公衆衛生などの社会保障関係の国民投票が増加しているが，これは，左翼勢力が，スイスを福祉国家にする手段として，イニシアティヴを用いていたことを原因とする［Trechsel & Kriesie 195-196］。

なお，外国人・移民問題は，全人口の約20％を外国人が占めることから，アメリカと同様に非常にセンシティヴな問題となっている。世論調査による

と，国民の多くは，何らかの移民の制限を行うべきだ，という見解を有していることがわかる。ところが，実際の国民投票の結果は，そのような世論調査とは異なるものになっている。70年代，80年代において，多くの，外国人・移民の受け入れを制限する投票案件が登場したが，ほとんど，成立しなかった。移民の制限を主張する陣営にとっての唯一の勝利は，1981年の「外国人の居住者に対する制限の緩和」を求めるイニシアティヴ（これは同朋イニシアティヴ Mitenand Initiative と呼ばれている）の不成立であった。このように，スイス国民は，移民の受け入れに対しては消極的であるが，移民に係る投票案件に対してはリベラルな反応を示していることがわかる [Fossedal 106-107]。これは，スイス国民が，投票に際しては立法者としての意識が高く，実際に，マイノリティーの権利を侵害しうる投票案件に接した際には，それに対して，冷静さを保ち，反対（Nein）という票を投じることを示している。つまり，政府主導型のフランス国民と同様に，スイス国民も，経験を積むことによって，「成熟した冷静な投票者」になっていることが，この事実から，読みとることができる。

3.3　国民投票の頻度と結果

1848年から1996年までの国民投票を，その頻度と結果から分析すると，次の事実が判明する [Linder 99-100]。

まず，義務的レファレンダムについては，全171件中，反対多数が44件であることから，否決される割合が比較的高いことがわかる。このことから，スイス国民が，税金に係る義務的レファレンダムを含めて，政府に対して新しい権限（税金の場合は課税権）を与えることに，慎重な姿勢を示していることがわかる。また，義務的レファレンダムの対象には，憲法に基づかない緊急一般拘束的連邦決議（旧規定）など，重要性の薄いものも多く含まれていることをみれば，重要な投票案件に対する義務的レファレンダムの否決の割合は高いことが推測される。

次に，イニシアティヴは，適格取得する投票案件は多いが，投票に付されるものは少なく，全体の約4分の1が撤回される。撤回される場合には，立法過程における交渉が成功して，対抗草案だけが提案されることがある。対抗草案は，多くの場合，イニシアティヴと同時に提案されるが，成立率は3

分の2と高い。

　イニシアティヴの成立率は10％に過ぎない。1982年不正価格，1987年ローゼントゥルム基地建設中止，1990年原子力発電所建設の10年間停止，1993年祝日（スイス連邦成立記念日）創設の4件が，1969年から1993年までの全107回のイニシアティヴの中で成立したイニシアティヴである［Kobach b 145-146］。さらに，それ以降では，1994年アルプス地域の一時的通過からの保護，2002年国連加盟，2004年更生不能な性犯罪者および暴力犯罪者に対する終身刑の，3件のイニシアティヴが成立している。この数字からみると，イニシアティヴは，成立しにくいことがわかる。

　任意的レファレンダムの対象は，連邦議会で成立した法律全体の7％に過ぎない。リンダー［Linder 118］によると，1996年までの1700本の法案のうち，128本のみである。しかしながら，実際に任意的レファレンダムに付されると，提案者側つまり法案に反対する側が，50％以上の確率で勝っている。これを1980年から2002年までの間でみると，任意的レファレンダムは，全51回実施され，賛成多数が34回，反対多数が17回となっている（［Kaufmann & Waters 156-178］から筆者が集計した数字である）。この数字をみると，任意的レファレンダムの数はそれほど多くないこと（同時期のイタリアと同程度），レファレンダムが成立し法案が否決される割合は，3分の1と高くないが，否決される可能性が高いことがわかる。このことが，政策を遂行する側にとっての脅威となっていることは否定できない。後述のとおり，このようなレファレンダムの脅威が，議会前立法手続の発展を促進したのである。

　次に，近時，国民投票の数が増加していることが指摘できる。1848年から1950年代までは，10年間の投票件数は，ほぼ10〜20件台前半であったものが，1950年代は42件，1960年代は29件となり，1970年代は87件，1980年代は66件，1990年代は106件と明らかに増加している。1848年から2000年までの国民投票の件数は全487件で，このうち1970〜2000年の30年間だけで259件と，国民投票全体の過半数を占めている。そして，国民投票の増加は，イニシアティヴ・任意的レファレンダム・義務的レファレンダムの3つの制度（以下「3制度」という。）全てにおいて観察される。1891年から1970年までは，義務的レファレンダムが44％を占め，任意的レファレンダムは29％，イニシアティヴは27％であった。この傾向は，1971年から1994年までの間でもほぼ変わら

ない。

　増加の原因は，1つには，現代の政治と社会の複雑化であろう。直接民主制の制度自体は，19世紀に土台が形成されて，その後，基本的に変更はない以上，上記のとおり，エネルギー，環境，外国人・移民，社会保障などの現代的な問題が，その重要性のゆえに，国民の意思を直接問うという形で，投票案件として登場したことが推測される［Trechsel & Kriesie 196-197］。

　もう1つの理由は，国民投票が国民に開かれていることである。つまり，上述のとおり，適格取得のハードルが低いことが，国民投票増加の大きな原因となっている。たとえば，スイスで最初に行われた任意的レファレンダム（アルプスの私営鉄道に対する補助金）の時点では，適格取得に必要な署名数の全有権者に対する割合は，4.7%であったものが，1994年の移民に対する任意的レファレンダムではわずか1.1%になっている。同様に，最初のイニシアティヴが7.5%だったものが，2.1%になっている。これは，人口の増加と女性参政権の導入が，原因となっていることは明らかである。1977年のイニシアティヴおよびレファレンダムの署名要件の増加は，適格取得のハードルを高くすることには，寄与しなかったことが観察される。

　　注）　イニシアティヴは，5万人から10万人へ，レファレンダムは3万人から5万人へと，それぞれ署名要件が増加された。

　また，3制度の中では，特にイニシアティヴが，近時増加傾向を示している［Trechsel & Kriesie 197］。1891年のイニシアティヴ導入後，10年ごとにみていくと，1920年代（13件）を除いて，1桁台の件数であったものが，1970年代以降急増していることがわかる。1970年以降の30年間の件数94件は，導入以降の全件数147件の約6割以上を占めている。この原因には，上述のとおり，国民投票制度全体における増加要因があてはまると同時に，イニシアティヴが，立法過程に参加できないアウトサイダーの武器となっている点を見逃すことはできない。これについては，後述する。

　　注）　コバッハは，1969年以降のイニシアティヴの増加について，女性の参政権獲得以外に，次の要因をあげる［Kobach b 142-145］。①70年代以降の政治参加の増加とくに，抗議運動，政治集会，市民的不服従運動などの活発化，②1974年の経済危機を契機として，社会民主党をはじめとする左翼勢力および労働組合からの，累進課税の促進・労働者の経営参加など，経済問題をテーマとするイニシアティヴが多発したこと，③1974年以降，環境問題を投票案件とするイニシアティヴが

増加したこと。④後述のとおりの，議会前立法手続に参加できない利益集団および単一の争点のために形成された集団が，自己の意思を表明する手段として用いたこと。このようなアウトサイダーからのイニシアティヴは，1974年から1992年までの5分の4を占める。なお，立法過程内部の団体からのイニシアティヴの多くは，社会民主党とSWFT（Swiss Federation of Trade Unions）によるものである。

第4節　スイスの国民投票の機能

4.1　レファレンダムのブレーキ作用

任意的レファレンダムの導入を提案した者には，同制度がアメリカの住民投票にみられるように「進歩的」なものだという意識があったと思われるが，沿革をみる限り，実態は必ずしもそうではない。導入直後に起きた，保守的なカトリック勢力によるレファレンダム闘争は，政府の進歩的な政策の遂行を妨げ，彼らの権益を保護する方向に作用した。この原因は，適格取得のハードルが低いことにある。このため，各種利益団体，社会内部のマイノリティーおよび法案に不満をもつ一般の国民が，容易に任意的レファレンダムを提起し，法案の否決に持ち込むことができるのである。一方，憲法レベルの重要な議題は，必ず，国民投票に付され，二重の賛成を必要とする[Linder 101-102]。

つまり，スイスのレファレンダムは，提案についての政府・連邦議会のコントロールが低いことを特徴とし，このような制度の下では，政府は，選挙と選挙の間に，「不意討ち」のように，課税などの重要な政策の推進を行うことは，基本的に不可能になる。たとえば，日本の消費税導入のような，民意を無視した強行突破は困難となる。このように，政府・連邦議会は，重要な政策の推進が，常にレファレンダムに付される，という意識を有するようになる。

レファレンダムを提起しやすいという事実には，重要案件を常に国民が決定できるというメリットがあるが，上述のとおり，保守派が改革立法を嫌い，現状維持の手段として，国民投票を利用することが多くなる，という側面もある。しかし，一方では，左翼陣営も，1978年の秘密警察創設に対する任意的レファレンダムのように，連邦警察の強化に反対するためにレファレンダ

ム闘争を行っているし，社会民主党，緑の党，環境保護グループも，任意的レファレンダムを数多く利用するようになっている。したがって，レファレンダムは，多くの政治集団によって，現状維持を狙うために利用されているとみるべきであろう［Linder 102-103］。

レファレンダムが容易に提起されるとなると，連邦議会は，レファレンダムによる否決を回避するために，関係利害団体の立法過程への参加をできるだけ促すと同時に，野党を政権に参加させるようになる。そして，同様に，レファレンダムを提起する力のある利益団体との妥協を図るようになる。これは，レファレンダムが政治的な統合を促進していることを意味する。そうすると，スイスは，連邦レベルでは，急激な改革を推進しにくい政治体制となっていることになる。言い換えると，スイスのレファレンダムは，ブレーキ作用を有し，妥協による，漸進的な政策推進が行われていることがわかる。リンダーは，スイスのレファレンダムのブレーキ作用を示すものとして，以下の5点を挙げる［Linder 103-104］。

①歴史的にみて，スイスの中央政府の発展が遅いこと（特に，経済・社会政策の分野において）。②中央政府の支出は，公的な支出全体の30%に過ぎず，公共部門はスイスのGNPの30%以下であること。③スイスでは，1994年まで，一時的なものを除いて，中央政府が所得税を課さなかったこと。④連邦の官僚組織が小さいこと。⑤他の中立国に比較して，国際問題に関与することに，かなり慎重な姿勢を示していること。

注）スイス国民が欧州統合に積極的でない理由としては，スイスの税制が，全ヨーロッパの中で最も国民の負担が少ないものとなっていることを挙げることができる［Fossedal 145-146］。

4.2　イニシアティヴのイノベーション作用

イニシアティヴは，上述のとおり，政治的エリートが取り上げない議題の設定作用がある。しかし，イニシアティヴの成立率は低く，統計上は，現状の変革を求めて提案されたイニシアティヴのうち，90%が不成立に終わっている。しかし，イニシアティヴの作用は，法案成立といった直接的なものよりも，間接的な効果の方が重要である。すなわち，成立しなくても，対抗草案が成立したり，提案者の要求を取り込んだ法律（これを「間接対抗草案」

という［Kobach b 146］。）が制定されることによって，提案者の目的が達成されることが少なくない。この場合，イニシアティヴは撤回される。1974〜1986年の期間では，44件のイニシアティヴのうち，8件に対して対抗草案が提案され，14件に対して間接対抗草案が提案されている。結果的には，同時期に，半数に妥協が成立していることを示している。このように，環境，社会保障，男女同権といった，スイス政治の多くの重要な議題が，ある意味では，政治的なアウトサイダーからの提案を，吸収し咀嚼したものを土台としていることは，注目に値する。そして，このようなイニシアティヴの間接効果を狙う集団には，主として以下の3つがある［Linder 104］。

(i) 与党である社会民主党および労働組合は，社会改革を求めるイニシアティヴが，連邦議会で採択されそうにない場合は，イニシアティヴの内容を国民が支持しやすいものにし，または連邦議会の主流の見解から極端にはずれないものにする。そして，連邦議会では，イニシアティヴをいわば「人質」として利用して，交渉を有利に進めようとする。

(ii) 一方，急進的なグループは，妥協や交渉によって成果を引き出すことより，または，投票で成立することよりも，議題設定を重視する。その多くは，スイス国政上のタブーもしくは，ほとんど争点となっていないものであり，勝ち目の薄い提案であるところ，それを提案することによって，議論が喚起され，長期間継続されることに目標を置くのである。1989年の陸軍廃止のイニシアティヴがその典型であり，同イニシアティヴを巡って4年間も国内で大きな議論が展開され，陸軍の改革に大きく寄与した。イニシアティヴは不成立であったが，実質的には陸軍改革という目的は達成された。

注）同イニシアティヴの間接的効果および具体的な改革については［Kobach a 204-213］［Kobach b 149-150］を参照されたい。

(iii) 少数政党および単一の争点のために形成された集団は，選挙の際に，党もしくは運動の綱領（platform）に，イニシアティヴの利用を掲げる。そして，後者の場合，イニシアティヴは新しい政党の形成に寄与する。その典型例が，1970年代の環境保護運動である。同運動は，選挙戦略として，イニシアティヴを多用し，その結果，緑の党という新しい政党を生み出したのである。これは，1960年代の外国人排斥運動にもあてはま

る。なお，共和派，国家行動派，自由党といった極右政党は，消滅の危機に瀕しながらも，国政選挙の際に党の綱領に外国人・移民問題に係るイニシアティヴを掲げて，自己の存在をアピールしている。

リンダーは，このようなスイスのイニシアティヴのイノベーション作用を次の3点に要約する［Linder 104-105］。

(i) 政治的エリートや連立政権が，既に内容を決定してしまっているか，無視している議題を国政に設定する。

(ii) イニシアティヴに連立政権が賛成した場合は，政策の実現が加速化される。環境保護運動が提案したイニシアティヴは，その典型例であり，その結果，スイスは，他のヨーロッパ諸国よりも早く，環境問題に取り組むことになる。

(iii) イニシアティヴが，支配層への不満を表明する場合は，連立政権内部の政策変更をもたらす。

ただし，イニシアティヴの撤回そのものは，近時少なくなっている［Kobach b 147-148］。6割を超えていた1960年代を境に，1970年代，1980年代，1990年代は2～3割台である。その理由は，まず，1950年代と1960年代の政治の妥協志向とは異なり，1970年代，1980年代になると，争点も先鋭化して，妥協が困難なものも増えて，提案者側も妥協を望まなくなったことにある。また，1980年代以降の撤回の減少の原因としては，署名要件の加重と18ヵ月の署名収集の費用が大きいために，このハードルに直面しながら運動を展開するうちに，自己の主張の正当性と現状の問題点を強く認識するようになることが挙げられる。さらに，イニシアティヴの適格取得が，政府発行のパンフレットおよび新聞によって取り上げられ，注目を集めるために，適格取得は提案する側の勝利の第1段階とみなされるようになる。そのため，国民の期待も高まるので，撤回は，敗北を意味することになるからである。このように国民の注目を集めるようになると，イニシアティヴを撤回することは，困難になる。

以上みたように，立法過程における妥協成立→対抗草案または間接対抗草案成立→イニシアティヴ撤回というコースは少なくなってきているが，仮に投票に持ち込まれて，不成立になったとしても，そのインパクトは大きく，政策変更をもたらすことは多い。そういう意味では，陸軍廃止のイニシア

ティヴが示すように,「イニシアティヴは政策形成の大きな役割を担っているが,イニシアティヴの成立によることはまれである[Kobach b 150]。」
 注) レファレンダム（ブレーキ）とイニシアティヴ（イノベーション）の役割の違いについて[Papadopoulous 36]も同趣旨の説明を行う。

4.3 国民投票のその他の機能

 国民投票のその他の機能としては,紛争予防機能がある。これは,国民投票によって妥協調整が生み出されることから,紛争が予防されることを意味する。もともと言語・宗教・文化・地域という点で,様々な多数派と少数派が入り乱れているスイスにおいては,マイノリティーに,国民投票という拒否権を保障することによって,政治過程に参加させ,紛争を予防し,社会的緊張緩和をもたらしている,ということができる。また,国民投票には,国民の間に議論を喚起する機能がある。陸軍廃止のイニシアティヴは,提案されてから4年間議論されて,当初予想されたよりも高い反対票を集め,それが陸軍の改革に結びついたのであった。

 また,教育機能もある。イニシアティヴおよびレファレンダムにおける投票では,個々の問題に対する情報の収集と理解が求められる。後述のとおり,必ずしも,全ての国民が熱心に情報収集しているわけではないが,一般にスイスの国民は,熱心に新聞を読む国民だといわれている[Fossedal 106]。また,外国人・移民問題にみられるように,あからさまなマイノリティーに対する差別は行わないこと,国民投票によって政治的危機に陥ることのないこと,取り返しのつかない立法が行われたことがないこと,1つの投票日の結果が,投票案件ごとに別々になっていることをみれば,国民投票の存在が国民を教育し,立法者として鍛えてきたということができる[Fossedal]。

第5節 スイスの国民投票の問題点

5.1 魔法の公式の成立と反対勢力の不在

 スイス協和民主主義（Konkordanz-demokratie）の1つの特徴として,連邦議会に議席を有する全ての主要政党が,政権に参加していることが挙げられる。すなわち,1959年以来,内閣にあたる連邦参事会（定員7名）は,自由

民主党2名，キリスト教民主国民党2名，社会民主党2名，スイス国民党1名で構成され，このことは「魔法の公式」と呼ばれている。このような大連立政権が，スイスの国政を支えているのである。

注）2003年のスイス国民党の躍進のため，この比率が崩れて，キリスト教民主国民党1名，スイス国民党2名の割合となった。

　この魔法の公式を支えている要因の1つは，同僚制（Kollegialsystem）である。スイスにおいては，閣僚は相互に対等で，1人だけが，特別な地位を有することがなく，決定は連邦参事会全体で行い，同僚が全体で政治責任を負う。また，内閣の解散権や連邦議会の不信任案による内閣の辞職という制度がないことも，魔法の公式の形成に寄与している。さらに，スイス社会を規定する構造的要因，つまり，地理的・社会的・民族的多様性が，このような多党制の形成を促進しているとみることができる。

　そして，魔法の公式の形成に最も影響を与えているのが，任意的レファレンダムである。1874年憲法成立当初は，自由主義急進派の単独政権であったが，任意的レファレンダムを導入した後，カトリック保守派が，政府の政策に対する激しいレファレンダム闘争を展開した。自由主義急進派は，任意的レファレンダムを，カトリック保守派から提起されることによって，政策遂行に支障が生じることを回避するために，同派を政権に参加させることを余儀なくされた。さらに，カトリック保守派にとっては，連邦議会選挙によって政権につく可能性がない以上，自派の政策を実現するためには，政権に参加することが合理的な行動となる。以上のような双方の事情から，政権参加が実現し，同僚制度の下で，政権内部の妥協調整が行われるようになるのである［Linder 119］［Kobach b 150-151］。

　その後，カトリック保守派の参事数が2に増加する。そして，1919年の比例代表選挙の導入後に，小政党が躍進し，同時にレファレンダム行使の可能性を獲得するようになると，1929年には，急進派から分派していた農民商工業者市民党が入閣するようになったのも，同様の事情からである。社会民主党は，1891年のイニシアティヴ導入以来，適格取得した国民投票の半分を提案し，また，1935年には国民院（下院）で第1党となり，政権参加を目指していたのであるが，ブルジョア政党から入閣を反対されていた。しかし，第二次世界大戦中に国家的な統合が必要となると，1943年に入閣する。そして，

一時的に社会民主党が政権に参加しない時期を経て，1959年に魔法の公式が成立して今日に至っている。

魔法の公式は，協和民主主義の基礎となっている，という評価が可能であるが，一方では，反対派の形成を妨げ，連邦議会において，政権与党に対する反対案が提出されない，という側面も存する。これは，反対派による政府の追及という，連邦議会のコントロール機能が失われたことを意味する。

なお，現在，連邦議会に一定の議席を有する反対派としては，緑の党と自動車党が存在する。これらは，連邦議会内では，反対派として機能していないが，イニシアティヴおよびレファレンダムによって，政府の政策に反対し，自己の政策実現を目指している政党であり，いわば，イタリアの急進党と同様に，レファレンダム政党とみなすことができる。しかしながら，その位置づけは，魔法の公式に参加した政党のそれによく似ている。したがって，スイスの協和民主主義のダイナミクスからいけば，これらの政党が今後政権に参加し，魔法の公式が再構成される可能性がある ［Kobach b 141］。

5.2　議会前立法手続の発展―利益団体の影響力・議会審議の形骸化
5.2.1　沿　革

国民投票の導入によって，最も強い影響を受けたのが立法過程である。それによって，審議の中心が連邦議会の内部から，議会前立法手続に移行した。これは，ナイトハルトが言うところの，国民投票の制度形成機能が発揮された結果であり，言い換えると，議会審議の形骸化でもある ［Neidhart］。

まず，1874年の憲法成立直後，激しいレファレンダム闘争を体験したことによって，連邦参事会は，漸進的に利益団体，カントン，労働組合などを議会の審議前に行われる交渉過程に参加させるようになった。特に，工場法の改正および疾病災害保険法制定を通じて，第一次世界大戦前には，後述のとおりの専門委員会において，利害関係者を事前聴取するというスタイルが，一応確立していた。その後，1930年代に政党および経済的利益団体によって，任意的レファレンダムが多数提起される。政府は，この時代から第二次世界大戦中にかけての，経済危機および政治危機を，任意的レファレンダムの対象とならない緊急立法を増加させ，さらに連邦議会から全権委任を得ることで乗り切った。緊急立法を多用して，任意的レファレンダムを回避したこと

については，民主主義運動を展開する勢力から激しい批判を浴びることになり，1939年と1949年の2回にわたる憲法改正を招いた［Linder 201］。さらに，第二次世界大戦後には，レファレンダムを回避する方策として，危機の時代以前のように，利害関係のある団体を立法過程に積極的に参加させる方向に，政治システムを調整するようになる。これは，1947年に憲法32条を改正して，事前聴取の制度を憲法典の中に取り入れたことにも表れている。

5.2.2 制　度

スイスの議会前立法手続は，第1段階の専門委員会による審議と第2段階の聴聞手続に分かれる［Neidhart 297-312］［Linder 122-124］［Kobach a 145-155］。

第1段階では，新法の制定もしくは法の修正の必要性を認識した，連邦参事会が，専門委員会を招集し，その必要性と内容の審査を行う。スイスでは，このような立法の提起は，イニシアティヴを除くと，連邦参事会が行う。その際，審議のたたき台として，管轄の省が作成した予備草案が用いられる。専門委員会の構成員は，行政部，カントン，経済団体，その他の利益団体の代表であり，連邦参事会の指示の下に，管轄の省によって選定される。これらの構成員の多くは，当該問題の専門家であると同時に，出身母体がレファレンダム行使の可能性を有することから，強い発言力をもつ。このため，レファレンダム回避という制度趣旨から，できる限り広い利害関係者を含むような委員選定がなされることになる。専門委員会では，各委員が専門知識の収集と利害調整に努める。ここで審議された結果は，委員会草案または委員会報告と呼ばれ，それに続く聴聞手続に回される。

第2段階の聴聞手続においては，カントン，政党，および専門委員会よりも広い範囲の利益団体が参加し，最終的な妥協案が作成される。これは管轄の省によって作成されることから，省案と呼ばれる。この省案の段階で連邦参事会が内容の審議に参加し，省案を連邦議会に議案として送付するか否かを決定する。ただし，内容的には利害関係者の間でかなり妥協調整が進んでいるので，連邦参事会によって大幅な変更が加えられることは，通常ない。

続く，連邦議会では，法的・政治的観点から審議され，最終的に可決または否決される。法案の内容は，議会前立法手続によってほぼ確定しているの

であるが，連邦議会での審議経過を過小評価してはならない。連邦議会は，法的には，法案の変更あるいは連邦参事会への差戻し，といったあらゆる権限を持っているからである。実際に，重要法案の審議においては，多くの修正動議が提出されている。ただし，個々の議員は，後述のとおりの地位の重複のために，すでに議会前立法手続に参加していることが多く，争点を理解し，妥協の成立過程を熟知していることから，仮に連邦議会における審議の段階で，反対論が生じても，できる限り多くの政党から支持されるような妥協が，模索される。一方，個々の議員は逆に，利益団体の支持を背景として，レファレンダム威嚇（任意的レファレンダム提起を交渉の手段とすること）を行い，それによって自己の主張を通すことが少なからずある［Kobach b 150］。このようにして，スイスの議会前立法手続および議会審議においては，任意的レファレンダムの提起および義務的レファレンダムでの不成立を回避するために，妥協・利害調整が行われるのである。

5.3 利益団体の影響力の強さと政党の弱さ

スイスの立法過程全体において観察される特徴としては，利益団体が強い影響力を持っていることを指摘できる。これは，スイスの政治過程において，政党があまり大きな役割を演じていないこととは，対照的である。利益団体は，以下のような理由から強い影響力を有している。

第1に，利益団体と政党の境界線が一致しない［Steiner 110-111］。ある政党の下に，特定の傘下団体がいる，という構造になっていない。第2に，政党を媒介とせず，議会前立法手続のルートを使って，自己の利害を直接反映させることができる。第3に，独自に，イニシアティヴを提起し，レファレンダム威嚇を行うことができる。その前提として，利益団体に所属する人数が政党よりもはるかに多く，任意的レファレンダムの署名収集，選挙運動も潤沢な資金を使用して活発に展開できる点が挙げられる。

第4に，スイス社会の特徴である「地位の重複（Rollenkumulation）」が利益団体にとって有利に働いている［Steiner 122-127］。スイスでは，一人の人間が，たとえば，国会議員と議会前立法手続の専門委員と利益団体のトップの3つを兼務し，さらには地方の公職に就任するというような地位の重複が，連邦・カントン・地方という3つのレベルで頻繁に生じている。それによっ

て,「能力・専門知識・経験を,簡単かつ迅速に,しかもコストの少ない方法で,1つの領域からもう1つの領域へと移すことができる」のである。そういう意味では,地位の重複は,意思伝達の合理的方法であるが,逆にいうと,意思決定の,どの段階においても,同じ人間が関与していることになる。これも,スイスにおける権力分担構造の一局面であろう [Linder 166-174]。

しかし,政治過程において,利益団体の影響力が強いこと自体は,先進国では共通の現象であり,問題となるのはむしろ,その程度である。チェニーは「誰がスイスを支配しているか」という著作の中で,スイスでは,大企業,労働組合等の,国民投票を提起できる団体の声のみが反映されて,一般の国民の声がブロックされているとして,その原因となっている任意的レファレンダムの制度改革を提起している [Tschäni]。

一方,スイスの政党が弱体なのは,社会民主党を除いて,中央集権的ではなく,地方組織の連合体となっているので,組織構造が弱く,財政的にも苦しいことが原因であろう。しかし,それも,国民投票制度が引き起こしたと説明することができる。国民投票においては,投票案件ごとに,政党,利益団体,カントン,あるいは市民運動グループなどにより,アドホックな連合体が形成され,しかも,国民は,それらの連合体に拘束されることなく,自己の選好を投票において表明する。政党ができることは,せいぜい投票案件に対するエンドースメントを提供するだけであるが,国民は必ずしもそれには従わない,という構造になっている。こうした傾向は,一般の投票者レベルだけではなく,政治的エリートについても同様である。国会議員は,投票案件ごとに,政党の枠を超えて連合を形成し,自己の所属政党の見解と異なる見解を公然と発言する。これが,ますます国民が政党の指示に従わないことに拍車をかける。

しかし,スイスの投票者は,政党に対する忠誠心が強い。それは,選挙によって,国民院の議席配分が変更されることが比較的少ないことからも明らかである。投票者は,選挙における政党の綱領と,国民投票における政党のエンドースメントを峻別している。国民投票が恒常的に行われていることから,国民は政党から離れずに,自己の選好を国民投票において,反映させることができるのである。このように,国民投票のために,スイスでは,ゆるいけれども,弾力的な政党の支持を観察することができる。

また，投票案件についての連邦議会における政党の連合も，一時的なものに過ぎない。したがって，争点ごとに連邦議会での連携が生まれたとしても，それは長期間続くものではないことから，連邦議会の内部における，政党の提携関係も弱くなる。

以上のように，国民投票に際して，国民は政党のエンドースメントに従わず，議員は政党の見解とは異なる陣営に所属して，選挙運動を展開し，政党は長期的な提携関係に立つことがない。このように，国民投票が政党を弱体化していることは否定できない［Kobach b 132-133］。

5.4 議会の審議機能の低下

議会前立法手続の発展は，逆に連邦議会の立法機能が低下していることを示している［Bucheli 56］。さらには，議会の固有の機能である，「代表機能」「意見表明機能」「交渉機能」が阻害されていることを意味する。すなわち，議会前立法手続が，関係団体の代表による一種の議会のような機能を営んでいることから，公開された議会における意見形成が，衰退してしまったのである。しかも，それは選挙を経たものではないという意味では正統性がなく，外部に対して閉ざされたものであり，審議の公正さを欠いているという問題点がある。任意的レファレンダムによって国民に拒否権を付与し，それによって，連邦議会審議の公正さや透明性を担保するという意図が，逆に，密室政治および利益団体の影響力を強化する結果を招くという，皮肉な現象が生じているのである。

しかも，議会前立法手続におけるコンセンサス形成と引き替えに，連邦議会が先導的・革新的機能を喪失していることも明らかである。議会前立法手続においては，妥協を目指して交渉を続けているうちに，地位の重複のために情報が均質化され，問題に対する統一的解決が図られる。しかし，妥協を優先する限りは，レファレンダムのブレーキ作用でみたように，改革を抑制する方向で進むのである。連邦議会は争点についての情報を欠き，また情報を検討する能力と，時間および専門知識を欠いていることから，議会前立法手続を超えて，改革を企図する能力はない。さらに，イニシアティヴにはイノベーション作用があるとしても，イニシアティヴおよびレファレンダムの存在は，一貫したプログラムに基づいて国政を運営していくことを困難にす

る。レファレンダムによって，法律が否定され，イニシアティヴによって，新しい政策の指針が追加される可能性が，常に存在するからである。

  注） スイスにおける直接民主制の議会への影響については，[Kobach a 160-175] が詳しい。

5.5 統治機能の変化と任意的レファレンダムの回避行動

 スイス憲法の下で，行政活動を行う機関，すなわち行政部門は，内閣にあたる連邦参事会とその下位機関である連邦行政部である。行政部門は主として，①統治・行政機能，②立法機能，③裁判機能（主として行政上の争訟等）を有する。しかし，国民投票の導入とその発展によって，①と②を統合した新しい機能が生じている。

  注） スイス連邦議会の機能・権限については，[小林 a 89-91] を参照されたい。

 第1は，議会前立法手続における仲介機能である。ここでは，社会の諸利益をできる限り反映させ，妥協が成立するように，政府は仲介者の役割を演じる。予備草案の作成，専門委員の任命，審議の優先順位の決定，審議のタイムスケジュールの管理など，議会前立法手続における，連邦参事会の役割を過小評価することはできない。第2に，仲介機能の延長として，政府はコンセンサスが形成された法案を連邦議会で成立するように，連邦議会で先導的な役割を担う。連邦議会よりも，豊富な専門知識を背景として，法案の趣旨説明を行い，成立する方向に審議を誘導する。第3に，行政活動は成立した法の執行（法の執行機能）によって行われるが，法の執行にとって重要な変容は，委任立法の増加である。委任立法の場合，すなわち政府が執行法の制定をする場合も，制定のために，専門委員会および聴聞手続という手続が実施される。つまり，委任立法の場合は，連邦議会前と連邦議会後の，2つの交渉が実施される [Bucheli 67-68]。

 政府は，法の執行および執行法の内容を決定するための交渉を円滑にし，任意的レファレンダムにおける否決を回避するために，法の内容および文言を有権者が認識できないほど，一般的・抽象的なものにする傾向がある。法規範は，国民が，その内容・射程範囲を十分に知りうるように制定されなければならないはずであり，広範な委任および不明確な法律による行政活動は，法律による行政の原理という点からは許されない。国民投票の対象という点

第2部　国民投票各論―主要実施国の運用実態―

では，いっそう法規範の明確さが要求されるはずである。しかしながら，逆にいうと，任意的レファレンダムの存在が委任立法を増加させているとみることができる。これも，5.2.1のとおりの緊急立法の増加と並ぶ，任意的レファレンダムの回避現象であろう。

5.6　低投票率

　スイスにおける国民投票の投票率は，30～40％台が圧倒的に多い。時代順にみていくと，1880年代以降，1950年代までは50～60％を維持していたが，1960年を境に，40％台に落ち込んでいる［Kobach b 136］。また，1980年から2002年までの間で，投票率が50％を超えた国民投票は，投票案件では21件しかない。それらの少数の投票案件は，国連加盟などの国際問題や，陸軍廃止などの重要な問題である。また，興味深い傾向としては，重要な投票案件が提案される投票日においては，同時に提案される他の重要性が薄い投票案件も，高い投票率が示される点が指摘できる。たとえば，1989年の陸軍廃止のイニシアティヴにおける，69％という高い投票率は，同時に提示された任意的レファレンダム「130キロの速度制限」に対しても示される。これは，アメリカの住民投票のような棄権［Cronin］がないことを示している。なお，スイス国民には，自分に利害関係があるか，重要だと思われる投票案件だけに投票する「実際的・選択的投票態度」がみられる［Bucheli 91］。これはアメリカにも観察される現象である。本書では，このような投票を「選択的投票」という。

　スイスでは，全人口のうち，外国人と未成年を除くと，約60％に選挙権がある。そうすると，国民投票を決定する多数（deciding majority）は，$100 \times 0.6 \times 0.4 \times 0.5 = 12\%$ と計算される。統計上も確かに，全人口の5～18％が，国民投票を決定する多数ということになる［Linder 92］。

　低投票率に対する1つの説得力のある説明は，協和民主主義の完成によるものである。1959年の魔法の公式の成立を，協和民主主義の完成とみれば，上述のとおり，60年代に入ってから，国民投票全体の投票率が下がっていることが説明できるからである。次に各制度別にみていきたい。

　任意的レファレンダムは，数字的にみると，第二次世界大戦以降，漸減していることがわかる［Bucheli 83］。1946年から1949年までの間は，6件，平

均67.3％であったが，50年代は10件，平均50.1％と減少し，60年代になると9件，平均39.2％と急落している。これは，1959年に魔法の公式が完成した時点で，妥協調整システムが機能していることを示している。70年代に入ると，投票率は40％台であるが，投票件数は15件と増えている。80年代は，8件で同じく40％台となっている。増えたのは，90年代で，40％台で37回と急増している。その中には，51％を超える投票案件が2つある。

　イニシアティヴは，妥協調整のシステムに参加できないアウトサイダーによる，意思表明の武器であると位置づけられる。数字的にみると，イニシアティヴも任意的レファレンダム同様に，投票率は漸減しているが，外国人問題（1970, 1974），車による大気汚染（1977），陸軍廃止（1989），陸軍基地数の制限（1993），F18購入禁止（1993），合理的な食料の価格（1998），第10次年金改正（1998），Ja Zu Europa（2001）（同時に他2件も），国連加盟（2002）（同時に他1件）といった50％を超える高い投票率を示す投票案件がある。したがって，全体的には低いが，ときに，高い投票率を示す投票案件があると，みなすべきであろう。

　義務的レファレンダムは，一般に投票率が低い。エングラーはこれを協和民主主義の完成と関連づけて説明する［Engler］。数字的にみると，義務的レファレンダムの件数の増加とそれに対応する投票率の大幅な減少がある。件数の増加の原因は，旧憲法の規定にある，緊急一般拘束的連邦決議の多発である。これは，政府が，レファレンダムと議会前立法手続を回避する行動である。特にこの手法が増加したのは，1970年代の前半である。経済的危機に対して，政府が，緊急一般拘束的連邦決議を多用して，通常の立法過程を迂回したのである。これに対する義務的レファレンダムでは，賛成の票が多いことが観察される。つまり，わかり切ったことを投票するという色彩が強いことから，投票率が低いことが推測される。しかし，義務的レファレンダムの中にも，女性参政権（1971），EECとの自由貿易協定（1972），付加価値税導入（1977），イニシアティヴおよびレファレンダムの署名要件の加重（1977），トラック税，高速道路への課税（ともに1984），国連加盟（1986），EEA加盟（1992）は50％を超える投票率を示している。特に国際問題については，高い投票率を示していることに注意する必要がある。

　以上より，1959年の魔法の公式の完成が投票率の低下に強い影響を与えて

いることは事実であるが，そこからは3制度にそれぞれ生じている，少数の高い投票率を示す投票案件の存在とを説明することができない。ここで，投票者の能力の問題による説明がこれを補完する。スイスの投票者は，投票行動という観点から，次のように3種類に分類される［Linder 91-95］［Trechsel & Kriesie 202］。

第1は，「義務的に投票する者」であり，約30%を占める。この投票者は，選挙を国民の義務ととらえていて，ほとんど全ての投票案件に対して投票する。第2は「棄権者」であり，20%を占める。棄権の理由は，政治に対する幻滅，無関心，争点を扱う能力不足の認識など，多様である。第3は，約50%を占める，「ときどき投票する者」である。この投票者が，投票率を左右する。上述のとおり，全体的に投票率が低下する中で，3制度とも，5割を超える投票率が示されることがある。これらは，選択的投票であり，国民主導型国民投票にみられる現象である。これは，「ときどき投票する者」が，投票案件に対して，強い関心を有し，自己の利益・不利益に直接関わると考えて投票するときに発生する。

この「ときどき投票する者」の投票行動に，次の2つの要因が影響を与えていると推定される。1つは，国民投票の投票案件の多さである。特に，90年代以降の，国民投票の大幅な増加は，「ときどき投票する者」を疲労させ，投票率を低下させていると思われる。もう1つは，社会的・経済的争点の不在である。魔法の公式・議会前立法手続の完成によって，通常はそれらのコースに政治に対する不満が吸収され，例外を除いて，「ときどき投票する者」の関心を引き寄せるような，投票案件が存在しないのである。

さて，このようなスイスの投票率の低下をどのように評価すべきであろうか。年に4回の投票する機会と，合計30以上の投票案件を考慮すると，投票率は決して低くない，という評価も可能である。また，スイス国内では，伝統的に低投票率を肯定的に評価する傾向がある［Linder 95］。つまり，それは妥協・調整を志向する政治システムがうまく機能していることを意味し，社会における亀裂・対立が存在しないことの象徴であるというのである。これらは，一見もっともらしい説明であるが，上述のとおり，棄権は満足の証拠であるとは限らないことに注意しなければならない。

むしろ，低い投票率にもかかわらず，国民が，直接民主制の制度そのもの

に満足していることに，注目すべきであろう。投票に行く機会と投票案件が多く，そのため，投票率が下がるとしても，逆に，それは民意反映の機会を十分に与えられていることを意味し，重要な投票案件に対しては，選択的投票によって，その機会に対応していると見るべきであろう。

5.7 投票者の能力・政治資金

低投票率の原因の1つが，投票者の疲労であるとすると，投票者の情報獲得および投票案件の理解力が問題となる。スイスの国民投票における投票行動をみた場合，対立する調査結果が存在する。1つは，スイス国民は，多くの投票日と投票案件に対応できるだけの十分な能力を有していない，というものである。[Gruner& Hertig] の研究によれば，投票案件を理解し，十分な情報を獲得して投票するのは，全投票者の6分の1に過ぎないという。一方，[Trechsel & Kriesie 197] は，約半分が能力のある投票者として投票しているという，全く異なる調査結果を示している。しかしながら，仮に後者の調査が正しいとしても，スイス国民の約半分以上が，能力的に問題があることになる。

スイスにおいて，投票者が意思決定を行うのは，選挙運動の段階であり，しかも投票日直前に最終的に決定されることが多い。ただし，意思形成に影響を与える要因は多様である。[Trechsel & Kriesie 198] は，次のような要因を挙げている。重要なものとしては，第1に新聞の社説，第2に政府が作成するパンフレットがあるが，テレビ・ラジオ等のメディア（後述のプロパガンダは除く）の影響力は高くないとする。その他の情報源としては，家族・友人・同僚との議論がある。しかしながら，いずれの情報源も，投票者の投票行動に決定的に影響を与えるものはない。仮に，情報獲得能力が低いとしても，アメリカの合理的投票者のごとく，政党および政治家のエンドースメント，あるいは専門家および能力のある者の発言を手がかりにすれば，情報不足を補うことができるはずであるが，上述のとおり，政党のエンドースメントもスイスでは影響力が弱く，個々の政治家を投票の鍵とすることも少ない。

そうしたいくつかの要因の中で，近時スイスで，投票案件の成立を左右するほど影響力があるといわれているのが，プロパガンダである [Linder 112]。

プロパガンダは，金を払う側が欲する票を集めるため，つまり投票案件の賛否の結果を構築するためだけに用いられる情報，と定義される。ただし，真実を含むとは限らないし，場合によっては，虚偽を含むこともある。それらは，新聞広告，ポスター，スローガン，写真などによって，争点に対する好意的な感情もしくは嫌悪感を形成することも目的とする［Linder 109］。ただし，中絶，速度制限，陸軍に係る問題のように，投票者の直接的経験や固定した意見があるものについては，プロパガンダの影響は少ない。これは，アメリカのTVコマーシャルの影響と同じ現象である。逆に，連邦と邦の組織の再構成のような，複雑で抽象的な争点については，プロパガンダが効果的であり，情報不足に陥っている投票者の投票行動に強い影響を与える。

このような影響力があるとするならば，プロパガンダは，何を言っても許されるのか，それとも規制の必要があるのか，という点は，当然議論されるべきであるが，問題は虚偽のプロパガンダを分別することが困難である，という点にある。激しい論争が繰り広げられている争点については，当然異論も多く，選挙を管理する政府当局ないしは裁判所が，内容の審査をすることの困難が予想される。匿名の団体によるプロパガンダも多いことを考えると，内容の審査よりも，アメリカの改革案のように，プロパガンダのスポンサーおよび資金提供量の公開の方が，投票者に必要な情報を提供すると考えられる。アメリカに少し遅れたが，署名収集活動および選挙運動を展開するにあたって，政治資金が重要な要因になってきたのは事実であるところ，スイスでは，アメリカと異なって，プロパガンダに対する規制は，ほとんどないのが現状である。このプロパガンダの規制の有無・程度が，今後の国民投票の運用の大きな問題となることは明らかである。

第6節　まとめ

スイスの国民投票の第1の特徴は，任意的レファレンダムのインパクトの強さ，言い換えると制度形成機能である。①議会前の妥協調整過程の形成，②議会の法案審議機能・コントロール機能の低下，③多党政府の形成，④委任立法の増加・難解もしくは抽象的な文言をもつ法案の制定，⑤妥協調整過程から排除された集団によるイニシアティヴの提起とそれに対する調整，⑥

緊急立法の増加とそれに対する義務的レファレンダムの増加，⑦投票率の低下，といった現象の発生に対して，たとえ唯一の原因ではないとしても，任意的レファレンダムが大きな影響を与えていることは明白である［Neidhart］。

 注） ただし，近時，このような任意的レファレンダムの制度形成機能が緩んでいるという［Papadopoulos］の指摘も興味深い。

　第2の特徴として，国民投票によって形成されたスイス政治のダイナミクスを指摘したい［Linder 125］。1970年代までは，これまで述べてきた妥協政治はうまく機能し，任意的レファレンダムの数は少なく，義務的レファレンダムの成立率が高かった。しかし，1974年のオイルショック以降は，妥協調整過程に多少の動揺がみられるようになる。つまり，配分できる余剰が少なくなったことから，コンセンサス形成が困難になり，80年代の終わりには，重要な立法が不成立もしくは未完に終わることが多くなる。さらに，任意的レファレンダムの成功率が増加し，イニシアティヴの提起が増加したことは，妥協がうまくいかなくなっていることを示している。しかし，その中でも，イニシアティヴを提起する勢力（妥協調整過程の外の集団・アウトサイダー）の主張が取り入れられて，政策が実現することも少なくない。サマータイムの導入，中絶のような争点には妥協調整システムがうまく機能しないが，多くの場合，妥協を探る動きが続けられていることに注意しなければならない。つまり，政策の実現に対してレファレンダムがブレーキをかけ，イニシアティヴが妥協調整過程を迂回して提案されるが，そのイニシアティヴに対してさらに，妥協調整のシステムが働くのである。リンダーが，イギリスの議会制民主主義と比較して，スイスの政治システムを「単独の勝者が利益を独り占めするのではなく，全員が一定の利益を得る（No single winner takes all, everybody takes something.）」システムと呼んでいる［Linder 125］のは，このことである。ここに，確かに漸進的ではあるが，なるべく多くの民意を包含しようとする，スイス政治のダイナミクスをみることができる。狭くて山岳地帯の多い国土，種々の言語，地域によって異なる宗教，独立性の強いカントンという要因の下で，国民投票による拒否権を確保しながら，交渉・妥協の制度を発展させることは，一種の「生活の知恵」と呼ぶことができる。

　第3に，国民投票・直接民主制が，スイスの政治文化となっている点を挙げることができる。上述のとおり，現行のスイスの国民投票制度には多くの

問題点を指摘することができる。しかしながら，国民の多くは国民投票制度を支持している。そのことは国民投票に対する制度改革が，上述のとおりの「一般的国民イニシアティヴ」にみられるように，より一層の民意反映を目指すものになっていることから理解できる。つまり，①たとえ全体的にみると，低投票率であっても，時には選択的投票が発生していること，②イニシアティヴの成立率が低くても，アウトサイダーの政策実現手段になっていること，③確かに，任意的レファレンダムは利益集団の交渉および威嚇の手段となっているが，一般の国民がいつでも容易に提起し，場合によっては法案の否決に持ち込むことができること，④投票日と投票案件が多いとしても，その分だけ民意を国政に反映させる機会が多いこと，⑤義務的レファレンダムは些末な投票案件も多いが，憲法改正・EC加盟等の重要問題には，必ず国民の信を問うことを保障していること，⑥一般の国民は妥協調整システムから排除され，その審議過程は不透明であるが，議題の設定機能は国民に留保されていること，という点に鑑みれば，「国政の決定権は国民にある」という確信が，スイス国民にあると思われる。この確信こそが，国民投票の運用を安定させているのであろう。

第3章　イタリアの国民投票

第1節　イタリアの国民投票の沿革

　イタリアは，アメリカ（州レベル），スイスと並ぶ，国民主導型国民投票の国であり，その導入以降の歴史は短いが，投票回数と対象も多く，豊富な実例を提供している。1970～2004年までに，17回（70年代2回，80年代4回，90年代6回，2000年代5回），62の投票案件の国民投票を実施している。とりわけ，多党制の下で国民投票を実施した場合に，政党が投票者の投票行動にどのような影響力を与えるかという点は，非常に興味深い。
　第二次世界大戦後のイタリアにおける最初の国民投票は，1946年6月2日の，共和制と王制の選択を問う国民投票である。結果は，投票率89.1%で，共和制に賛成が54.3%，反対が45.7%であった。これは，国家体制の確立のために行われる国民投票である［Luthardt 66-67］。それに続いて，イタリア共和国憲法が制定され（1948年施行），この憲法には，4種の国民投票が規定された。イタリアの国民投票のほとんどは，この4種のうちの，75条が規定する廃止型の国民投票によって，行われている。ただし，憲法の起草者も，1970年に制定された国民投票法（以下「国民投票法」という。）の起草者も，イタリアの国民投票をあくまでも，代議制民主主義の例外ととらえていて，国民投票がこのように質量共に発展していったことは，予想外のことであったと思われる。国民投票がこのように増加した原因としては，政治制度および政治家への不満，若年女性有権者の投票態度の変化，浮動票の増加，イタリア政治の世俗化などを挙げる論者もいる［LaPalombara 70］。政権の外にある政党や政治集団が，これらの原因を背景として，自己の政治勢力を拡大する手段として用いたことも一因であろう。
　このような70年代以降の国民投票の増加とその選挙結果は，イタリアの与野党にとって，予想外の出来事であり，政党はこうした傾向にあわせて，国

民投票に対抗する戦術をとるようになる。後に述べるように，この政党の戦術がイタリアの国民投票の特徴を形作るのである。

なお，ウレリィは，イタリアの国民投票を，投票者の投票行動によって，3つの時期に分けている［Uleri d 863-868］。この時代区分に従えば，投票案件，投票行動等によって，それぞれ，他の時期と区別することができることから，本書はこれに従って論を進めたい。第1期は，1974～1985年までで，ここは，「NO の時代」（廃止を求めた投票案件が否決される）と呼ぶことができる。第2期は，1986～1993年の「YES の時代」である。第3期は，1994～2000年までの「棄権（Non-voting）」の時代である。以下，イタリアの国民投票の制度を概観した後に，国民投票がどのような展開をたどっていったかを論じたい。

第2節　イタリアの国民投票の制度

上述のとおり，イタリアの国民投票は4つの制度からなるが，その中心となるのは，75条の廃止型の国民投票である。

注）　以下の記述は，［井口文男 a］［井口文男 b］［内藤 a］［衆院資料平成18年10月］［Kaufmann & Waters 73-78］［Bogdanor d 61-63］［Uleri c 106-110］を参考にしたものである。

2.1　75条の国民投票（廃止型国民投票）

憲法75条が規定する国民投票（以下「75条の国民投票」という。）は，50万人の選挙人または5つの州議会の要求によって実施される。すなわち，発議機関を，国民および州議会とする国民投票である。国民投票実施のための細目は，国民投票法に規定されている。国民投票法は，75条の国民投票だけではなく，他の国民投票の手続をも含む，国民投票の手続法である。

(i)　10人以上の発起人が国民投票の発起人委員会を作り，破棄裁判所事務局に対して国民投票の実施を申請する。官報による告示を受けてから，90日間が署名収集期間となる。毎年1月1日から9月30日までに，国民投票中央事務局に対して，収集した署名を提出しなければならない。

(ii)　投票は，4月15日から6月15日の日曜日に実施される。

(iii) 国民投票の対象は，法律の全部または一部の廃止である。なお，「法律の一部」の廃止には文言の廃止も含まれる。制定されたばかりの法律だけではなく，既存の法律も廃止の対象となる。したがって，75条の国民投票は，拒否型ではなく，廃止型の国民投票となっている。投票案件は，「あなたは，〜の法律の廃止を求めますか」である。

(iv) 国民投票の対象からは，「租税および予算，大赦および減刑，国際条約批准の承認に関する法律」が除外される。

(v) 投票適格の審査は，破棄裁判所と憲法裁判所が行う。最初に，署名要件が充足されているかどうか（手続的合法性）を破棄裁判所で審査する。この際，対象が同一であるか，または類似する，複数の国民投票の要求がある場合は，それらを併合する。続いて，憲法裁判所において，国民投票に付される法律が，(iv)の制限等に該当するかどうか（憲法的合法性）が審査される。ここで憲法裁判所が，「投票適格あり」と判断したときに，当該投票案件は投票に付される。

(vi) 投票結果が効力を有するためには，投票総数の過半数を超えることが必要であるだけではなく，投票率が，50%を超えなければならない（以下「50%条項」という）。投票案件に対して，賛成が多数で50%条項を満たした場合は，法律の全部または一部の廃止を大統領が大統領令により宣言する。この場合，大統領は，廃止に伴う不都合をなくすために必要な立法活動をさせる目的で，大統領令の公布の日から60日間廃止の効力の発生を延期することができる（国民投票法37条）。国民投票において，廃止に反対という結果が出た場合は，以後5年間は，当該法律についての国民投票を要求することはできない（国民投票法38条）。

このように，75条の国民投票のハードルは，国民が提起する場合には，①署名要件，②破棄裁判所の審査，③憲法裁判所の審査，④成立要件であるところ，①は比較的クリアーすることが容易であり，後述のように，③と④が提案者にとって重要なハードルとなっている。

2.2 その他の国民投票の制度
2.2.1 71条の国民発案
国民は，5万人の署名を集めることによって，条文の形で起案された草案

第2部 国民投票各論―主要実施国の運用実態―

の提出により、法律の発案権を行使する。ただし、この発案権は、オーストリアの国民発案と同様に、発案のみであって、アメリカのイニシアティヴやスイスのイニシアティヴとは異なる。議会は、この国民発案を審議して議決する義務も、国民投票に付す義務もないことから、国民発案によって法案が成立する可能性が低かった。しかし、国民発案を契機として、国民投票が実施された事例もある。1988年6月に、ヨーロッパ連合運動は、11万4千人の署名を集めて、国会に法案を提出した。これは、「欧州議会に欧州憲法を制定する権限を付与すること」（EUの深化）を投票案件とする、国民投票の実施を求める内容であった。1989年、両院はこの法案を承認し、これによって、国民投票が実施された。1989年6月18日に実施され、81％の投票率で、88％の圧倒的賛成を得た［Kaufmann & Waters 75］。これは、議会が主導する助言型国民投票である。

2.2.2　138条の憲法改正国民投票（拒否型国民投票）

憲法改正は、各議院において、少なくとも3ヵ月の期間を置いて、連続した2回の議決をもって採択される。第2回の票決においては、各議院の総議員の過半数の賛成によって可決されなければならない。

138条の国民投票は、改正された憲法が公布された後、3ヵ月以内に、国民（50万人の署名）、国会議員（一議院の5分の1）または州議会（5つの州）の発議によって、実施される。したがって、これは、拒否型の国民投票である。ただし、2回目の議決が、各議院の3分の2の多数の賛成で可決されたときは、国民投票は実施されない。

成立要件には、75条の国民投票とは異なり、50％条項はない。したがって、国民投票に付された憲法改正は、投票総数の過半数で可決されれば成立する。

2001年春に、憲法改正案が上下両院において2回可決されたが、2回目はともに3分の2の賛成を得られなかった。このため、「オリーブの木」（中道左派）と「自由の家」（中道右派）によって、地方自治の深化に対する国民投票が発議された。同年10月7日に、投票が実施され、投票率は34.1％と低調ながら、64.2％の賛成を得た。2回目の憲法改正国民投票は、2006年6月25日に、地方分権による連邦制導入や首相権限の拡大などについての憲法改正を投票案件として実施された。これは野党の発議によるものである。結果は、

投票率52.3％で，反対が61.3％であった。直前の総選挙で政権交代が行われたため，与党が投票案件に反対し，野党が賛成するという構図で実施された。

> 注）　2006年憲法改正国民投票の実施までの経緯とその内容については，［岩波］を参照されたい。

なお，その他の制度として，132条が，州の改編についての義務的レファレンダムを規定する。

第3節　イタリアの国民投票の展開

3.1　NO の時代（1974～1985）
3.1.1　1974年［離婚法廃止］の国民投票

75条5項で，国民投票を実施する方式は法律で定める旨規定されていたが，国民投票法は，長い間制定されない状態であった。50年代，60年代を通じて，さまざまな国民投票法の法案が提案されていたが，戦後長期にわたって与党であったキリスト教民主党（以下「DC」という。）が，同法の制定によって，立法過程の支配を奪われると判断したこと［Bogdanor d 65］，また，主要政党の間にも，国政に対する議題設定権を国民投票によって奪われる，という共通の認識があったことから，国民投票法の制定は実現しなかった。

結局，1970年5月に国民投票法が制定されたのであるが，その直接的な原因は，中道左派連立政権の内部における，離婚法を巡る分裂であった。当時，DC は，議会で単独の多数を占めることができず，自らは反対の立場をとりながらも，連立政権内部の世俗的政党と，野党の大政党である，共産党（PCI）がともに，離婚法の成立に賛成していたことから，この争点の扱いに苦慮していた。結局，DC は，連立政権を維持するために，事後に国民投票に付すことを条件として離婚法の制定を認めた。これによって，政権の安定を確保しながら，支持母体であるカトリック勢力に，離婚法反対の国民投票を実施する権利を付与することができたのである。つまり，国民投票法は，カトリック勢力と連立政権のパートナーとの妥協の産物であったが，これが，70年代以降の国民投票の発展の扉を開くことになったのである。1974年の国民投票の結果は，投票率88.1％で，廃止反対が59.3％であった。DC は，国民投票によって離婚法を廃止することができると踏んでいたのであるが，予

想外の敗北を喫することになった。

3.1.2　1981年［中絶法廃止・中絶制限規定の廃止］の国民投票

少数政党である急進党（PR）は，この結果を受けて，国民の政治参加および社会改革の手段として，国民投票を利用するようになる。1970年から1980年までの間に 8 から10の投票案件の組み合わせ（これを「レファレンダム・パッケージ referendum packages」という。）を 3 回提案している。この間，合計25の提案のうち，19が急進党によるものであった［Uleri a 273］。そのうち，いくつかは憲法裁判所によって，投票適格を否定されているが，1978年の第 2 回の国民投票［治安法の廃止］から，1981年の第 7 回の国民投票［中絶の制限規定廃止］までの 6 回は，すべて，急進党の提案によるものであった。特に，1975年に，ムッソリーニ時代に成立した，中絶を「人種統合と健康に対する罪」とする条項（以下「中絶条項」という。）の廃止を求めて適格取得した投票案件は，注目に値する。これは，75条の国民投票が文言だけの廃止を可能にしていることを利用したものである。イタリアは，この条項のために，当時ヨーロッパで，最も多くの違法な中絶が行われていた国であった。しかし，中絶条項の削除には，バチカンが大反対していたため，DC が賛成しなかったのであった。しかし，1975年に，急進党の提唱した，［中絶条項廃止］の投票案件が適格取得すると，国民投票の実施は，連立政権を組む政党にとっては，離婚の国民投票同様に，協力関係にひびが入る可能性があるという意味で，大きな脅威となった。なお，当時急進党は，国会に議席を有していなかった。このことは，国会に議席を持っていない弱小政党であっても，国民投票を提起できること，つまり国政に議題を設定できることを示している［Uleri a 272］。

まず，中絶条項を全て削除することは，中絶の完全自由化を意味することになり，それは，中絶の合法化に対して比較的穏健な支持を示していた政党（社会党，共和党，共産党）が反対する恐れがあった［Qvortrup c 141］。中絶条項廃止の国民投票を実施することは，当時，歴史的妥協によって閣外協力をしていた共産党と，DC を分断させる可能性があり，これが急進党の狙いでもあった。また，政党の見解と政党の支持者の見解にもずれがあった。

さらに，中絶条項の廃止を求める国民投票には，大きな問題点があった。

それは，中絶の合法化に賛成・反対の両陣営にとって，投票案件が極論を示していることであった。中絶条項の廃止を求めることは，中絶の完全な自由化を意味し，逆に廃止に反対することは，中絶が違法であることを認めることになるからである［Qvortrup c 142］。

このような国民投票を回避したい政党は，憲法75条が許容する，適格取得から90日以内に，国民投票の提案者の目的に適うような当該法律の改正を行った。すなわち，1978年に，「18才以上の女性が，一定の医学的な条件の下で，州の費用で中絶することを認める」規定（以下「制限規定」という。）を含む法194号（以下「中絶法」という。）を成立させたのであった。これは，国民投票をコントロールする手段の１つである。つまり，国民投票の脅威が，国民投票なしではあり得ないであろう，政党間の妥協を導いたのであった［Qvortrup c 142］。

結局，中絶の合法化自体に反対するカトリック勢力と，中絶の完全自由化を求める女性運動グループおよび急進党が，それぞれ国民投票を提起し，適格取得した。前者は，［中絶法の廃止］，後者は，［制限規定の廃止］を投票案件とする国民投票を提起した。その結果は，投票率79.4％で，カトリック勢力の発議した投票案件は，88.4％の反対，急進党の発議した投票案件は68.0％の反対を示したのであった。結果としては，制限規定を有する中絶法がそのまま残ることになった。

この結果は，カトリック勢力にとっては，離婚の国民投票に続く敗北であり，教会の世俗に対する影響力の低下を示した。また，DCにとっても，２度の国民投票の敗北は，長期にわたって示されてきた，イタリア政治に対する影響力に，かげりが出てきたことを意味する。これは，投票者からみると，DCの経済政策等を支持しても，離婚・中絶等の倫理的な争点については支持しないこと，教会の政治に対する介入を好まないことを表明したことになる［Qvortrup b 144］。また，これらの結果は，まさしく，急進党の上述のとおりの狙いが成功したことを示している［Uleri c 114］。

3.1.3　1985年の国民投票

1980年代になると，多様な政党による国民投票の提起がみられるようになった。1981～1984年の間は，極左政党のプロレタリア民主党（DP）およ

び共産党が国民投票を提起する。これは，左翼間の争いであると同時に，共産党と政府（当時は社会党のクラクシ内閣）の争いでもあった。そして，イタリアの歴史上初めて，主要政党である共産党によって提起されかつ適格取得したのが，1985年の［賃金の物価スライド制（スカラ・モビーレ）の割合削減］に対する国民投票であった。当時の社会党の党首クラクシを首相とする内閣が，行き詰まったイタリア経済の回復策として，賃金物価スライド制の割合の削減を打ち出した。これに対して，共産党は，法案を巡る議会審議でも議事妨害を繰り返し，また，交渉過程でも一貫してこの政策に反対し，適格取得後も国民投票を回避するための交渉には応じなかった。共産党の今回の国民投票の目的は，「政府および議会多数派は，共産党の同意を得ずに国政上の重要問題を決定できない」という「イタリア政治上の重要な原則」の回復を目指したことにある。これによって，パーシングミサイルの配備反対および EMS（European Monetary System）への加盟反対という党の重点政策を推進するつもりであった［Uleri a 273］。さらに，共産党は，この国民投票をクラクシ内閣への信任投票として行い，また，首相も敗北した場合は辞任する旨の発言をしていた。なお，投票案件を支持していたのは，プロレタリア民主党とネオファシスト（MSI）といった弱小政党であり，連立政権を構成する5つの政党は廃止に反対していた［Uleri a 276］。

　投票の結果は，投票率77.9%で，反対が54.3%で否決された。これは，共産党にとって，手痛い敗北であった。そもそも，共産党は，70年代は，一貫して国民投票実施に反対しており，80年代に入って方針を変更して国民投票を提起したことは，共産党の政治的弱体化を示していた［眞柄 168］。さらに，他の大政党の支持もなく敗北したことは，共産党がイタリアの協調政治の枠からはみ出し，孤立化していく要因となった［Bogdanor d 66］。この国民投票は，共産党が，政策的観点ではなく，政治的意図から実施した国民投票に対して，国民が痛烈な拒否をしたものであると評価することができる。

3.2 YES の時代（1986〜1993）
3.2.1 1987年の国民投票─政治改革の始まり
　さて，1985年以降の国民投票は，さらに，多様な政党の組み合わせで行われるようになる。1986年は，3つの国民投票の発起人委員会が形成され，そ

れぞれが独自のレファレンダム・パッケージを提案した。①環境保護グループによる，狩猟と漁業についての発起人委員会，②社会党，自由党，急進党による，司法官の民事責任，議会の諮問委員会，判事の高等裁判所への選任システムについての発起人委員会，③急進党，プロレタリア民主党，ヤングコミュニスト，緑の党，環境保護グループによる，原子力発電所についての発起人委員会である。これらの発起人委員会が形成された背景には，政党間の競争がある。②の場合，連立政権内部の社会党と自由党は，国政に議題を提出しようとしても，DCと共和党（PRI）によって阻止されてしまうので，国民投票を自己の政策提案の手段として，用いたのである。①と③の場合は，与野党の大政党によって，政策を提示できない小政党や政治集団が，国民投票という手段を用いたのである［Uleri c 115］。

憲法裁判所は，これらのレファレンダム・パッケージで署名要件を満たした投票案件のうち，5つに投票適格を認めた。なお，狩猟と漁業，判事の高等裁判所への選任システムについては，投票適格を否定した。5つの内訳は，原子力発電所関連法規の廃止が3件，司法官の民事責任規定の廃止，議会の諮問委員会の規定の廃止である。これらは，それぞれ複雑な政治的背景を持っていた。

注）投票案件の邦訳については，［衆院資料平成18年10月148］を参考にした。

原子力発電所関連の投票案件は，ⓐ原子力発電所建設地に係る政府の決定権限の廃止，ⓑ原子力発電所を受け入れた地方自治体に対して補助金を交付する規定の廃止，ⓒ外国法人の原子力発電所建設管理事業への参加を規定する法律の廃止であるが，これらは，一見してわかるように，原子力発電所の存在そのもの，あるいは国のエネルギー政策を直接に問うものではない。当時，イタリアはエネルギーの多くを外国に依存し，政府としては原子力発電所の増設を計画しなければならなかったが，チェルノブイリ事故の影響があって，どの政党もそれを公に主張できない状態であった。こうしたときに，上記③の発起人委員会が，国民にエネルギー政策および原子力発電所の建設について判断させるべく，国民投票を企図したのである。つまり，この国民投票による，法律廃止の効果は小さいが，そこには，国民により広い争点を決定させようという意図を汲み取ることができる［Hine 163-164］。

司法官の民事責任規定は，司法官が，詐欺・脅迫を働いた場合にのみ，民

事責任を負うというものであった。つまり，同規定は，職務遂行中になされた司法官の不法行為に対する免責を認めるものであり，これを削除することは，司法官が一般の過失責任を負うことを意味する。この国民投票の背景には，政治家の汚職を十分に追及しない司法官に対する不満，さらには司法制度全体に対する不満がある。それに対しては，このような国民投票が司法改革に対して効果的かどうか，また，同法廃止によって，判事が事後の損害賠償を恐れて権力者や富裕階層の審理に対して及び腰になる，という副作用を心配する見解もあった。しかしながら，これは，上述のとおりの原子力発電所関連法規に対する国民投票と同様に，国民に対して，司法の現状に対する審判という，投票案件を超えた大きな判断を求めたものと，評価することができる［Hine 164］。

 注） イタリアでは判事と検事は憲法上対等の関係に立つ司法部の構成員とされ，両者を併せて，司法官（magistrato）と呼んでいる［森 62］。

 議会の諮問委員会の廃止は，全政党が廃止に賛成する投票案件であった。当該投票案件が，あえて国民投票に付された理由としては，諮問委員会が事実上機能していなかったこと，これに取って代わる機関についての合意を，議会において得ることができなかったことが挙げられる［Hine 164］。

 さて，1986年に上述のとおりの投票案件が適格取得すると，国会は法律を改正して国民投票を回避しようとした。しかしながら，連立政権を組む五政党（DC，社会党，共和党，社会民主党，自由党）間では，総選挙が近づいていることから，それぞれの思惑のため，議会で投票案件についての合意形成が困難な状況であった。特に原子力発電所については，緑の党の地方での躍進もあって，とりわけ合意形成が困難な状況であった。政党別にみると，社会党がこれまでの政策を変更して新規の原子力発電所の建設に反対の立場をとるようになった。これは，連立政権内部での合意の可能性を減らすと同時に，その影響から，これまで原子力発電所の建設に賛成していた共産党も，反原子力発電所の方向に転換するようになった。一方，DCは，環境問題に対して慎重な姿勢を示す支持者を抱えていたことから，彼らの党内での孤立を避けるためにも，国民投票の実施は避けたいところであった。

 社会党のクラクシ首相は国民投票の実施の意思を表明したが，DCは上述のとおりの事情から，国民投票の実施よりも，国会の解散による国民投票の

第3章 イタリアの国民投票

延期を求めた。結局，連立政権は崩壊し，解散が行われたものの，DCの得票の増加は予想より少なく，社会党よりもかなり下回った。選挙後，社会党が連立政権を支えてくれることの代償として，DCは，国民投票法を改正して，5つの投票案件に対する国民投票を前倒しして，1988年6月ではなく，1987年11月に実施することになった［Hine 164-165］。

選挙運動中に，投票案件に対する賛成が多数を占める，という世論調査が公表されると，多くの政党は，素早く世論に迎合するようになる。その中で，総選挙の得票率が5％前後の政党である共和党（PRI）と自由党（PCI）だけが，投票案件に反対していた。共和党は，諮問委員会を除く4件，自由党は，原子力発電所への外国法人の参入は賛成して，3件について反対のキャンペーンを行った。投票結果は，5案件全てが，賛成多数であるものの，投票率は，65％とこれまでで最低であった。これは，1985年国民投票より23％低く，直前の総選挙より13％低かった［Hine 165-166］。しかし，初めて国民投票で法律が廃止されたことは，イタリアの国民投票の展開にとっては重要な事件であり，これが，YESの時代の幕開けとなった。さらに，この国民投票は，司法制度，ひいては政治システム全体に対する国民の不信感が表れたものであり，それは，政治改革を進める1991年国民投票および1993年国民投票に続くのである［Bogdanor d 67］。1987年の国民投票のもう1つの特徴を挙げると，特定の政党の勝利・敗北はないという点である。緑の党の主張が通ったという点，戦略的にみて，社会党がDCに勝ったという点を指摘できるが，大きな特徴ではない。

3.2.2　1990年の国民投票──ボイコット戦術の始まり

1990年の国民投票は，環境保護運動グループと緑の党が提案した3つの投票案件（狩猟の規制・私有地へのハンターの立ち入り禁止・殺虫剤使用の禁止）について実施された。ここでは，各投票案件に反対するロビイストが政党に圧力をかけ，政党によるボイコット戦術が初めて行われた［Kobach a 234-235］。投票案件に反対する陣営が，反対キャンペーンを行う代わりに，投票者に投票の棄権を呼びかけた。その結果，1990年の国民投票は，3つの投票案件が，それぞれ92〜93％という高い支持を獲得したにもかかわらず，投票率が42〜43％という低いものであったために，不成立となった。これ以降，

第2部 国民投票各論―主要実施国の運用実態―

政党はこのボイコット戦術を用いるようになる［Kaufmann & Waters 77］。

3.2.3　1991年の［下院選挙法改正］国民投票

次の国民投票の大きな流れは，選挙法の改革をはじめとする，政治改革を求めるものである。選挙法の改革の国民投票は，3つの発起人委員会によって進められた。それらは，それぞれ主宰する政治家の名前（Segni, Pannella, Giannini）が冠されていて，それが示すとおり，政党の枠組みを超えたグループによるものであった。改革の中心人物は，DCのリーダーであった国会議員セーニ（Mario Segni）であった。セーニは，共産党との歴史的妥協に反対し，二大政党制と多数票主義（得票数の多い候補者から当選する）の選挙制度（first-past-the post）に基づく政治制度の構築を目指していた。

まず，第一弾として行われた1991年の国民投票は，下院の選挙法の改正を投票案件として行われた。これは，従来の連記制（最大4票）から単記制に変更するものである［Uleri c 116］。これは，連記制の投票でより多くの票を得るために，特に南部・東部のDCの候補者が，マフィアと組み，それによってマフィアの勢力拡大と地域支配をもたらした状況の変革を目的とする。また，有権者の候補者選択を明確にする点で，続く小選挙区制への改革の下準備でもあった［高橋123］。投票率は62.5％で，95.6％の圧倒的な賛成であった。しかも，DCも社会党も，支持者に対して賛成の公的見解を示していなかった。DCは，支持者に対して反対の指令を出し，社会党は棄権を呼びかけていた。それにもかかわらず，投票者の強い支持を得たことには，国民の政治改革に対する強い期待を観察することができる。その勢いが，次の1993年の国民投票に影響を与えることになる。これは，イタリア政治を機能不全にしている，政党支配体制（partito crazia）に対する住民の反発が，吹き出たものだと評価することができる［Bogdanor d 69］［Newell & Bull 608］。

　　注）　政党支配体制については，［馬場 28-29］を参照されたい。

3.2.4　1993年の国民投票――政治改革

1991年の国民投票が終了すると，その秋には，すぐに政治改革関連の投票案件の署名収集が開始され，13件が署名要件を満たした。憲法裁判所は，そのうち10件に投票適格を認めた。10件のうち，2件は，コムーネ（comunes

日本の市町村に該当）の選挙法の改正と南部への援助の廃止を求めた内容であったが，議会が関連する立法を行ったことから，この法については，国民投票の実施が不要となった。しかしながら，議会の制度改革委員会と政府は，選挙関連立法と政党の助成金についての改革をしようとしたが，失敗に終わっている。結局，8つの投票案件は，①上院の選挙法の改正，②政党に対する国庫からの助成金廃止，③農業省の廃止，④観光省の廃止，⑤国家持株省の廃止，⑥個人使用のための麻薬保持の容認，⑦貯蓄信用金庫役員に対する財務大臣の人事権の廃止，⑧環境保護行政の地域保険機構の管轄からの排除となった。このうち，最も重要でかつ注目を集めたのが，①の上院の選挙法改正であって，他の投票案件に対する関心は低く，議論は十分ではなかった。この理由は，選挙改革が政治改革にもたらす影響が大きいこと，および政治改革に対する政党の見解が分裂していることにあり，そのため他の争点がかすんでしまった［Newell & Bull 609］。

　ところで，選挙法改正の投票案件は，投票者にとっては，必ずしも理解しやすい内容ではなかった。投票前の上院の選挙法は，選挙区の当選者について，「選挙区の有効投票のうち最大の票を獲得した候補者を当選とする。ただし，その得票数は，全得票数のうちの65％以下であってはならない。」と規定していた。この規定によれば，選挙区で候補者が65％という要件を満たさない場合，比例代表のルールによって，議席が決定されることになっていた。そして，イタリアでは，憲法制定後45年間の選挙で，65％の要件が満たされることがほとんどなく，上院の選挙は，事実上比例代表で行われていた。今回の同選挙法改正の投票案件は，この65％の要件を廃止するものであった。その意図する効果は，315の議席のうちの，選挙区分の238議席を多数票主義の選挙制度にし，残りを比例代表にするというものであった。確かに技術的でやや難解な投票案件であるが，重要な点は，投票者が，そうした文言とその示す内容よりも，この国民投票を通じて，イタリアの政治システムに民主主義が欠落し，非効率的であることに対する抗議を表明することにあった。

　　注）　上院の選挙制度改革については，［Newell & Bull 614］［Corbetta & Parisi 75-76］
　　　　［Katz 96-97］を参照されたい。

　このような投票者の投票行動の背景には，1991年の国民投票以降の，政治的混乱がある。その政治的混乱は，次の2つの事件によって引き起こされた

政党制の崩壊である。1つは，新しい政治勢力としての北部同盟の躍進である。1991年の地方選挙から，1992年の総選挙と続く選挙に既存の政党を抑えて，大勝利を収めたのであった。もう1つは，司法官による政界の汚職の摘発である。これによって，クラクシ，アンドレオッティをはじめ，主要政党の大物政治家が司法によって裁かれ，政界を引退することになる［小谷 78-79］。コルベッタ・パリージは，1993年国民投票は，このような政治危機に直面した投票者が，何らかの救済を求めて投票したとみるべきであり，今回の投票案件は，単なる2つの選挙制度の選択を超えて，実質的には次のようなものであったとみるべきだとする。「あなたは，政党間の妥協・調整に基礎を置く，第一共和制と呼ばれる政治システムの廃止を望みますか。」「あなたは，比例代表制が，過去の諸悪の原因であると同時に，既存の政党を永続させる要因であると思いますか。」「あなたは，多数票主義の選挙制度が，我々の現在の危機を克服してくれると思いますか。」［Corbetta & Parisi 77］。このような状況において，1993年の国民投票は実施されたのである。

 注）［高橋 122］は，1992年選挙を戦後政治の枠組みの解体と政治変動の前兆を示すものとする。

 なお，1991年の国民投票に反対した政党の指導者の多くは交代していたので，政党の多数は今回の国民投票の支持を打ち出していた。はっきりと投票案件に反対していたのは，12の政党のうち，イタリア社会運動，共産党再建派，緑の党，ネットワークの4つであった。

 結果は，投票率77.1％で，上院の選挙法改正は，82.7％と圧倒的な国民の支持を獲得した。その他の投票案件も，麻薬の個人使用の賛成55.3％を除けば，農業省の廃止（70.1％）から政党の公的助成廃止（90.3％）まで，いずれも高い支持を得ている。また，今回の選挙法改正の国民投票については，3つの特徴が観察される。①選挙運動が開始されてから，世論調査で一貫して高い支持（75～81％）が示されていた。これは，今回の投票が，プロパガンダに流されたり，気まぐれで行われたものではないことが示されている。②直近数回の国民投票の中では，一番投票率が高いこと。1991年国民投票より高く，前年の下院選挙よりも，10.2％しか投票率が下がっていない。これは，1987年国民投票以降，増加傾向にあった，国民投票における議会選挙との「投票率の格差」に歯止めがかかったことを意味する。③全登録有権者の

割合が，60.4％と1991年国民投票の57.1％と並んで高い数字を示していること。このように，以上の3点の特徴は，国民が，圧倒的に政治改革を支持していることを示していた［Corbetta & Parisi 80-82］。
　注）　その後の改革については，［Katz］を参照されたい。
　注）　この「投票率の格差」を［Uleri d］は，added abstetionism と呼んでいる。

3.3　棄権の時代（1994～2000）

　1993年に行われた政治改革以降のイタリア政治は，憲法を改正したわけではないとしても，政治体制を大幅に変更したことから，「第二共和制」と呼ばれている。これは，多党連立政権の下で，DCと共産党が対峙する戦後政治の枠組み，つまり，政党支配体制が崩壊したことを象徴的に示した言葉である。そのような政治状況の中で，国民投票の運用の仕方は少しずつ変化するようなる。

3.3.1　1995年の国民投票

　1995年の国民投票は，12の投票案件が提示された。そのうち，重要な投票案件は，放送制度に対するものであった。この投票案件の目的は，3つのテレビ局を所有するベルスコーニーの影響力を減らし，公正な政治的・経済的競争を確保することであった。政党別の投票案件に対する支持の状況は，左翼政党と北部同盟が支援する集団が賛成の陣営を組み，一方，中道左派は反対するという状態であった。結局この国民投票は，否決されることになるが，その原因は，ベルスコーニーが私営の放送局を独占し，テレビのコメンテーターが，「当該投票案件に賛成すると良質の映画やテレビ番組が放映されなくなる。」と繰り返し視聴者に訴えたことにある［Kaufmann & Waters 76-77］。
　1995年の国民投票は，イタリアの国民投票の歴史全体からみると，次のような，いくつかの特異な点がある。①投票案件が過去最大の12であること。②複数の投票案件に対する賛否が初めて分かれたこと。この時点までの国民投票は，複数の投票案件に投票しても，常に賛成または反対のどちらか一方の意思表示だけが示されていたが，1995年の国民投票では，12の投票案件に対して賛成5（平均投票率60％）反対7（同56.7％）と結果が分かれた。③12

件の平均投票率57％は，これ以降投票率が下がり続ける中で，成立要件を満たした最後の国民投票であること。

以上の点から，投票者は，1993年の国民投票の8件に続く，12件の投票案件に対してケースバイケースで対応していること，投票案件の数は棄権や投票行動に大きな影響を与えていないことを観察することができる［Uleri d 877-880］。

3.3.2　1997年以降の国民投票

しかしながら，1995年を最後に，国民投票は盛り上がりを欠くようになる。その主たる原因は，上述のとおり，政党による「ボイコット戦術」である。ウレリィは，国民投票の際に，複数の政党が連携して有権者に投票の棄権を呼びかけることを，「非動員型連携（non-mobilization alignment）」と呼んでいる［Uleri d 873-876］。この場合，政党は，掲示板にポスターを貼るとか，パンフレットを配るとか，集会を開催するといった，典型的な選挙運動は行わない。選挙運動期間中は，テレビで政見放送が行われ，賛成・反対の主張と討論がなされるが，ここでは上級・中級幹部を出席させず，逆に知名度の低い国会議員や下級幹部を，視聴者の少ない時間帯に参加させる。これらの戦術は，参加する政党が多くなればなるほど，効果的であり，さらにベルルスコーニーのような著名な政治家が，棄権を呼びかけるとなおさら効き目が出てくる。1999年の国民投票と2000年の国民投票では，ベルルスコーニーとその政党Forza Italiaが，投票案件は共産主義者が煽動したもの（実際は急進党が提唱したもの）であるとして，棄権を呼びかけて，不成立に持ち込んでいる。ウレリィによれば，この非動員型連携が発生したのは第2期以降であり，第2期は17の投票案件のうち4回，第3期は28の投票案件のうち15回で，合計19回のうち18回が50％条項を満たすことができず，不成立になっているとする［Uleri d 876］。このように，投票案件に反対する政党にとって，非動員型連携は有効な手段となっている。

結局，第3期は，1995年の国民投票を最後に，50％条項を満たす投票案件がなく，それ以降，全てが不成立となっている。しかも，多くは，30％台前半の数字であり，第3期は，非動員型連携に加えて，国民の強い関心を集める投票案件がなかったと評価することができる。この傾向は，最近も続いて

いる。2003年の2件，2005年の4件はいずれも25％で，賛成多数ながら，50％条項を満たさなかった。なお，第3期の中でも，1999年の国民投票は，やや特異さを示しているが，これについては後述する。

第4節　イタリアの国民投票の機能と性質

　イタリアの国民投票の基本的な機能は，①拒否機能，②議題設定機能，③制度改革機能である［Uleri c 109-110］［Bartole 54］。①は，議会で成立した法案が民意を無視したものである場合は，成立と同時に署名収集を開始して，法律の執行を回避する機能である。②は，既存の法が，妥当性を失いながらも国会が改正作業を行わない場合には，それを廃止することによって新規の法律の制定を求める機能である。法改正を議会に強制する機能でもある。③は，法の一部を改正することによって，国民が新しい制度を作り上げる機能である。たとえば，1993年［上院の選挙法改正］の国民投票のように，65％条項を削除することによって，新しい選挙制度を国民の側から提案することができる。1981年に急進党が提案した，中絶条項を廃止して，中絶の自由化を求める投票案件も同じ目的を有する。

　ただし，本章第3節でみてきたとおり，イタリアでは，スイスとは異なって，①の拒否機能が発揮されることはほとんどない。むしろ，②の議題設定機能と③の制度改革機能を求めて国民投票が実施されることが多い。これは，言い方を変えると，国民に政策を提唱する機能が与えられていることを意味する。1987年の原子力発電所に係る3つの投票案件のように，原子力発電所の関連法規を廃止することによって，国民投票に対する関心の高さを示し，政策の再検討を求めることができる［Hine 163］。しかも，1つではなく，関連する複数の投票案件を提示することによって，論点提示のインパクトが高くなるのである。これは，機能的には，アメリカおよびスイスのイニシアティヴに近いものである。このように，必要性がありながらも，議会と政党が着手しようとしない政策の形成を，国民の側から強く求めていくことができるのである［Newell & Bull 607］。

　その他の副次的な機能としては，1974年［離婚法廃止］の国民投票にみられるように，政権与党が連立政権を維持するために，特定の論点について，

あえて国民投票に付す点を挙げることができる。これは政権維持機能である。この国民投票実施の経緯は，労働党内部の分裂を避けた，イギリスの1975年のEC加盟の国民投票と，中道左派連立政権の分裂避けた，スウェーデンの1957年の年金制度についての国民投票と同じである〔Qvortrup c 141〕。逆に，政権内部の少数政党も，国民投票を利用することによって，自己の発言権を確保することもできる。

　さらに，急進党および緑の党のような少数政党も，自己の主張を国政に訴えていく手段として国民投票を利用することができる。とくに，イタリアは，国民発案を制度化しているが，立法化され，それが国民投票に付されることはまれであるので，スイス同様，少数政党や議会外の諸集団にとっては，国民投票は重要な政策実現のための手段である。しかも，議題設定という意味では，国民投票が成立しなくても，投票案件が適格取得するだけで，目的を達成することも少なくない。たとえば，上述のとおり，中絶の是非を問う国民投票を避けるためにとられた，1978年の法194号（中絶法の制定）のような解決パターンは，「精神病者の保護施設（1978）」，「軍事裁判（1981）」，「生活維持のための一時金（1982）」でもみられた。イタリアの最初の9つの国民投票は，すべて否決され，法律の廃止には至らなかったが，投票以後も当該争点についての議論が続けられ，このため，政党が立法化を図った例が少なくない〔Qvortrup c 143〕。これは，スイスにおいて，イニシアティヴに対して間接対抗草案が成立することと，同じ現象である。

第5節　イタリアの国民投票における憲法裁判所の役割

　イタリアの国民投票において，憲法裁判所の果たす役割は大きい。署名要件を満たした投票案件の少なからぬ数が，憲法裁判所で投票適格を否定されている。これは，憲法裁判所が大きなハードルになっていることを意味する。しかしながら，署名要件を満たした後に投票適格を否定することは，ある意味で民意の否定であり，場合によっては裁判所に対する批判を招きかねない。憲法75条は国民投票の対象についての制限を挙げるだけで，その運用については裁判所の裁量に委ねているが，司法に対する批判を回避するためには，国民に対して，安定しかつ説得力のあるルールの提示が求められるところで

ある。以下，憲法裁判所が，その運用において考慮せざるを得ない要因をバルトーレ［Bartole 55-62］に，従って分析する。

5.1 憲法上明文のない制約

　憲法75条2項は，国民投票の除外事項のみを規定しているが，投票案件に投票適格を与えるべきか否かの判断は，同項の規定だけではなく，憲法のテキスト全体の解釈によって決定される。これは，明文で規定されていないが，憲法の構造上，当然予定されている制約が存在することを意味する。つまり，憲法に内在する，暗黙の制約ということができる［Bartole 55-57］。

(i) 法律の承認・改訂に特別の手続が必要な場合。したがって，「憲法的法律」の廃止を国民投票の対象とすることはできない。さらに，一般の法律でも，特別の手続によって制定されるものは除外される。たとえば，憲法7条2項は，「国家とカトリック教会の間の関係は，ラテラノ協定によって，規律され，この協定の改正が両当事者により承認される場合には，憲法改正の手続を必要としない」と規定する。これは，憲法が，国と教会の合意を尊重していることを意味することから，国民投票の対象から除外されるのである。

(ii) 議会に立法裁量の余地がない場合。憲法が法律の内容について完全に指示し，議会に裁量の余地を与えていない場合も国民投票の対象とならない。これらの場合には，そもそも当該法律を廃止する権限を国民に与えていない，と解すべきであろう。

(iii) 議会に一定の裁量を与えながらも，その領域の法の不在が憲法違反となる場合は，当該法律に対する国民投票は制限される。たとえば，上院に関する選挙法自体を廃止する国民投票には，投票適格を与えることができない。憲法は，選挙方法の決定を議会に委ねているとしても，選挙法自体は議会が決定するように規定しているので，選挙法の一部の廃止を求める国民投票だけが許容されるのである。1993年の選挙法改正の国民投票のように，実質的に制度改革を目的としているとしても，形式的には，選挙法の一部の改正である場合は，許容されるのである。

　以上にみるように，(i)のルールは明確であるが，(ii)および(iii)は，解釈の幅が広く，明確なルールを示している，ということはできない。

5.2 憲法75条が列挙した制約

憲法75条2項は，国民投票の対象から「租税および予算，大赦および減刑，国際条約批准の承認に関する法律」を除外している。しかしながら，「租税および予算」，「国際条約批准の承認に関する法律」という文言の意味はそれほど明確ではなく，憲法裁判所の裁量の余地が大きい。実際，憲法裁判所は，この制限を厳格に解する場合と，比較的ゆるやかに解する場合がある［Bartole 58-59］。厳格に解する例としては，「雇用者が所得税を直接支払うこと」の廃止を求めた投票案件の投票適格を否定している。一方，比較的ゆるやかに解する例としては，1993年の国民投票における「農業省の廃止」と「個人使用のための麻薬所持の容認」の2つの投票案件は，共に，国際条約との関連性が強いにもかかわらず，適格取得を認めている。

理論的には，5.1同様に，各事項について，議会に裁量権が認められているかどうかが，焦点となるはずであるが，実際の運用には，政治的配慮が働いているとみることができる。つまり，投票案件の数の増加を抑制する必要がある場合は，厳格に解する方向で調整する。一方，1993年の国民投票のように，イタリアの民主主義の危機の場合は，政党の自浄作用に期待できない点を考慮して，投票案件をゆるやかに認める方向で調整するのである。

5.3 投票案件の起草上の制約

憲法は，投票案件の明確性，争点の組み合わせ等，起草上の制約については，規定していない。一見すると，ある法律の全部または一部を削除することには，起草上の問題が発生しないようにみえる。しかしながら，投票案件が民意を正確に反映するものであるためには，明確でわかりやすく，一義的な内容を有することが必要となる［Bartole 59-61］。つまり，アメリカのシングルサブジェクトルールと同様の原則が，ここでも妥当する。こうした視点からみると，いくつかの問題が発生する。①投票案件が法律全部を廃止するものとなっている場合，投票者が法律全部の廃止ではなく，一部の廃止を望んでいることが明らかなときはどうすべきか。たとえば，刑法の一定の条項が社会的に議論されているにもかかわらず，投票案件が刑法典の廃止である場合。②対象となる条項の廃止の結果を投票者が具体的に想定しにくい投票案件である場合。たとえば，総則規定や手続規定のような場合。さらに，③

廃止対象となる法律そのものが、政党間のログローリングの結果として、2つの主題を含むものである場合。これらの場合は、裁判所は、どのように判断すべきなのであろうか。アメリカの州の裁判所と同じ問題に直面する可能性がある。

しかしながら、憲法裁判所は、投票案件の書き換えをすることは一切できない。したがって、上述のとおりの問題点が発生した場合には、投票案件に投票適格を認めるべきかどうか、という二者択一を迫られる。ただし、憲法裁判所は書き換えをすることができないが、破棄裁判所の国民投票中央事務局は、上述のとおり、共通の対象を有する複数の投票案件を、1つにまとめることができる。

また、同事務局は、議会が国民投票を回避するために、投票の対象となる法律を形式的には、廃止または改正しながら、実質的には旧法の内容を変化させていない場合に、投票案件に介入することができる。憲法裁判所は、このような議会のレファレンダムの回避行動を不正なものと判断し、同事務局は、それに従って、投票案件を新法に対するものに書き換えた（1978年憲法裁判所判決第68号）。これは、この分野での重要な先例となっている。

5.4　投票結果の効力

上述のとおり、一度提案された投票案件が否決されると、次の5年間は、同じ内容の投票案件を国民投票に付すことができない。逆に、投票案件の成立要件が満たされても、すぐに法律の全部または一部が廃止される訳ではない。大統領は内閣の助言によって、最大60日間、廃止の効力を延期することができる。この間に必要な立法がなされることが想定されている。しかしながら、憲法裁判所は、もし仮に議会がこの義務を果たさないとしても、国民投票の結果を一時的に停止する権限もないし、憲法で禁じられている、法の空白を満たすための新法が制定されるまで、国民投票の結果の効力を遅らせる権限もない。そのような裁量権は憲法裁判所には認められていない。このような制約の存在が、5.1の(ii)(iii)のとおり、法律の空白が許されない領域を、国民投票の対象としないということの、実質的な理由となっている。これは、別の言い方をすると、権力分立への配慮である。

5.5 まとめ

以上のように,イタリアの憲法裁判所は,「憲法に内在する限界」・「明文の規定」・「シングルサブジェクトルール等の投票案件の性質」・「権力分立上の配慮」という諸要因を斟酌し,投票案件の数を意識しながら,投票適格を総合的に判断していると,評価することができる。つまり,投票適格の判断に広い裁量権を有し,投票案件の数を調整しているのである。憲法裁判所は,民主主義の危機の場合には,比較的広く適格取得を認め,また,投票案件が多く投票者に負担がかかる場合には,積極的に投票適格を否定してきた。しかし,このような役割の大きさは,「裁判所が政治的判断をしている」「裁量権の濫用である」という批判を招く危険性を常にはらんでいる[Uleri c 122-123]。イタリアの司法そのものが,他国と比較して政治性が強いとしても[小谷 78-98],憲法裁判所は,アメリカの裁判所と同じ,危うい立場に置かれていると,評価しうるであろう。

第6節　投票率の低下と50%条項

イタリアの国民投票には,以下のとおりの投票率に係る問題点がある。

6.1　国民投票と議会選挙の間における投票率の格差

上述のとおり,投票率の格差という現象がある。第1期の投票率は,91.5%と81.6%で,平均9.9%の差がある。第2期の投票率は,88.1%と61.8%で,平均約26%の差となって,少しずつ開く傾向にある。第3期は83.4%と42.3%で,約40%の差がある。おそらく,この原因は,イタリアでは,憲法48条で,投票権の行使は市民の義務とされているものの,国民投票は必ずしもそれにあてはまらないことにあると思われる。

6.2　投票率の長期低落傾向

第3期では,1995年の国民投票を除いて,50%条項を満たす国民投票がない。この傾向については,以下の3つの原因が推定される。①スイス同様に,第3期は投票案件が増加し,投票回数が多い（ほぼ2年おき）。同時期の国民投票は,1995年が12件,1997年が8件,1999年は1件,2000年が7件となっ

ている。これが，投票率の低下に大きな影響を与えていると，みるべきであろう。②国民の強い関心を呼び起こす投票案件が存在しなかった。これは，1995年の国民投票までは，離婚，中絶，政治改革というように，政治的社会的に国民生活に直結する争点が存在したことから推定される。③上述のとおり，第2期から始まった，政党の非動員型連携が効果を上げたと，みるべきであろう。

この投票率の低下傾向は，2001年の助言型国民投票（投票率34％），2003年の2つの国民投票（投票率25.7％）から，2005年（投票率25％）まで続いている。1997年の国民投票から，19回の国民投票が投票率50％を割り込み，しかも1999年の国民投票を除けば，軒並み30％台前半ないしはそれ以下である。この事実は，イタリアの国民投票制度の運用に深刻な反省を促している。

6.3　50％条項による民意のパラドックスの発生

1999年の国民投票は，以下の点から特異な国民投票であった。それは，①投票案件が1つであったこと，②投票率が49.6％を示し，50％にわずかに届かなかったこと，③それでも，この投票率は，長期低落傾向の中では，比較的高いものであったこと，④賛成が91.5％と圧倒的であること，⑤有権者に占める賛成の割合が，42.9％と比較的高いこと，である。これらの点から，この国民投票は，「選択的投票」に近いものであったとみるべきであろう。そして，民意の反映という点で問題なのは，この国民投票が，⑤が示すように，比較的高い国民の支持を得ているにもかかわらず，投票率が50％に達しないために，不成立となっていることである。しかも，1995年の国民投票で，賛成多数を得た5つの投票案件は，全有権者に占める賛成の割合が，28.3～32.3％と軒並み1999年の国民投票よりも低い。これは，不成立の投票案件より国民の支持が低いものが成立するという意味で，民意のパラドックスを示している。また，1990年の国民投票の3投票案件も，50％条項は満たしていないが，有権者に占める割合は38％と，1995年の国民投票の成立した5案件よりも高い数字を示している［Uleri d 880-881］。

第7節　まとめ

　最後にイタリアの国民投票の特徴を述べたい。

　イタリアの国民投票においては，その展開にみるように，アメリカ・スイスといった他の国民主導型国民投票と比較すると，政党が大きな役割を担っていることがわかる。政党は，当初は，国民投票を政権維持の手段ないしは勢力拡大の手段として利用しようとしていた。このため，政党は，投票者に対して，投票案件についての情報を提供し，投票では動員をかけていた。したがって，少なくとも，1985年の国民投票までは，政党は，投票者にとっての投票の鍵となっていた [Uleri c 118]。しかしながら，第2期が始まり，1987年の国民投票以降は，投票者が政党に対する投票と争点に対する投票を区別するようになった。また，投票案件も政党の枠組みを越えた発起人委員会によって提起されるようになった。こういう状況になると，政党も，敗北を恐れて，投票者のムード・支持状況に併せて，自分の立場を変えるようになった。そして，1991年の国民投票と1993年の国民投票で，国民投票のインパクトを感じると，逆に，第3期においては，50％条項を利用して，国民投票を不成立に誘導することに成功するようになる。

　このような国民投票の展開の中で，政党は，国民投票をコントロールする方法を編み出していく。第1の方法は，議会を解散して，時間を稼ぐ方法である。議会の両院または一院が解散された場合は，国民投票の実施は自動的に延期され，国民投票の実施手続は，選挙の日から365日後に再び進行を始める。過去に，1972・1976・1987年にその実例がある。第2の方法は，投票案件が適格取得してから，議会が，提案者の意思に沿った形で新法を制定することによって，国民投票の実施を阻む方法である。この方法によって，国民投票が回避されることも少なくない。しかし，その意思に沿わない新法制定も可能である。そして，第3の方法は，上述のとおり，投票率50％以上という要件を利用することである。非動員型連携をして，国民投票の棄権を呼びかけることは，すでに述べたが，それ以外にも，法定の期限内である，6月の最終日曜日に投票日を設定することも，投票率を下げるには効果的である。6月中旬は学校も休暇に入り，多くの国民が休暇を取り，居住する地域

を離れる時期なのである。1978・1985・1990・1995年は，その6月中旬に国民投票が実施されている。第4の方法は，「国民投票の結果を裏切る」方法である［Radicali 2］。1993年の国民投票では，政党に対する国庫からの助成の廃止および農業省廃止の意思表示が国民によって示されたが，1996年12月21日に，別の形の政党助成がなされ，また，1993年12月4日には，農林食糧資源省が設置された。これらは，実質的には国民の意思を裏切るものである。また，1995年の国民投票で，RAI（国営ラジオ・テレビ）の民営化が支持されたが，それは実施されていない［Radicali 4-5］。

このように，イタリアの国民投票は，政党が国民投票のコントロールの方法を学んだ過程であると評価することもできる。

しかしながら，一方で，70年代以降のイタリア政治をみると，離婚，中絶の国民投票によって，脱教会を図り，政治危機の時代には，国民投票で政治改革を行っていることから，国民投票が政治の転換点に重要な役割を演じていると指摘することもできる。

結局のところ，イタリアの国民投票は，ゴードン・スミスの分類でいうところの，政府のコントロールの程度が低い点が大きな特徴となっている［Gordon Smith］。署名要件のハードルが低いことから，主として政党を中心にして，国民が比較的容易に，国政に対して，議題設定を行うことができる。その議題設定の意図は，議会内で調整の不能な倫理的争点（離婚，中絶）に決着をつけることであったり，政権に対する信任投票であったり，あるいは，政治改革であったりするのである。このように，拒否型の国民投票が，国会の議決に拘束されるのとは異なり，廃止型の国民投票は，自由に論点を提示できる点を特徴とする。イタリアの国民投票は，決して，ネガティブな機能だけを有するのではない。既存の法を廃止すること，法の一部を廃止することによって，スイスの任意的レファレンダムとは異なる，創造的な機能を有するのである。

第4章　イギリスの国民投票

第1節　イギリスの国民投票の沿革

　イギリスの国民投票は，国レベル，またはそれに準ずる形で，2007年1月現在まで合計9回実施されている。1975年のEC加盟の是非を問う国民投票（以下「1975年国民投票」という。）だけが，国全体で実施された国民投票であり，残りは，スコットランド・ウェールズ・北アイルランド等の国の一部地域で実施された国民投票である。イギリスにおける唯一の憲法原則である「議会主権」という観点からみると，国民投票はイギリスの国政において，異質な存在であるかのような印象を与える。しかしながら，1973年に初めて国民投票が実施された後は，議会において，国民の直接の承認を得ずには権限委譲等の一定の範囲の憲法改革についての決定を行うことができない，という慣行が生じ，18年間の保守党政権時における空白はあったものの，労働党が政権に復帰してから，国民投票が続けて実施されるようになる。ここでは，ダイシーの「一度確立された国民投票の習慣は，革命によらない限り取り除くことができないであろう」という言明（cited in ［Cosgrove］）がまさしく妥当していることがわかる。そして，現在までに9回という回数からいっても，イギリスは決して国民投票の「少ない国」ではない。

　　　注）　スコットランドなどにおける権限委譲の国民投票は，「住民投票」と表記する文献（［カ久a］［カ久b］など）もあるが，イギリスが連合王国であること，権限委譲は同地域の連合王国に対する憲法上の地位についての問題であることから，本書では国民投票と表記する。それ以下の単位（大ロンドン市の設置およびイングランドの北東部の権限委譲）については，住民投票と表記する。また，本書で取り上げる国民投票および住民投票は，政府が執行法を国会に提案して実施するタイプのものであり，直接公選市長の導入を投票案件とするものなど，自治体が独自の判断で行うものを除いている。

　また，最初の実施が1973年であることから，他の西欧諸国と比較すると，

第 4 章　イギリスの国民投票

導入が遅いということができるとしても，国民投票についての議論は19世紀末から行われてきているという事実は興味深い。最初に国民投票の実施を主張したのは，ダイシーである［Dicey］。当時の首相のグラッドストンが，選挙の勝利を背景としてアイルランド自治（Home Rule）を推進しようとしたことに対して，ダイシーは，国民の多くはそれに反対しているとみて，国民投票を提唱したのであった。ただし，ダイシーは，人民主権に基づいて国民投票の実施を主張しているのではなく，むしろ，民主政治，特に政党政治の行き過ぎに対する抑制手段であると認識していたことに，注意しなければならない［Bogdanor d 34-35］。

その次に国民投票の実施が議論されたのは，帝国関税問題（Tariff Reform）が国政上の大きな争点となった時期である。輸入品に対する関税の導入を主張するチェンバレンは，議会内の同僚議員の賛成を得られないことから，1903年と1904年に国民投票の実施を主張した。当時，輸入品への関税は，保守党の積極派によって主張されていたものの，投票者には一般に不評であった。このため，1910年の総選挙直前には，保守党の指導者バルフォアが，「保守党が政権に復帰した場合は，国民投票を実施せずに，関税をかけない。」旨の公約を掲げていた。その後，チャーチルが，1930年に女性参政権について，1945年に戦時内閣の延長についての国民投票を提案し，最近では，サッチャーが1977年に炭坑ストライキの解決について，1993年にマーストリヒト条約についての国民投票の実施を主張しているように，保守党の政治家が，国民投票を政策推進に対する抑制手段として提案していることが興味深い［Bogdanor d 35-36］［Butler and Kitzinger 8-10］。また，近時，大ロンドン市の市長，地方議会設置の住民投票等，ニューレイバーとしての労働党政権以降は，国民投票・住民投票が増加し，運用についての一般法として，政党・選挙および国民投票法（Political Parties, Election and Referendum Act of 2000）も制定されるに至っている。イギリスの国民投票は，助言型国民投票が議会制民主主義をいかに補完するか，という点についての貴重かつ豊富な例を示していることから，以下，時代順に分析していきたい。

第2部　国民投票各論―主要実施国の運用実態―

第2節　1973年北アイルランドの国民投票

　最初の国民投票は1973年に北アイルランドで実施された，国境地方の国民投票（The Border Poll 以下「1973年国民投票」という。）である。アイルランドがイギリス連邦から独立した後，北アイルランドの政治は，首都ベルファスト郊外のストーモントにある，議会と行政庁に委ねられていた。独立以来，ストーモントで行われる政治は，多数派であるプロテスタント系（親イギリス）の住民に支配され，少数派で人口の3分の1を占めるカトリック系住民（親アイルランド）は，政治に参加できず，様々な差別を受けていた。

　1969年に，カトリック系住民が市民権獲得を求めて，非暴力の抗議運動を起すと，これを契機として，両派による武力衝突が発生し，北アイルランドは深刻な政治危機に陥った。イギリス政府は軍隊を出動させるなどして，暴動の鎮圧に努めたが，結局，1972年に北アイルランド議会および行政庁を停止して，直接統治の方法をとった。この政治危機以降，イギリス政府と北アイルランドの両派は，和平のための交渉を続けていたが，そこで問題となったのは，北アイルランドの憲法上の地位であった。その問題の根底にあるのは，イギリス議会が，1948年のアイルランドの英連邦からの離脱に際して成立させたアイルランド法（1949年成立）である。同法には，「北アイルランドは，北アイルランド議会の承認を得ることなく，連合王国の一部であることを停止することができない」と規定されていたからである。イギリス政府は，存在しない議会の代わりに，国民投票によって，将来の北アイルランドの憲法上の地位を確認しようとしたのであった［Bogdanor d 36-37］。

　1973年国民投票の意図は，まず，このように，北アイルランドの憲法上の地位を確認することであった。そして同時に，プロテスタント系の住民がアイルランド共和国との統一を望んでいないことが明白であったので，そのことを投票によって確認し，イギリス政府の北アイルランド支配の正当性を国際社会に向かって示すこと（プロパガンダ効果），および北アイルランド両派との交渉の基盤を形成することにあった［Balsom 211］。また，宗教的な争いに結びついた政党の対立が，この投票によって緩和され，この地域に統一的な意見形成がなされることを目的としていた。つまり，助言型国民投票の，

第4章　イギリスの国民投票

意見調査・プロパガンダ・紛争解決・コンセンサス形成という機能［Rommelfanger］が期待されていた。

　1973年国民投票は，1つの投票案件に対する賛否を問うものではなく，二者択一の形式で行われた。「あなたは北アイルランドが連合王国の一員として残留することを望みますか。」「あなたは北アイルランドが連合王国を脱退しアイルランド共和国に加わることを望みますか。」という投票案件に対して，投票率58.6％で，投票者の98.9％（全有権者の57.4％）が，前者の連合王国残留を支持した。後者のアイルランド共和国の参加を支持したのは，わずかに投票者の0.6％（全有権者の1.1％）に過ぎなかった［Bogdanor d 37-38］。

　しかしながら，この投票結果には重大な欠陥があり，それによって民意の確認を不完全なものにしてしまった。というのは，SDLP（The Social Democratic and Labour Party）などカトリックが支持する政党が，「アイルランド全体の運命を左右する国民投票は，北アイルランドだけではなく，アイルランド全体で実施すべきである」として，選挙をボイコットしたからである。なお，このボイコットの教訓は，1998年のベルファスト合意についての国民投票に活かされることになる。このため，同合意の承認を投票案件とする国民投票は，北アイルランドとアイルランド共和国の双方で同じ日に，実施されるのである。

　結局，カトリック系住民のボイコットによって，上述のとおりの助言型国民投票の機能は発揮されなかったのであるが，1973年国民投票にはいくつかの効果を指摘できる。まず，この国民投票が後の国民投票の先鞭をつけたことである。また，1976年の北アイルランド憲法法（The Northern Ireland Constitution Act）において，「北アイルランドは，北アイルランド住民の同意なしに，連合王国の一員であることを停止できない。」と規定され，これによって，北アイルランドは，イギリスにおいて憲法上の地位が保障（entrench）されたことが挙げられる。さらに，北アイルランドの憲法上の地位の変更には国民投票による民意の確認が必要であることが，交渉当事者の暗黙の了解事項となり，それは1993年12月のダウニング街宣言，および1995年2月のイギリス政府とアイルランド政府による「合意のための新しい枠組」にも表れる。そこでは「あらゆる憲法レベルの提案は，北アイルランド全有権者によって是認される必要があること」が明文化されているのである。

そして，それは，最終的には，1998年国民投票に続くのである［Balsom 211］。

第3節　1975年 EC 加盟についての国民投票

3.1　実施までの経緯

　1960年代を通じてイギリスの懸案事項は EC 加盟であった。まず1961年に保守党政権が EC 加盟の申請を表明したが，ド・ゴールの拒否権行使によって頓挫した。その後，労働党政権が，これまでの EC 加盟反対の立場を全面的に転換して，1967年に再度加盟申請を行った。ド・ゴールは再び，拒否権を行使したが，彼の辞職後，新大統領のポンピドーは，拒否権を行使しない旨を明言したので，イギリスの EC 加盟への道が再び開かれるようになった。1960年代末期には，イギリスの全ての政党の指導者が EC 加盟を支持していたが，世論は必ずしもそれと一致せず，政党内部では激しい意見の対立があった。特に，労働党は，議会内の指導者と右派が EC 加盟に賛成し，左派と議会外の党機関が強く反対するという分裂状態であった。そして，この時期に，初めて EC 加盟についての国民投票が議会で議論されるようになる。保守党のキャンベルが，「三大政党の指導者が EC 加盟に賛成していたために，投票者は，議会選挙を通じてこの問題に関する意見を反映させることができない」として，1969年12月に議会に EC 加盟の是非を問う国民投票を実施すべきであるという動議を提案するが，この時点では否決されてしまう。

　　注）　実施までの経緯については，［河合］［力久 a 3 章〜5 章］［Balsom 212-214］
　　　　［Bogdanor d 38-42］［Butler & Kitzinger］を参考にした。

　確かに，1970年総選挙の最大の争点は経済政策であり，政党間の対立のない EC 加盟問題は，大きな争点として投票者に認識されなかったのである。ところが，選挙で勝利した保守党政権が，総選挙直後から，積極的に EC 加盟交渉に入り，1971年10月に下院で加盟の承認が決議され，結局1973年に正式にイギリスは EC に加盟することになる。しかしながら，このことは，投票者の想像のつかない事態であったということができる。つまり，国民からマンデート（mandate ここでは，国民からの特定の争点についての承認・委任を指す。）を獲得していない状況でありながら，重大な政策が実施されようとしていたことは，国内の各層から広く批判されていた。そして，この間の世

論調査は連続して加盟反対が多数を占めていた。ここで、EC加盟に反対する勢力によって、国民投票の実施が主張されるようになる。しかしながら、EC加盟交渉を積極的に進める保守党のヒース首相は、反対派の武器としての国民投票には強く反対していた。彼は「EC加盟は議会と国民の総意に基づかなければならない」と述べていた（[Bogdanor d 39]）が、その総意を取り付けるのは、議会制民主主義、つまり総選挙で十分可能であると考えていたのである。

なお、この時期の国民投票の実施とEC加盟という2つの論点の間には、相関関係が示されていた。つまり、EC加盟に反対する者は国民投票に対する賛成が多く、加盟に賛成する者は国民投票に反対していたことから、全体としては国民投票に対する賛成論も強かった。

一方、労働党は1970年の総選挙当時の態度を変更した。そして、1972年のNEC（労働党全国執行委員会）において、依然として強い異論があるものの、国民投票の実施については、次のような声明を出した。それは、もしEC加盟条件の再交渉が成功すれば、国民に総選挙または国民投票によって、この問題を決定する権利を与えるべきである、というものであった［力久a 170］。

さて、この間、政権が交代する。1974年2月の総選挙で、労働党は、少数内閣ながら政権についた。続く1974年の10月の総選挙においては、「1975年10月までに再交渉によって示された条件を受け入れて、ECに残留するか、あるいは条件を拒否してECから脱退するかという問題について、投票箱を通じて政府を拘束する最終的な機会を国民に与える（[力久a 181]）」と主張して、再び政権につく。ただし、この1974年の2回の総選挙においては、1970年総選挙と同様に、選挙の争点としてはEC加盟問題の重要性はかなり低いものであった。むしろ、住宅問題および労働組合対策などが主要な論点であったことから、これらの選挙でもマンデートを獲得したということはできない。この時点ですでに2回の総選挙を実施した以上、政府が、公約の「投票箱を通じた国民による最終決定」を果たすために残された道は、国民投票しかなくなってしまったのである。

そのような事情があるものの、1975年国民投票には2つのはっきりとした目的があった。1つは、労働党の分裂の回避である［Bogdanor d 40］。労働党は、閣僚・党役員・労働組合・一般党員と、党内の上から下まで、EC脱

退と残留にはっきりと二分されていた。もう1つは，長年議論されてきたEC加盟問題の最終的解決を図ることである。そして，①加盟条件についての再交渉が実施されたこと，およびそれによって有利な条件を引き出すことができたこと，②アイルランド・ノルウェー・デンマークの3国で，EC加盟についての国民投票を実施したこと，③フランスが，EC拡大についての国民投票を実施したこと，④1973年国民投票が実施されたこと，⑤1971年以来，国民が国民投票の実施を支持していたことが，実施の追い風となった。

3.2 実施状況

1975年国民投票は，1975年国民投票法（1975 Referendum Act）という特別法を制定して実施された。投票案件は，「あなたは連合王国がEC（共同市場）に残留すべきだと思いますか。」であった。この国民投票の結果は，内閣だけを拘束し議会を拘束しない。すなわち，この国民投票は助言型国民投票であり，議会主権に配慮して，最終判断を議会に委ねてるものとなっている。そして，一回限りの特別立法であることから，問題が発生する度に個々の論点を投票に付す，政策投票であった。この形が，いわば，イギリスの国民投票の原形となって，この後に続くのである。

また，重要な点は，内閣の集団責任（collective responsibility）がこの問題については停止されたことである。閣内では，16名が加盟賛成で，7名が加盟反対であった。この点でも，労働党の分裂を避けるために実施されたことが理解される。

注）［力久a 174-175］によれば，ウィルソン首相は組閣にあたって，あえてこういう構成を取ったという。

その他の実施上の細目として注目すべき点は，投票の集計が県（county）単位で行われたことである。これは，選挙区単位で実施すると，議員が有権者との見解の不一致に苦慮することになり，逆に全国を1つの選挙区として集計すると，特定の地域のインテンシティを隠したという批判を生ずるおそれがあることから，比較的匿名性が高く，政治責任を問いにくい単位を選んだのである。また，選挙運動の公平さを保つために，各陣営の傘下団体には，12万5000ポンドの補助金が供与された。同様の配慮から，両陣営に，公費でそれぞれの主張を記した文書が有権者に配布され，テレビの政見放送が割り

当てられた。なお，それでも，個人・団体の献金のため，賛成派と反対派の傘下団体の資金量の差は，10対1となっていた［Balsom 213］。

　1975年6月5日に国民投票は実施され，投票率64.5%，賛成67.2%，反対32.82%という明白な結果を示した。これは，比較的高い投票率の下で，2対1（全有権者の39.3%）という，ほぼ完璧な国民の承認を表している。また，この割合はイギリス全土のほぼ全域にわたっていた。したがって，この結果によって，イギリスがECに残留することを内外に示すことができたのである。

3.3　国民投票の効果

　1975年国民投票の効果としては，第1に労働党の分裂が回避された点が挙げられる。党中央および地方で選挙運動中に自由な議論が行われることによって，党内の「膿」を出し，緊張の緩和が図られた。そして，結果が出された後は党内の論争も終結した。1975年国民投票は，まさに労働党にとっては，キャラハンの言うように，「救命ゴムボート」となったのである。（1970年の時点で，キャラハンは，国民投票を「いつの日か党全体が乗り込むことになるであろう，救命ゴムボートになるかもしれない」としていた。cited in ［Butler & Kitzinger 12］）第2に，世論を喚起し，国民の政治参加を促したことである。労働組合・政党の枠を超えた人的交流と議論が，新しい政治運動のスタイルを作り出した。これは教育機能が発揮されたということである。第3に，対外的にイギリスがECに参加する意思を表明できた点である。国民投票で承認された最大の原因は，再交渉の成功であるが，それはイギリスの加入に対する加盟国の期待の表れであり，投票結果はそれに応えたということができる。第4として，将来の国民投票の実施を可能にしたことである［King 137］。明白な結果が出て紛争が解決したことは，議会選挙以外に民意を問うことの有効性を示し，重要な問題を国民に直接問う，という選択肢を生み出したのである。

3.4　問題点

　しかしながら，1975年国民投票はいくつかの問題点を明らかにした。
　第1に，EC問題の最終的な解決にならなかったことを指摘したい。それ

は，EC 加盟問題が国民投票直後の欧州議会選挙でも議論されたこと，国民投票から6年後には，労働党の多くの議員によって加盟反対の主張がなされ，党大会で，国民投票なしでの脱退が決議されていることからもわかる。バトラー・キッツィンガーの「しかしながら，国民投票の下した判断については，その真相をよく見極めなければならない。それは，明白ではあるが熱烈なものではなかった。加盟に対する支持は広いけれども深いものではなかった。」という言葉［Butler and Kitzinger 280］が，事態を正確に表現している。この意味は，他の国の EC 加盟国民投票と比べると明白である。デンマークは，投票率90.1％で賛成63.3％，アイルランドは投票率71.0％で賛成83.1％であった（ただし，後述のとおり，ノルウェーでは否決される）。むしろ，マーストリヒト条約の加盟でも激しい論争があったこと，通貨統合についての結論が未だに出ていないことをみれば，「1975年の時点での EC 加盟・対欧州問題」に決着をつけたというべきであろう。

　ボグダナーは，このような1975年国民投票の紛争解決機能の弱さについて，2つの原因を指摘する［Bogdanor d 40-41］。1つは，投票結果に表れたリーダーシップ効果である。EC 加盟賛成の陣営に，人気があって，影響力を有する政治家が多く，逆に反対する陣営には少ないことが，賛成が多数を占めた理由となっている。つまり，「空気」や「雰囲気」で票が集まったことが示されている。もう1つは，加盟賛成派が，EC 加盟によって主権がある程度制限され，ローマ条約の序文にあるように，「一層緊密な同盟（an ever closer union）」となることの意味を十分に伝えず，EC 加盟を短期的に経済上の利得をもたらす，商業的な枠組み（commercial arrangement）であると提案していたことにある。このため，EC 加盟後急速に失望感が広まるのである。いずれにせよ，EC 加盟についての，十分な理解の下で投票されたものではないことが，紛争解決機能を弱めたとみることが可能であろう。

　第2に，長期的にみると労働党の分裂回避は成功しなかったことを指摘したい。国民投票後しばらくは，加盟反対派の動きは目立たなかったが，やがて欧州統合に対して激しく抵抗するようになる。1979年総選挙の敗北と指導部の権威の失墜は，加盟反対派の勢力を拡大し，やがては1980年の党大会における EC 脱退決議の採択に至る。1981年には，これに反発して右派が脱退して，社会民主党を結成することになるのである［力久 a 236-239］。

第3に，助言型国民投票の有する制度的な弱点が明らかになった。まず，助言型国民投票を実施して，そこから事実上の拘束力を引き出すためには，ある程度の高い投票率と明白な賛否の割合の差が必要である，という点である。1975年国民投票が，低い投票率でしかも僅差で否決された場合（たとえば投票率30％で51対49で否決）は，国会議員は深刻なジレンマに陥る。政府は国民投票の結果に従って，EC脱退を議会に提案するとしても，加盟賛成派の多い議会は，脱退に賛成すると自己の良心に反した投票をすることになる。一方，自己の意見に従って反対した場合は，民意を侮ることになり，反議会キャンペーンが起こりかねない。この原因は，助言型国民投票という形式にある。国民から議会に対する「助言」である以上，結果に対する解釈が常に存在する。そうすると，暗黙のうちに，助言型国民投票に事実上の拘束力を発生させるには，明確な民意の存在が前提とされていることがわかる。低い投票率の場合，高い投票率ながら僅差の場合は，問題の最終的な解決が困難となることが予想される。

　第4に，国民投票実施に際してのリスクの存在である。1975年2月から5月にかけて，EC加盟に対する支持率は徐々に増加し，5月下旬には加盟反対に対して34％のリードを保ち，投票の時点では，一種の信任投票の形になっていた［Butler & Kitzinger 250］。これは，当初EC脱退の世論が優勢だった［Qvortrup c 113］ものを，政府と指導的立場にある政治家の努力によって，国論を逆転させたと評価することができるとしても，仮に否決された場合の影響の大きさは計り知れない。他のEC加盟国の期待を裏切り，イギリス企業への投資の減少を招き，失業とインフレを引き起こす可能性が大であった。そういう意味では，1975年国民投票はイギリス国民が賢明にリスクを回避したということもできるし，脱退して現状を改革することを嫌ったという保守性が出ているということもできる。しかしながら，結果は政府にとって幸運なものではあったが，実施決定の時点ではかなりのリスクがあったことは事実であり，1975年国民投票は，一種のギャンブルであったことは疑いない。議会で加盟の決議をして，政府が残留に対する勧告を行ったにもかかわらず，国民がノーと回答した場合は，おそらく深刻なジレンマに陥ったであろう［Butler and Kitzinger 288］。

　　注）［Butler and Kitzinger 281］は，この国民投票は，EC加盟前ではなく，EC加盟

後に投票している以上，新しい出発点というより，現状維持に対する賛成とみるべきであるとする。そういう意味では，国民投票の保守的な側面が出ていることは，確かであろう。また，これは，後述のとおりの，「後戻りのできない決定」であるということができる。

ただし，リスクが高いにもかかわらず，政府が国民投票の実施を決意したという事実は，政府が国民投票の結果を受け入れる準備ができたということを示している。このような環境が整わない限り実施されないことが，政府主導型国民投票の運用の1つの特徴である［Balsom 219］。

第4節　1979年スコットランド・ウェールズ議会への権限委譲についての国民投票

4.1　実施までの経緯と結果

1974年2月総選挙で，少数内閣ながら政権についた労働党は，住民によって直接選挙されたスコットランドとウェールズの議会に，権限を委譲（devolution）することを公約に掲げて，続く1974年10月の総選挙に臨んだ。権限委譲を党の政策とした理由は議会対策である。つまり，権限委譲を求める自由党とスコットランド民族党（SNP）に配慮して行われたものである。労働党は，わずか3議席差ながら10月の総選挙に勝利したので，ウェールズの労働党は選挙で勝利した以上，予定通り権限委譲を国民投票なしで実施すべきであると主張した。また，労働党政府に協力するスコットランド民族党も，権限委譲を求めていた。一方，イングランド出身の平議員（backbencher）は，権限委譲に反対し，内閣を倒さずに権限委譲を阻止する方法として，国民投票を要求したのである。労働党の指導部は，このような平議員の要求に譲歩して，1976～1977年の会期に，スコットランドとウェールズの議会に対する権限委譲を1つの法案にまとめた，The Scotland and Wales Bill を提案するが，否決されてしまう。しかし，この後，労働党は，自由党と協定を結び，1979年の権限委譲についての国民投票（以下「1979年国民投票」という。）は，権限委譲を規定するスコットランド法（Scotland Act 1978）およびウェールズ法（Wales Act 1978）という2つの法の成立を受け，その規定の一部として実施されることになる。ここで，特徴的なことは，

1979年国民投票は，先に権限委譲の法律を制定した上で，実施されたことである。

  注） 実施までの経緯については，[Balsom 214-216][Bogdanor a][Bogdanor b][Bogdanor d 42-45][Denver 15-20]を参考にした。

 1979年国民投票は，党内の内紛を回避するために行われたという点では，1975年国民投票と同じ事情であるが，今回は党の指導部が主導したのではなく，平議員の国民投票の要求を受け入れた結果，実施された点が大きく異なる。そして，政府にとって誤算であったのは，労働党の平議員によって，後述のとおりの40％ルールを付加する修正案が提案され，可決されたことである。この点からも，政府主導の要素が少ないこと，すなわちコントロールの程度が低いことが理解される。

 1979年国民投票は，それぞれ，スコットランドとウェールズの住民のみによって行われた。しかしながら，スコットランドとウェールズの議会に対する権限委譲は，イングランドの有権者や納税者にも影響を与えるという理由から，イギリス全土で国民投票を実施すべきであるという意見も有力であった。最終的に議会がスコットランドとウェールズに投票を限定した理由は，権限委譲が両地域の強い要望であること，仮に否決の結果が出るのであれば，両地域が自ら決した方が好ましいという判断に基づいている。つまり，両地域の一方または双方が法案に賛成しながら，イングランドの住民の多数によって否決された場合は，深刻な事態を引き起こす可能性があったからである[Bogdanor c 50-51]。

 1979年国民投票は，1975年国民投票の先例に従って，助言型国民投票として実施された。しかし，前回の国民投票とは次の点が大きく異なっている。前回は，政府の見解を示すパンフレットの発行と同時に，政府の援助によって，EC加盟賛成派，反対派の見解を示すパンフレットが発行されたが，今回はこのような3種の小冊子の発行はなかった。また，それぞれの傘下団体に対する資金援助もなかった。さらに，閣内が当該問題について分裂しているわけではないので，集団責任の緩和もなされなかった。そして，最大の相違点は，40％ルールの付加である。賛成票が全有権者の40％に満たない場合は，担当大臣が議会に廃止の法案を提出する義務があることになっていた[Denver 20-21][Balsom 215]。

1979年3月1日に投票は実施された。その結果，スコットランド法についての投票は，投票率63.6％，賛成51.6％，反対48.4％であった。僅差で賛成が上回ったが，全有権者に占める賛成の割合は32.9％と，40％ルールを満たさなかった。ウェールズ法については，投票率58.8％，賛成20.3％，反対79.7％と明らかに拒否の意思が示された。労働党政権は，1979年国民投票の後，議会での信任投票に破れ，議会は解散された。選挙後，それに代わる保守党のサッチャー政権によって，両法は議会審議にかけられ，廃止された。

4.2　40％ルール

　国民投票を規定する法律が成立した当時，労働党の平議員が40％ルールを付加した動機は，権限委譲を阻止することにあったと考えられていた。同ルールの示す，投票率と賛成の割合という2つの異なる要件が，成立を困難にすると考えられたからである。つまり，同ルールを満たすためには，70％の高い投票率の場合は，60％台の賛成で十分であるが，60％の投票率には70％の賛成，50％の投票率には80％という高い賛成の割合が必要となるからである［Bogdanor d 44-47］。

　しかし，一方，同ルールは，議会に権限委譲問題に対する広い裁量権を与えたと考えることができる。つまり，議会は投票率と賛成の割合という2つの要因を勘案して，柔軟に，この問題に対して示された民意を解釈することができるのである。たとえば，実際は全有権者の39％が賛成で，20％が反対であったとしても，政府は権限委譲を実行することができる。というのは，権限委譲を規定する法は，40％ルールを満たさない場合，政府に「議会に，同法の廃止を求める枢密院令（order-in-Council）を提出する義務」を定めているに過ぎないことから，この場合は，明白な賛成の結果が示されたと議会が解釈して，権限委譲を実行することができるのである。同ルールは，権限委譲が発生するかどうかではなく，明白な賛成が得られない場合は，議会に戻すかどうかのみを決定するものであった［Bogdanor e 189］。このような柔軟な処理は，明文の憲法を持たず，また，国民投票も助言型であるからこそ，可能となるのである。

　同ルールに対しては，棄権票は，投票率を下げることになるので，否決の結果に直結するという見方もあるが，それは必ずしも正確ではない。議会は，

全有権者に占める賛成と反対の割合の差を勘案して、権限委譲の是非を判断するのである。そして、同ルールは、助言型国民投票の場合は、結果に拘束力のあるタイプと異なり、僅差または低投票率の場合は、議会に対する「助言」として機能しないという問題点を、ある程度解決したことを意味する。

4.3 1979年国民投票の効果

ウェールズの投票結果は、圧倒的な否決であったので、国民投票の実施によって、問題を解決したようにみえた。一方、スコットランドの場合、わずかながらも賛成票が多かったので、状況は複雑であった。ただし、スコットランド民族党が依然として権限委譲を強く訴えているが、スコットランドの国民の多くが性急に権限委譲に走るような雰囲気は解消した。つまり、問題を解決することはできないが、沈静化したことは明らかである。また、スコットランド民族党は、賛成多数にもかかわらず、権限委譲を実施しなかったことから、労働党の裏切りにあったとみなすようになり、一方、労働党は、スコットランド民族党が不信任案を提出し、それを契機として解散・下野することになったことから、強い不信感を持つようになった。今回の国民投票には、両党の関係を悪化させる効果があったのである。これは以後のスコットランドの政局に大きな影響を与える [Bogdanor c 61-62]。

この国民投票の結果は、1975年国民投票同様に、選挙結果からマンデートを読みとることに限界があることを示している。つまり、1974年10月の総選挙で、権限委譲を党の政策として掲げていた労働党が勝利したという事実から、有権者が権限委譲を支持していたとみなすことはできないのである。ボグダナーは次のように言う。「選挙で勝利した政党の公約の全ての項目は、有権者に支持されていると（これまで）推定されていた。1979年国民投票において、ウェールズ法が圧倒的多数で敗北したことは、この推定に何らの根拠もないことを物語っている [Bogdanor c 52]。」1975年国民投票は、選挙で争点とならなかった重要事項を国民に問うものであり、一方、1979年国民投票は、総選挙で政策を明示して政党が勝利しても、個々の政策のすべてを、国民が承認したとは限らないことを示している。どちらの国民投票も、そうした間接民主制の限界を補完する作用を有している。

注）なお、政治的にみると、1975年と1979年の国民投票は、共に、国内の過激な勢

力の主張を孤立させる効果があるとみることができる。これは，フランスの1961年アルジェリアについての国民投票と同様の効果である。国民の支持があるという過激な勢力の主張は，国民投票で明白な賛成が得られないことによって，説得力を失うのである［Bogdanor d 45］。

また，労働党の平議員が期待していた，内閣が直接責任を負わずに，国民投票によってこの問題を解決するという目標は，達成することができなかった。スコットランドの投票結果は，一応僅差とはいえ賛成多数であり，選挙後にスコットランド民族党は権限委譲を迫り，一方，平議員は40％ルールの遵守を要求し，政府はその板挟みにあって苦しむことになった。このように，同ルールは，賛成票が多いが同ルールを満たさない場合は，紛争の原因となることを示している。結局，袋小路に追い込まれた政府に対して，保守党とスコットランド民族党から内閣不信任案が提出され，可決されてしまう［カ久b 123-124］。1979年国民投票は，労働党の下野と以後18年にわたる保守党政権の扉を開いたことになる。

1979年国民投票が所期の目的を達成することができなかった，大きな理由の1つとして，この時期が，イギリスでは経済的な困難と多発するストライキに見舞われ，それに十分に対応できない労働党の支持率が低下した時期（1978～1979），いわゆる「不満の冬（Winter of Discontent）」であったことが挙げられる。通常は，労働党の最も有力な地盤となっているスコットランドでも，労働党は不人気であったことが，同地域での投票案件不承認の大きな理由であったと推定される［Denver 24-25］。

　　注）「不満の冬」はシェークスピアの「リチャードⅢ世」からの引用である。

また，仮に40％ルールが存在しなかったとしても，地域の賛否の分布をみると，12のカウンティのうち6つが反対していたこと，特に，北東部と南部では4割台であったことをみると，国民投票によって国民からマンデートを得ていないと評価できる［Denver 134］。

ただし，1979年国民投票のプラスの効果を1つだけあげるとすると，権限委譲を政府が実施する場合は，国民投票に問わなければならないという先例を作ったことである。これは，逆に言うと，国民の間に権限委譲を求める声が強くなれば，国民投票を実施して権限を委譲すべきである，という原則を確立したことになり，このことは，1997年に実施されるスコットランドと

第4章 イギリスの国民投票

ウェールズの権限委譲についての国民投票の実施，および権限委譲の具体化についての土台を築いたということができる。

第5節　1997年スコットランド・ウェールズ議会への権限委譲についての国民投票

　1979年国民投票の後に続く18年間の保守党政権では，国民投票は行われなかった。しかしながら，労働党のブレア政権になると，国民投票は再び活発になる。この90年代以降の国民投票は，70年代の国民投票とは様相を異にする。なお，本書では，1973年から1979年までの4回の国民投票を「前期イギリスの国民投票」といい，1997年以降に実施されたものを「後期イギリスの国民投票」という。

5.1　時代背景と実施までの経緯

　最初に実施されたのが，1997年のスコットランドおよびウェールズにおける権限委譲についての国民投票（以下「1997年国民投票」という。）である。以下，実施の経緯について述べたい。

　前回の国民投票において，僅差ながら賛成多数であったことから，スコットランドでは，権限委譲は，当初政治問題としては沈静化されたとしても，保守党政権18年の間に徐々に重要な争点となっていった。ここでは，1997年国民投票が前回と全く異なる政治状況で行われたことに注目したい。この間の最大の変化は，同地域における保守党の凋落である。1979年の総選挙では，保守党は得票率31.4％で下院議員の議席数が22であったものが，1997年の総選挙では17.5％の得票率で議席数ゼロとなったのである。保守党凋落の転換点は，1987年総選挙であった。同選挙で，議席を減らしながらも政権を維持した保守党は，スコットランドにおける議席を半減させ，主としてイングランド地域に政権の基盤を置いていた。このため，「イングランドによってスコットランドが支配されていること」が問題となった。この時期，権限委譲を求める労働党およびスコットランド民族党の勢力は，保守党を「反スコットランド（anti-Scotland）」の政党であるとして攻撃していた。この攻撃は功を奏し，「サッチャー率いる保守党政権は，スコットランド地域に対し

145

て敵対的な政策を行っている」とみられるようになった。その象徴は，他の地域よりも1年早い人頭税の導入であった。80年代後半には，サッチャー首相個人の不人気と重って，保守党はスコットランドにおける支持を急速に失っていく［Denver 31-32］。そのため，ロンドンで行われる保守党政権の政策に対抗する手段として，労働党では，スコットランドにおける議会の設置の必要性が強く認識されるようになったのである。

それ以外に，労働党が権限委譲を党の政策として重視するようになった要因は2つある［力久b 124-128］。1つは1987年選挙以来のスコットランド民族党の伸張である。スコットランドの独立を掲げる同党の支持拡大を抑制するためには，権限委譲を強調せざるを得なかったのである。もう1つの要因としては，草の根レベルで，スコットランドの地域の自治拡大を求める動きが継続していたことを挙げることができる。この動きは，やがて，1989年のスコットランド憲政会議の設立に発展し，政党（保守党とスコットランド民族党は除く），労働組合，教会等の多様な団体が参加して，スコットランド議会の枠組み作りを議論し，一定の合意を形成するようになる。このような要因を受けて，1992年総選挙において，労働党は，選挙マニフェストで，スコットランドにおける議会の設置を掲げたのである。また，同時にウェールズ議会の設置と権限委譲も提案された。次の1997年マニフェストでは，権限委譲が引き続き提唱され，さらにその実現のために，両地域において国民投票を実施することが提案された。特にスコットランドについては，財政権限の付与についても，国民投票が実施されるべきであるとしていた。

> 注）　ただし，最初にスコットランドの権限委譲の国民投票を提案したのは，保守党である。権限委譲を阻止する手段として国民投票を考えたのである。これもイギリス保守党の伝統である，拒否権としての国民投票の役割が期待されたものであろう［Denver 42］。

このように，1997年総選挙において，権限委譲は選挙の争点になったのであるが，前回同様，争点としての重要性は高くなかった。スコットランドの投票者の間では，7番目に位置づけられていた［Denver 42］。同様に，ウェールズでも，1997年総選挙では，ほとんどの候補者が権限委譲を争点として取り上げることがなかった［Balsom & Jones 4］。1997年選挙で，圧倒的な勝利を収めて18年ぶりに政権についた労働党は，公約どおり，国民投票を

実施した。選挙での圧倒的な勝利をみれば、国民投票の実施は不要とみることもできるが、上述のとおり、権限委譲のような重要な憲法問題については国民投票を実施する、という先例に従ったと評価することができる。スコットランドでは、マニフェストのとおり、権限委譲の是非に加えて、所得税の課税率変更権の是非が問われた。後者の投票案件は、スコットランドの象徴の名を冠して、タータンタックス（Tartan-tax）という名に表れるように、労働党によるスコットランド議会の設置は増税を招くという、保守党の批判をかわすために実施が決定されたものである。増税を招くかどうかは、国民の手で判断させようという戦略である

注）実施の経緯については［Denver 41-46］［力久 b 237-240］を参考にした。

　1997年国民投票の実施を規定する法案は、ブレア政権の最初の法案として国会に提出された。この法案の特徴は、権限委譲の詳細を決定する前に、国民にその是非を問うていることである。この点は、1978年の権限委譲法とは全く異なる。選挙運動を実施する集団に対する資金援助は行われなかったが、政府の発行する権限委譲の提案内容を説明する小冊子が、各家庭に配布された（もちろん各陣営からそれぞれの主張を記した小冊子は別に配布される）。放送についての規定はなく、国民投票の実施日も規定されなかった。そして、今回は、40％ルールは付されず、単純な国民投票の多数の承認のみが規定されたのである。つまり、同ルールは先例として機能しなかったと評価することができると同時に、政権崩壊を招いた点を反省して、あえて採用しなかったということもできる。ただし、上述のとおり、前回とは政治状況は全く異なる以上、政権崩壊という結果を招くことは予想されなかった。少なくとも、スコットランドにおいては、反保守党、反ロンドンという雰囲気が醸成されていて、ブレア政権も、就任直後の高い支持を背景として国民投票の実施に踏み切ったのである。

注）40％ルールは今回特に付加されなかったが、スコットランドにおいては、それを超える、もしくは近づくことは推進側にとって心理的な目標になったことは事実であろう［Denver 133］。

　労働党の新政権は、国民投票の実施前に、2つの政府白書「スコットランド議会（Scotland's Parliament）」「ウェールズの声（A Voice for Wales）」をそれぞれ発行して、権限委譲の内容を明らかにした［力久 b 239-240］。スコット

ランドの場合は，新議会とイギリス議会について，後者の権限を明記するという形をとった。それによると，憲法制度，外交政策，防衛・安全保障政策，マクロレベルの財政金融政策，財やサービスに関する市場政策，雇用政策，社会保障制度が挙げられていた。このため，実質的にはかなり広範な権限がイギリス議会から，委譲されることになった。また，所得税の基本税率を全国のレベルの±3％の範囲で変更できる権限も有することになった。そして，選挙制度は比例代表制度の一形態である，付加議員制が採用された。これは，新議会が労働党に支配されるという批判をかわすために採用されたものである。一方，ウェールズの方は，選挙方法は同じであるが，その他の点はスコットランドと異なる。イギリス議会の行った立法（一次立法）の範囲内での立法（二次立法）を行う権限があるとされた。また，所得税の変更権も認められなかった。その点で，後退しているということができる［MacAllister 153-156］。

5.2 スコットランドにおける国民投票の成功

1997年9月11日にスコットランドの権限委譲を問う2つの国民投票は実施された。投票率は60.4％と比較的高く，第1の設問であるスコットランド議会の設立の是非は，賛成74.3％，反対25.7％と圧倒的に支持された。第2の設問の所得税変更権の是非は，賛成63.5％，反対36.5％とこれも支持された。さらに，第1問については，全地域からほぼ6割以上の賛成を獲得している。

このような成功をもたらした選挙運動の特徴を，前回の国民投票と比較すると，以下の点を指摘することができる［Denver 75-76］。①スコットランド憲政会議の設立など，80年代以降，住民の権限委譲に対する支持の高まりから，権限委譲推進陣営の選挙運動が前回よりも統制がとれていたこと。特に，労働党，スコットランド民族党，自由民主党の三党間の協力がスムーズに行われたことが大きい。②（ウェールズの場合と異なり）スコットランドの権限委譲については，労働党内部の分裂がみられなかったこと。③前回に比較して，権限委譲陣営の選挙運動が洗練されたこと。特に，世論調査を有効に活用して，選挙戦略を練ったことが大きい。④権限委譲に反対する陣営の選挙運動が弱かったこと。前回と異なり，経済界の後押しもなく，有力な政治家の応援もなかった。特に，総選挙で敗北して意気消沈する保守党が運動の中

心になったことが大きい。⑤終盤に起きたダイアナ妃の死による選挙運動の中断が，推進側に有利に作用したこと（これは，一般に改革推進の投票案件は選挙運動の進行に従って，支持を減らしていく傾向にあるという事実に基づく説明である）。⑥スコットランドのメディア，特に新聞が権限委譲推進にかなり好意的であったこと。これらの点が，スコットランドの権限委譲に対する比較的高い支持をもたらしたことが推定される。

　そして，国民投票が成功した大きな要因は，第1に，総選挙における勝利の余勢を駆って，選挙から5ヵ月後という早い時期に実施されたことである。総選挙の時に労働党が提案した憲政改革のプログラム（選挙制度改革，スコットランドおよびウェールズ地域における権限委譲，ロンドン市長の設置，イングランド地域の権限委譲，上院の改革等である。）を即座に実施する意思を見せ，国民とブレア首相の間の「蜜月関係」の時期に実施したことが大きい。これは，1979年国民投票が，キャラハン首相と労働党の不人気の時期に行われたこととは逆である［Denver 159-160］。つまり，2つの国民投票は，リーダーシップ効果にはプラスとマイナスがあることを示している。第2に，スコットランドについては，上述のとおり，サッチャー元首相と保守党に対する反感が，強く作用した点が挙げられる。第3に，前回の国民投票以降18年にわたって，「スコットランド人による自治」に対する意識が高まったことも大きな要因である。国民投票の理由の調査によれば，2つの設問にともに賛成した投票者は，その理由として，自治の拡大を挙げている者が多い（複数回答で43%）［Denver 164］。

5.3　ウェールズにおける国民投票の部分的成功

　一方，ウェールズの選挙結果は，「ウェールズ議会（Welsh Assembly）設置の是非」という投票案件に対して，投票率50.1%，賛成50.3%，反対49.7%となった。つまり，比較的低い投票率の下で僅差（実際は7000票差）の賛成が得られたということができる。この結果については，確かに僅差で投票案件が承認されたのであるが，前回の圧倒的な否決と比較すると，票の割合にして，30%増加（有権者の割合では12%）していることをみれば，ウェールズ人が権限委譲を選択したと評価することができるであろう。

　以上のような，「比較的低い投票率で僅差の賛成」という1997年ウェール

ズの国民投票の結果を左右した要因として，以下の点を指摘することができる。

　まず，前回より票を上乗せした要因としては，前回の国民投票から18年の間に，スコットランド同様，ウェールズの政党の勢力分布にも変化があったことが大きい。それは，保守党の退潮である。1979年総選挙では，22議席であったものが，1987年総選挙で半減し，1997年総選挙では，議席ゼロにまで落ち込んでいる。したがって，スコットランド同様に，イングランドで多数を支配する保守党がウェールズを支配することになり，その民主的正統性に対する疑問が，少しずつ醸成されてきたことを指摘することができる。これが結果的に賛成を導く大きな要因であったと思われる。労働党・自由民主党・ウェールズ国民党（Plaid Cymru）の三党の協力があったこと，特にウェールズ国民党が活発に選挙運動に参加したことは大きい。

　賛成票が伸び悩んだ原因は少なくない。まず，政党支持と投票行動の関係が，少し微妙であったことである。まず，投票案件については，上述のとおり，労働党・自由民主党・ウェールズ国民党が賛成し，保守党が反対していた。そのうち，同地域に議席を持たない保守党は，その支持者の6割が投票案件に反対し，自由民主党の支持者の反対は半数に近い。一方，ウェールズ国民党は，7割と圧倒的に賛成していた。ところが，労働党は，賛成34％，反対24％，棄権42％と分裂している状態であった［力久b 243］。労働党は，34人の議員のうち7人が権限委譲に反対していたのであり，この分裂が賛成票の伸び悩みに影響を与えたことは明らかである。この「反乱」の存在は，労働党への支持と権限委譲を結びつけようとする選挙戦略に，ダメージを与えたと思われる。また，賛成の陣営を形成する三政党の間の協力は，スコットランドほどスムーズではなかった点も，マイナスに作用したことが推定される［McAllister 158-160］。

　マッキャリスターは，ウェールズの国民投票の結果にマイナスに作用した要因として，さらに，次の3つの労働党の方針を挙げる［McAllister 160］。第1に，労働党が憲政改革のプログラムの一環として権限委譲を位置づけたことによって，イングランド人の声を反映させざるを得なかったことである。スコットランドほど，権限委譲に対する支持が強固なものではなく，政党の各層で見解が分裂している状態であるので，ウェールズの権限委譲に対する

見解は，イングランドからの反対の声に影響を受けやすい，とする。第2に，ブレア首相に対する支持と権限委譲の支持を結びつけた選挙運動を展開したことである。上述のとおり，権限委譲についての政党および世論も多様であることから，スコットランドと異なり，ウェールズでは，首相への支持に結びつけるだけでは，権限委譲の支持を喚起することはできなかったし，さらに，それは，民意を反映した議会・政府の設置という目標をあいまいにしてしまったのである。この点，ウェールズでは，首相のリーダーシップ効果が発揮されなかったと評価することができる。第3に，地滑り的勝利を得た1997年総選挙の際に展開された，洗練された選挙運動が，ここでは行われなかったことである。

投票結果を地域別にみると，ウェールズ語を話すケルト系の住民の多い，西部地域に賛成が多く，イングランドに近い東部では反対票が多かった。ウェールズにアイデンティティを置く住民と，イギリス全体もしくはイングランドにアイデンティティを置く住民の違いが表れたと評価することができる［力久b 242］［Balsom & Jones 157-159］。

選挙前の世論調査は，権限委譲についての賛否が拮抗していることと，わからない（don't know）という解答が3割近いことを示していた。つまり，投票案件についての関心が低いこと，および情報の伝達が十分ではないことが理解される［McAllister 160-161］。このように，スコットランドとは異なって，権限委譲の議論が盛り上がることなく，国民投票が実施されたことを示している。また，メディアが積極的に，権限委譲を取り上げなかったことも，情報不足で盛り上がりに欠けたことの要因の1つでもある。

このように，1997年国民投票のうち，スコットランドでは十分に勝算があり，ある意味では確認のためのものであったが，ウェールズの場合は，盛り上がらず，勝算の不明な危険な「ギャンブル」であったことがわかる。それでも，僅差ながら，賛成多数であること，前回よりも賛成票をかなり上積みしたことから，権限委譲に対してマンデートを得たと評価することができる（投票率が40％台で僅差の場合は，果たしてマンデートを得たという評価になったかどうかは疑問である）。

　注）　上記以外に，1997年国民投票のスコットランドとウェールズの違いをもたらした要因としては，［Denver 175］は次の点を挙げる。①ウェールズは，国民政党の

勢力が弱い。②ウェールズ生まれの人口は比較的少ない。③ウェールズの国家意識は，政治的なものよりむしろ文化・言語（ケルト語）的要因が大きい。④ウェールズ生まれの住民の利益と見解は，スコットランドより多様である。⑤さらに，イングランドと境を接する地域は，アクセス，交通，マスメディアの点で，イングランドとの結びつきが強い。⑥それらの点を反映して，提案された議会も，ウェールズには，第一次立法権も，所得税の課税変更権もないことになり，このような違いを反映して，スコットランド議会は Parliament，ウェールズ議会は，Assembly と表記されていた。⑦スコットランドには，長年にわたる多党間の議論と交渉が存在したが，ウェールズにはなく，労働党主導で提案された。

第6節　1998年北アイルランドのベルファスト合意についての国民投票

　第2節で示したように，北アイルランドを巡る和平については，1973年国民投票の後，保守党政権下で，アイルランド共和国との間でねばり強い交渉が続けられていた。同交渉はブレア政権の下でも続けられ，それまで積み上げられてきた枠組みの上に，上述のとおりの，1998年4月にベルファスト合意に達することになった。この合意の下に，北アイルランド議会が設置され，イギリス議会の権限が委譲されることになった。北アイルランド議会は，イギリス議会の下院選挙区を単位として，単記委譲式投票制（一種の比例代表制）が採用され，主として社会・経済分野に関する立法・行政権限が委譲された［力久 b 258-259］。そして，この権限委譲も，労働党の憲政改革プログラムの一環として行われたものである。これまでの和平交渉の間に示されてきた「住民の同意による憲法的地位の確認」という原則に従い，1998年5月22日にベルファスト合意についての国民投票（以下「1998年北アイルランドの国民投票」という。）が実施された。結果は，投票率80.98%で，賛成71.12%，反対28.82%と圧倒的な差で承認された。ここでは，1973年国民投票の実施の意味がカトリック系の政党のボイコットによって，不明確になったことから，投票率は単なる5割を超えたものでは不十分で，それ以上の高い投票率による承認が必要であることが暗黙の了解事項としていた［Denver 176］。今回の投票結果は，その目標をクリアーし，同国民投票が，長年の懸案を解決（紛争解決機能）し，および住民参加（参加機能）と正統性を付与する機能

(正統性付与機能)を発揮したことは明らかである。また,同日に実施されたアイルランド共和国の国民投票(ベルファスト合意に基づく憲法改正を問うもの)も,投票率55.59%,賛成94.39%,反対5.61%と承認された。つまり,交渉両当事者による承認がなされたのである。

第7節　ブレア政権の分権主義戦略と住民投票

　ロンドンは,サッチャー政権によって,行政単位としての大ロンドン市(GLC)が廃止された後,中央省庁の直轄となっていた。ブレア政権は,憲政改革プログラムの一環として,大ロンドン市(Greater London Authority)の復活と公選市長の導入を推進し,その手段として,1998年5月7日の地方選挙の日に,当該争点についての住民投票(以下「大ロンドン市の住民投票」という。)を実施した。投票結果は,賛成72%,反対28%と圧倒的な賛成を得たが,投票率は34%と低調であり,投票者の関心が低いままで実施されたことがわかる。地方の政治構造の変更という論点は,有権者の関心を集めなかったのである。主要政党が,一致して投票案件を支持していたことから,政党間の争いおよび内部分裂がなく,選挙運動もほとんど行われなかったことが,その要因となった可能性がある。ブレア政権は,この住民投票で勢いを得て,分権戦略を進めていく予定であったが,投票結果は,それに水を差した形になった[Denver 175-176]。そのことは,2000年に成立した地方自治法の下では,公選市長の導入を住民投票で決定できる旨の規定があるにも関わらず,実施した自治体が少数であったこと,およびイングランド地域の権限委譲の第一弾として実施された,2004年5月の北東部の議会設置の住民投票(以下「イングランドの北東部の住民投票」という。)(投票率47.7%)が,反対79.0%と圧倒的大差で否決されたことからも明らかである。

　　注)　なお,イングランド北東部はスコットランドに近く,イングランドの中では地域議会の要望が強いと推定されていた。この住民投票については[Tickel, John & Musson]を参照されたい。

第2部 国民投票各論―主要実施国の運用実態―

第8節 まとめ

　イギリスの国民投票は，毎回実施するまでの経緯とその目的が異なり，結果もそこで発揮される機能も多様なものになっている。

8.1　政府のコントロールの強さとゆるやかな先例の形成

　政府の国民投票に対するコントロールの程度は，与党の下院に占める議席の割合，または投票案件に対する党内の反対勢力の大きさによって異なる［Balsom 221］。この点からみると，一般に，イギリスの国民投票では，1979年国民投票を除いて，次の点について，政府が自由にコントロールしていることがわかる。①国民投票実施の有無。EC加盟は実施するが，EU加盟は実施しない。しかし，EU憲法批准および通貨統合については実施が予定されている。また，地方の分権を問う住民投票の中には延期されたものがある。②国民投票の実施の時期。総選挙直後に，首相と与党が人気のあるうちに実施する。そしてウェールズの国民投票をスコットランドの一週間後に実施している。③投票案件の設定。1997年国民投票はスコットランドを2つの設問にしている。④成立要件の設定。40％ルールは1979年国民投票でしか設定していない。⑤選挙運動の規制。傘下団体への資金援助が行われたのは1975年だけである。⑥1979年は詳細な権限委譲のプログラムを作って，投票者の判断を仰いだが，1997年は，白書は作成したが，先に権限委譲の是非を問うている。⑦内閣の集団責任の緩和は，1975年だけである。

　国民投票を実施する目的も毎回異なる。1973年は，憲法上の地位の確認とプロパガンダ効果を狙ったもの，1975年は党内分裂の回避とEC加盟問題の解決，1979年は連立政権の維持，1997年および大ロンドン市・イングランドの北東部の住民投票は憲政改革プログラムの実施，1998年は和平合意事項を民意で承認することであった。つまり，イギリスの国民投票の特徴の1つとして，強調されなければならないことは，国民投票が統一した原理によって実施されるのではなくて，その時期の政治的便宜（political expediency）によって実施されるということである［Balsom 221］。したがって，その実施の態様には上述のとおり，一貫性がなく，相互に矛盾したものを含むことにな

るのである。

　しかしながら，それでも，過去9回の政府が実施した国民投票・住民投票は，一定の憲法上の先例を形成しているとみることができる。スコットランド，ウェールズ，北アイルランドの三地域で実施された権限委譲についての国民投票は，今後，同地域に委譲された権限を大幅に変更する際は，国民投票を実施すべきであるという先例を構成し，さらに，イングランド地域の議会の設置についても国民投票もしくは住民投票を実施することが求められるであろう。さらに，権限委譲に匹敵する憲法上の重要な問題，たとえば，選挙制度の改革，権利章典の制定等については，国民投票を実施すべきであるという要求が当然出てくるであろう。そういう意味では，イギリスは，過去の国民投票の実施によって，試行錯誤しつつ，ゆるやかな先例を形成してきたと評価することができるであろう。

8.2　選挙結果とそれに影響を与えた要因

　これまで9回の国民投票・住民投票を政府に有利な結果を導いたかどうか，という視点で3つに分類すると，成功したもの3回（1975年EC加盟，1997年スコットランド，1998年北アイルランド），失敗したもの3回（1979年スコットランドおよびウェールズ，2004年イングランド北東部），部分的に成功したもの3回（1973年北アイルランド，1997年スコットランド，1998年大ロンドン市）となる。このように，政府のコントロールの強さは，結果を左右する要因の1つではあるが，決定的なものではないことがわかる。また，1975年EC加盟，1997年スコットランドには，首相や人気政治家等のリーダーシップ効果が出ていることがわかるが，1997年ウェールズには首相の人気は影響を与えていない。これをみても，イギリスの国民投票は，プレビシット的要素が，フランスほどは強くないことがわかる。

　その他に，リーダーシップ効果以外の投票行動に影響を与える要因をみると，政党，メディアの報道，地域的要因が挙げられる。まず，政党は，前期の国民投票においては，投票案件についての激しい内部分裂を起こしていたことから，投票者の投票の鍵として働くことは少なかったことが観察される。投票者は，むしろ人気の政治家等を鍵としていた。逆に，後期においては，1997年スコットランドのように，政党が一枚岩で，内部の分裂がなく，政党

間の協力がスムーズな場合は，多くの投票者は，政党に従って投票している。逆に，1979年および1997年のウェールズのように，労働党の分裂がある場合には，政党を鍵として投票することがない。そうすると，投票者は，第1に政党を鍵として，第2に，政党が分裂している場合には，政治家を鍵として投票していることが推定される。

投票者の情報獲得レベルも毎回異なる。国民投票が盛り上がらず，投票率が高くないときは，投票者の情報は少ない。情報の獲得に影響を与えるのは，通常，メディアである。1997年国民投票では，スコットランドの地域に根ざした独自のメディアが，権限委譲賛成の論陣を張り，結果に大きな影響を与えている。反対に，独自のメディアが少ないウェールズでは，投票者が権限委譲についての情報をメディアから得ることができず，これが，比較的低い投票率と僅差の結果をもたらしている。

その他としては，権限委譲が問題となる場合は，国家意識（ナショナルアイデンティティ）の強さが影響を与える。1997年スコットランドの成功は，国家意識が保守党政権時代に涵養され，さらに，選挙時に高揚したことと，それらと労働者の階級意識が結びついたことが大きな要因となっていた。一方，ウェールズでは国家意識がスコットランドほど強くないことが，賛成票が伸び悩んだ原因であろう。

8.3 イギリスの国民投票の機能

イギリスの助言型国民投票においては，上述のとおりの3つの分類ごとに機能の表れ方が異なる。第1の成功した国民投票のグループは，所期の機能を発揮している。1975年国民投票は，総選挙で得られなかったマンデートを獲得し，EC加盟問題を解決した。国民の政治参加も促進され，教育機能も観察することができる。1997年スコットランドは，地域の住民の広い参加を得て，権限委譲についての正統性を獲得することができた。1998年北アイルランドは，住民の参加と正統性付与，問題解決機能が十分に発揮された。しかしながら，第2の失敗したグループについてみると，1979年スコットランドは，40％ルールのために内閣崩壊という逆機能を露呈することになり，同ウェールズも議論が進展しないまま否決され，どの機能も発揮されなかった。また，第3のグループの1973年北アイルランドは，賛成多数であったが，カ

トリック勢力のボイコットのため，住民の参加と正統性付与は不十分であった。1997年ウェールズは，一応マンデートを獲得したという評価は可能であるが，正統性付与はやや弱く，住民の参加は不十分であった。1998年大ロンドン市は，政府が主導する国民投票・住民投票の中では最低の投票率を示し，賛成多数であったものの，正統性付与，住民の参加は弱い。

　政治参加という点でみると，イギリスの国民投票の投票率は，総選挙よりも低く地方選挙よりも高い数字が示されている [Denver 183]。また，選挙運動も投票率と同様の傾向を示している。つまり，総選挙よりは盛り上がらないが，地方選挙よりは活発なのである。おそらくその原因は，イギリスの国民投票が，投票の時点で賛否の差がはっきりしていることが多いこと，および国民の関心が高くないものが投票案件になることにあると推定される。間接民主制を補完するという点で，もう1つ指摘したい機能は，総選挙で個々の争点についてのマンデートを得ることが難しい，という事実とはちょうど逆に，投票者は，投票案件に対する投票に，様々な理由を読み込むことができることである。

8.4　総括と今後の展望

　イギリスにおいて，政府が国民投票を実施する動機は，問題解決・憲法上の重要な変革の承認・与党内の分裂回避である。政府は，多くの国民が参加し議論が喚起され，その結果としての高い投票率の下で，投票案件に対する明確な賛成が示されることを期待して実施してきた。その意味で，イギリスの国民投票・住民投票は，9例のうち，3例が政府の期待通りの展開を示したものとなり，これらは間接民主制を補完する，まさに「成功した先例」として位置づけることができる。しかし，残りの例は，実施する真の動機が，政府の議会対策もしくは党内事情等であったことから，投票案件の意味や政策上の位置づけは国民に十分に伝えられず，それらは期待された機能を発揮することができなかったのである。イギリスの国民投票の3タイプ（成功・失敗・部分的成功）は，議会・政府の助言となるための条件をある程度示していると同時に，国民投票には，ちょうど議会の解散権の行使と同様に，ある程度の予測不可能性，すなわちギャンブル性があることを示していると思われる。おそらく，政府としては，①長年議論されて賛否両論があるが，実

施時点で対外的に国論を確定する必要があり,かつ賛成票が多いと予想される場合,および②投票案件に対する賛成論が長期的に醸成され,圧倒的な支持が予想される場合には,国民投票を実施する条件が整ったと判断することができるであろう。

  注) スコットランドの国民投票の実施前には,3つの不安な点があった。①選挙前の世論調査では,国民投票の賛成多数が予測されていたが,過去2回1970年と1992年の総選挙ではふたを開けてみると,予測と全く違っていたことがあった。また,国民投票の経験自体も少ないことから,選挙結果の予測に不安が生じていたこと。②2つの設問の内,所得税の変更権については,大きな支持が得られそうになかったこと。③投票率が低いと正統性に疑問が生じること[Denver]。

また,国民投票実施に,一貫性が欠けていることについては,上述のとおり政党・選挙および国民投票法がされ,イギリス国内で実施される国民投票および住民投票の法的枠組みを規定することによって,ある程度の解決を図ろうとしている。同法は,選挙管理委員会(Electoral Commission)を設置し,国民投票実施についての主要な3つの機能を担う。それは,①投票案件(referendum question)について見解を述べる,②選挙運動に参加する団体を登録し,それらの資金集めと支出を規制する,および③国民投票・住民投票の結果を認証する,である。①については,選挙管理委員会は,投票案件について必要的に審査を行い,投票案件が選択肢を,明瞭に(clearly),簡潔に(simply),中立的に(neutrally)示しているかどうかという点,つまり,わかりやすさ(intelligibility)に問題がある場合は,意見表明をすることができる。したがって,イギリスにおいても,事実上,シングルサブジェクトルールが導入されたということができる。②については,選挙運動に参加する個人・団体は,認定参加者(a permitted participant)として政治資金の支出の規制を受ける。また,国民投票の賛否どちらかを代表する団体を,指定団体(designated organization)とし,当該団体は,国民投票についての放送,小冊子の無料配布等の援助を受けることができる。なお,選挙運動期間は,通常,国民投票を規定する個別の法によって決められており,その期間は,10週間から6ヵ月である[Kaufmann & Waters 44]。

このように,国民投票に一定の枠組みが形成されたことは,今後,労働党政権によって実施が予想される国民投票に対する準備という側面を持っているが,その国民投票・住民投票の実施は,成功した実例のようにうまくいく

保証はない。労働党は，2001年総選挙のマニフェストにおいて「原則として成功した単一通貨への参加を支持する」が，ユーロに参加するためには，5つの経済的基準が満たされなければならず，それを満たした後に国民投票を実施して最終決定を行うとしていた。また，ブレア首相は，5つの経済的基準の検討は総選挙後2年以内に，すなわち，2003年6月7日までに，行うことを明言していた。しかしながら，結果として，国民投票の実施は先送りされてしまったのである。経済的基準の検討を行う責任者であり，ニューレイバーの政治的パートナーであるブラウン蔵相が国民投票の実施に消極的であること，国民の間には通貨統合反対が多いこと，といった要因が存在したことから，ブレア首相は国民投票の実施に踏み込むことができなかったと思われる。1975年国民投票のように，政府と政治家の努力によって世論をEC脱退から残留へと，逆転させる方策も考えられるが，過去の失敗・部分的成功の先例を斟酌して，「臆病」という批判にさらされても，また，EU諸国のイギリスのユーロ参加への期待をある程度裏切っても，「先送り」という決断をせざるを得なかった，ということができる［力久b 325-335］。

　上述のとおりの国民投票実施のための2つの条件に照らしてみると，国民投票を実施すべき環境が整備されておらず，この時点での実施は，リスクが高すぎる，という判断が下されたのであろう。さらに，2004年イングランドの北東部の住民投票の敗北も，国民投票・住民投票を戦略的に用いることの危険性を改めて認識させたことが推定される。

　　注）　5つの経済的基準とは「景気循環サイクルと経済構造の持続的収斂」「柔軟性」「長期的投資への影響」「金融セクターへの影響」「経済成長・安定・雇用への影響」である［力久b 276-277］。

　イギリスの政治制度は，継続的な「進化（evolution）」の産物であり，一時的な「革命（revolution）」の産物ではないとよくいわれる。力久の言うように，労働党政権の憲政改革プログラムも，分権主義戦略も，長いイギリス政治制度の進化の流れの中に，位置づけられるべきものであろう［力久b 338］。そうすると，そこから派生した国民投票の運用も，成功と失敗を繰り返しながら，イギリスの政治制度の中に定着しつつあるという評価が妥当であろう。そこにイギリスの柔軟性と智恵を見出すことができるであろう。

第5章　フランスの国民投票

第1節　フランスの国民投票の沿革（第五共和制まで）

　フランスは，フランス革命以来，これまで国民投票を28回実施していることから，政府主導型国民投票の大国と位置づけることができる。そして国民投票の実施時期は，①革命期，②ナポレオンⅠ世・Ⅲ世の時代，③第二次世界大戦後，④ド・ゴール大統領の10年間，⑤ド・ゴール以降の第五共和制の5つに分けられる［Morel 68］。

　　注）　第五共和制までのフランスの国民投票の沿革については，［Bogdanor d］［Hayward b］［Morel］［樋口］［福岡］を参照した。

1.1　革命期からナポレオンⅠ世・Ⅲ世の時代まで

　革命期の国民投票において特筆すべき点は，新憲法を制定する国民投票（憲法制定レファレンダム）が史上初めて実施されたことである。第1回の国民投票は，1793年8月4日に，ジャコバン派の作成した1793年憲法の採択を投票案件として実施されたものである。投票結果は，圧倒的な賛成多数であり，それによって，当該憲法は承認されたのであるが，反革命干渉戦争のために，同憲法は一時的に停止されたまま，結局執行されなかった。

　続いて，1794年7月のテルミドール反動によって，ジャコバン派が追放された後は，国民公会において穏健革命派主導で，1795年憲法が制定される。1795年9月に実施された第2回の国民投票は，同憲法の承認を投票案件とするものである。なお，同日に「議会の3分の2が自動的に再選されること」の承認を求める国民投票が実施されている。

　1795年憲法の体制は政治的に不安定で，クーデターが続いていたところ，これを収束したのが，ナポレオン・ボナパルトであった。ナポレオンは，ブリューメルの18日（1799年11月18日）のクーデターで政権を掌握すると，

1799年憲法を制定し，その承認のための国民投票（1800年2月の国民投票）を実施した。しかしながら，同憲法は既に執行されており，国民投票は，同95条に基づいて自己の権力の正統化のために行われたものである。つまり，ナポレオンは，「力によって得た権力の正統化を，王朝的正統性原理の中にではなく，フランス革命の正統性原理の中に求め」［樋口134］て，国民投票を実施した。続いて，ナポレオンは，自らを終身頭領とすることを問う国民投票（1802年8月実施），さらに世襲の皇帝になることを問う国民投票（1804年実施）を行う。しかし，これらの国民投票は，憲法上の根拠なくして実施され，また，質問内容もナポレオン個人に対するものであることから，プレビシットの原型をなすものであった［福岡101］［乗本］。

　注）　フランスのプレビシットについては［樋口140］を参照せよ。

　革命期から，ナポレオンⅠ世の時代に至るまでは，憲法上いくつかの直接民主制的要素が規定されたが，ほとんど実施されず，実際に行われたのは，憲法制定レファレンダムとプレビシットだけであった。プレビシットとしての国民投票は，その後，ナポレオンの百日天下の下で行われた，帝国憲法付加法についての国民投票（1815年5月実施），ルイ・ナポレオン（ナポレオンⅢ世）のクーデターの承認についての国民投票（1851年12月実施），ルイ・ナポレオンの帝位承認についての国民投票（1852年11月実施），1870年憲法についての国民投票（1870年5月実施）と続くのである。

　注）　［福岡99］は，1852年国民投票の投票案件を，憲法改正の承認とする。

1.2　第三共和制

　続く1875年に成立した第三共和制の憲法は，代表制を採用し，議会の絶対的な優位が確立されたが，逆に国民投票，大統領公選制等の直接民主制的要素（憲法に明文の規定のある解散権の行使も含めて）は徹底的に排斥された。その原因は，1つには，上述のとおり，2つの帝政の体験によるプレビシットへの警戒感があったこと，および第三共和制の安定期に，ブーランジェ将軍のプレビシット・反議会運動（1888～1889）の挑戦を受けたことにある。それによって，国民投票は一種のタブーとなったのである［樋口151-152］。

1.3 第二次世界大戦後

　第二次世界大戦後，フランス共和国臨時政府が成立した時に，最初に問題となったのは，「第三共和制の憲法が効力を有するか」という点であった。臨時政府の首班ド・ゴールは，1945年10月に2つの投票案件についての国民投票（1945年国民投票）を実施した。第1問は，「国民投票と同日に行われた選挙を憲法制定議会の選挙とするかどうか」であり，これが肯定されると，第三共和制に復帰するのではなく，新憲法を制定することになる。第2問は「新憲法を制定する場合，憲法制定議会の権能を制約する別記の法律案に賛成するか否か。」であった。投票率は79.1％で，第1問は96％の賛成，第2問は66％の賛成で承認された。

　　注）　投票案件の邦訳は［樋口201］を採用した。

　選挙によって選出された憲法制定議会は任期7ヵ月とされ，（三党政といわれる）社会党，共産党，および人民共和派の勢力が強かった。新憲法案（第一次草案）は社会党と共産党の賛成（人民共和派は反対）で採択され，国民投票に付された。第一次草案については，1946年5月に国民投票（1946年5月の国民投票）が実施されたが，投票率79.6％で，賛成47.2％，反対52.8％で，史上初めて否決された。この結果を踏まえて，第二次憲法制定議会が選出されると，ここでも，三政党の勢力は強かったが，今度は三党間の妥協が成立して，第二次草案が採択され，同年10月に国民投票（1946年10月の国民投票）に付された。この憲法制定レファレンダムは，投票率67.6％，賛成53.2％，反対46.8％でかろうじて採択され，第四共和制が発足した。しかしながら，こうした投票結果が第四共和制憲法の正統性の弱さを示していることは明らかであった。ここに，賛成票の割合は，制定された憲法の正統性および運営の安定性のバロメーターとなることが，示されている。

　第二次世界大戦直後の国民投票の特徴としては，第1に，ド・ゴールの影響力の強さを挙げることができる。1945年国民投票において，諮問議会（臨時政府の下に置かれた）を構成する諸政党は，同国民投票をプレビシットであるとして反対したが，臨時政府の首班であるド・ゴールは，革命の英雄として党派を超えた威信を有しており，これを押し切って実施してしまった。そして，投票案件に対する強い支持を獲得したのである。また，1946年の2つの国民投票では，大統領制の制定を企図するド・ゴールが，新憲法案に，

反対を表明したために，それぞれ否決および僅差の賛成という結果を招いたのである［樋口 201-203］。第2に，初めて自由な議論のもとで，国民投票が実施されたという点を指摘できる。したがって，賛否も明確に分かれ，1945年国民投票の第1問を除いて，全員一致に近い賛成，という投票結果はなくなった。また，それは，政党の指示とも異なる結果を示していた［Morel 70］。ド・ゴールの影響力が強いとしても，この段階で初めて，自由な民意が反映されたということができる。

第2節　フランスの国民投票の発展—第五共和制における国民投票の制度と運用実態—

2.1　第五共和制成立における国民投票

第四共和制は，ド・ゴールと共産党を排除する中道連合による政権が続いたが，議会における基盤が弱く不安定であった。結局，第三共和制末期と同様に危機的な状況を迎え，1958年5月のアルジェリア独立に反対する軍の反乱をきっかけとして，崩壊した。このとき，政権担当者として迎えられたのが，12年間にわたって野にあったド・ゴールであった。ド・ゴールは，憲法改正手続（憲法90条）の改正に着手し，続いて，1958年9月に第五共和制憲法（1958年憲法）に対する国民投票（1958年国民投票）を実施した。ド・ゴールは，議会ではなく大統領に権力を集中させる方針で，憲法制定に臨んだ。このように，1958年憲法は，ド・ゴールの憲法という色彩が強く，国民投票においては，84.9％という異例の投票率で，しかも，投票者の5分の4が賛成票を投じるという結果となった。これは，軍の統率とアルジェリア問題の解決への期待が強く表れた結果である，というべきであろう。

2.2　国民投票の制度

第五共和制の憲法は，11条と89条の2つの国民投票の手続を規定する。なお，後述のとおり，国民投票の手続は後に改正される。

　　注）　第五共和制の国民投票の制度については，［Bogdanor d 50-54］［Morel 70-72］［衆院資料平成18年10月 299-313］［福岡 113-118］を参考にした。

第 2 部　国民投票各論―主要実施国の運用実態―

2.2.1　11条の国民投票の手続

憲法11条1項「共和国大統領は，官報に記載された，会期中の政府の提案または両議院の共同の提案に基づいて，公権力の組織に関する政府提出法律案，共同体の協定の承認を含む政府提出法律案，あるいは憲法には反しないが諸制度の運営に影響を及ぼすであろう条約の批准を承認することを目的とする政府提出法律案を，全て国民投票に付託することができる」と規定する。しかし，この規定は曖昧な部分を含み，大統領の恣意的な運用を可能にする。（条文の訳は，『世界憲法集』初版所収のフランス第五共和国憲法（辻村みよ子訳）によった。）

まず，国民投票の開始権限は大統領にあり，大統領は，①会期中の政府の提案または②両議院の共同の提案に基づいて，国民投票の実施を決定することになっている。しかし，政府または両議院の提案という要件は，大統領の国民投票行使に対するハードルとしては，ほとんど機能していない。すなわち，政府の提案という要件については，大統領が議会多数派のリーダーである場合は，「会期中」という限定条件が付いているとしても，形式的なものになるであろう。コアビタション（cohabitation　保革共存政権）のように，議会多数派と大統領の属する政党が異なる場合にのみ，ハードルとして機能するはずである［Morel 71］。また，議会の提案によって国民投票が実施されたことはなく，この要件も実質的に意味をなさない。

> 注）　国民投票の実施に先立ち，コンセイユ・デタと憲法院の諮問を受けることになっている［福岡 114-115］。

次に，国民投票の対象は，①「公権力の組織に関する」，②「共同体の協定の承認を含む」，③「憲法には反しないが諸制度の運営に影響を及ぼすであろう条約の批准を承認することを目的とする」政府提出法律案である。しかし，後述のとおり，この対象の制限は厳格な運用がなされていない。

2.2.2　89条の国民投票の手続

89条は，憲法改正手続を規定する。これは，国民投票による場合と両院合同会議による議決の場合の2つの方法がある。

第1段階としての憲法改正の発議は，①首相の発議に基づいて大統領が行う場合（政府提出）と，②国会議員が行う場合（議員提出）の2つの方法が

ある。

　第2段階は，国会の議決である。改正案は，①政府提出，②議員提出のいずれであっても，両議院（国民議会および元老院）で同一の文言で採択されなければならない。憲法改正の場合は，45条（通常の法律の場合）のように，両院で文言の不一致が生じた時の規定が存在しないので，元老院が憲法改正に反対すると，大統領はそれを覆すことができなくなるのである。これは，元老院に事実上の拒否権を与えていることを意味する。このため，元老院と敵対していたド・ゴールは，後述のとおり，憲法改正を行なうにあたって，89条ではなく，11条の国民投票を用いたのである。

　第3段階が，国民投票である。①政府提出の場合は，大統領が国民投票を実施するか，両院合同会議による議決（投票の5分の3の賛成が必要）の2つの方法を選択することができる。②議員提出の場合は，必ず国民投票が実施される。89条の国民投票の手続は，11条と異なって，明瞭で解釈上の疑義が生じないが，実際はこれまで1回しか実施されていない。

2.3　第五共和制の国民投票の運用
2.3.1　ド・ゴール大統領の時期

　第五共和制成立以降，ド・ゴールは4回の国民投票を実施した。その国民投票は，目的において2つに分けられる。

　　注）この区分は［Walker］による。

(1)　アルジェリア問題についての国民投票

　ド・ゴールは，アルジェリア問題の解決を期待されて大統領に就任したのであるが，新憲法制定後も，この問題は膠着状態が続いていた。さらに，ド・ゴールは，国内の様々な政治勢力によって包囲されていた。左翼勢力は，緊縮財政を批判し，中道政党は「反米・反欧州・反国連」を謳うド・ゴールの政治姿勢に不満を表し，極右はアルジェリアに対する宥和政策を攻撃していた。ド・ゴールは，アルジェリアをフランスの支配下に置くために戦争をする権限を有していたが，あえてそれをしなかった。というのは，大統領に就任した1958年の時点においては，国民の4分の3がアルジェリアをフランスの領土とすることを支持していたが，1961年の時点においては，国民の多数がアルジェリアの独立を支持し，戦争を忌避する感情が強かったのである。

彼は，このような国民感情を利用して，アルジェリアの独立に対する国民投票を実施することによって，政治的な危機を乗り越えようとしたのである[Walker 24-26]。

1958年から1962年までは，ド・ゴールの人気の絶頂期で，カリスマ的地位も高かった。このため，議会および政党は，国民投票の実施に全く反対できず，唯一の反対勢力は軍部のみという状態であった。1961年1月に，「アルジェリアにおける民族自決政策および自決前まで公権力を組織すること」を投票案件とする国民投票（以下「1961年国民投票」という。）が実施された。投票率73.8%で，賛成75.0%，反対25.0%と圧倒的多数で承認された。ド・ゴールは，政治的に勝利し，議会も徐々にアルジェリア独立反対の見解を変えるようになる[Walker 26-28]。

この国民投票の結果をうけて，ド・ゴールは，アルジェリア独立運動との交渉を開始したが，アルジェリア独立に反対する勢力はOASを結成する。1961年4月には，アルジェリアを反乱軍が急襲して，フランスは政治的な危機を迎える。ド・ゴールは，4月23日の演説で，反乱軍とそれを指揮する将軍を非難し，これを世論が強く後押ししたことから，反乱軍は孤立し，態度未決定の軍人はド・ゴールを支持するようになった。そして，この時点で，アルジェリア問題の最終的解決策は，アルジェリアの独立しかないことが明らかとなり，フランスとアルジェリアの間において，1962年3月にエビアン協定が締結された。そして，同年4月には，「エビアン協定の承認および同協定の規定を履行する権限をド・ゴールに与えること」を投票案件とする国民投票（以下「1962年4月の国民投票」という。）が実施された。ほぼ全ての政党が賛成したこともあって，投票率75.6%，賛成90.6%という驚異的な数字で承認される。

しかしながら，エビアン協定承認の国民投票は，不必要なものであった。政治的にみると，国民の多くは，ド・ゴールのアルジェリア政策を支持していたし，大多数の政党はアルジェリアの独立を支持していた。また，同国民投票は憲法11条の手続に従って，実施されたのであるが，エビアン協定の承認は，11条が規定する国民投票の対象となっていない。つまり，同国民投票は，ド・ゴールが自分の政策の正統化および自己の権限強化のために実施したものであった。2つのアルジェリア問題についての国民投票は，投票前に

「投票案件が承認されなければ, 辞職する」とド・ゴールが国民に恫喝していたことからも分かるように, プレビシット色が濃厚なものであった[Walker 28-32]。

(2) 議会・政党との権力闘争のための国民投票

アルジェリア問題の国民投票で, 自己の政治的基盤を強化したド・ゴールが, 次に狙ったのが, 大統領の直接公選であった。それは, 来るべき1965年の大統領選挙での落選を回避し, 諸政党による議会中心の政体の復活を回避するという2つの目的があった[Morel 174]。1962年9月に大統領の直接公選を投票案件とする国民投票の実施を表明すると, 議会とド・ゴール派以外の諸政党は, 全て激しく反対した。確かに, 1958年憲法は, 制定当初から, 大統領を中心とした政体であるのか, それとも, 議会制を中心とした政体であるのかは, はっきりしなかったことは事実であったところ, 政党がおそれたように, この国民投票が承認されると, 議会の政治的権力が弱まるのは明らかであった。

そして, 当時, この国民投票には重大な手続的な問題点が指摘されていた。それは, 憲法改正を投票案件とするにもかかわらず, 本来憲法が予定する89条ではなく, 11条の手続による実施が予定されていたことであった。上述のとおり, 89条の手続によれば, 議会による審議と議決を経る必要があることから, ド・ゴールは11条の手続を選択したのであった。もちろんこれに対しては, 憲法学者から疑義が表明され, 議会もポンピドー政府の不信任案を可決して, これに対抗するのであるが, ド・ゴールは議会を解散し, 国民投票を実施してしまう。

この国民投票で, 国民に与えられた選択肢は, 第四共和制で失敗した議会中心の政治に戻るか, それとも, ド・ゴールの下で強いリーダーシップが発揮される大統領制度に移行するかというものであった。そして, ド・ゴールはここでも, 国民投票が否決されると, 自分が辞職する旨を公言し, 国民に対する恫喝を行っていた。つまり, この大統領直接公選の国民投票では, 体制の選択とド・ゴール個人の支持が問われていたのである。プレビシット的要素はこの国民投票でも濃厚であった。

1962年10月28日に, 大統領直接公選についての国民投票(以下「1962年10月の国民投票」という。)は実施された。投票率は, 77.0%と比較的高かった

が，賛成は62.2％と，これまでのド・ゴールの国民投票の中では最も低い数字であり，有権者全体に占める割合も47.9％と過半数を割っていた。この数字を1958年の国民投票の67.7％と比べると，20％も賛成票を減らしていることがわかる。これは，投票者の，ド・ゴールに対する不安が表れたものと評価することができる［Berstein］。ド・ゴールにとっては，「苦い勝利」であったことは疑いない。しかしながら，ド・ゴールは，政治制度としては，彼の希望するものを手に入れることができたのであり，さらに，大統領の直接公選の導入は，フランスの政治状況，とりわけ政党に大きな影響を与えることになった［Walker 32-36］。

　1962年10月の国民投票で，注目すべき点は，国民投票実施の手続的瑕疵に対しては，裁判所がフィルターとして機能しなかったことである。同国民投票で可決承認されると，当該憲法改正に対して，違憲審査が憲法院に申し立てられた。しかし，憲法院は，その訴えについて判断する権限を持たないとして，却下した。憲法院が，国民投票の手続が違憲であるかどうか，という問題の実質に立ち入らなかった理由は，対象となる法が，議会が制定した法ではなく国民投票によって成立した法であることであった。国民投票によって成立した法が，主権者である国民の意思が直接表明されたものである以上，憲法院は，その国民の意思と対立することを避けたのであろう。

　　　注）くわしい議論は［樋口 238-239］を参照されたい。

　憲法改正に基づいて，1965年に最初の大統領選挙が実施された。ド・ゴールは，第1回選挙で圧勝するであろうという予想に反して，過半数を制することができず，ミッテランとの第2回選挙において，54.5％を獲得して（ミッテランは45.5％）当選した。第2回選挙に持ち込まれたという事実は，ド・ゴールに対する人気と信頼に翳りが出てきていることを示していた。そして，続く1967年総選挙では，ド・ゴール派は，過半数をわずかに超える議席しか獲得することができなかった。そうした中で，1968年の5月危機を迎えることになる。ド・ゴールは，労働者と学生の不満の爆発を，国民投票を実施することによって抑えようとしたが，そのアピールは，国民を納得させることができなかった。結局，ポンピドー首相の尽力によって国内の争乱を何とか抑えたド・ゴールは，国民議会の解散と総選挙に打って出た。1968年6月の総選挙は，秩序の回復と共産主義の脅威を訴えたド・ゴール派の圧勝

であった［Walker 37-38］。

　ところが，ド・ゴールは，総選挙での勝利の後で，「地域圏の設置と元老院の改革」を投票案件とする国民投票（以下「1969年国民投票」という）の実施を決定する。議会においてはド・ゴール派が圧倒的多数を占めていたにもかかわらず，なぜ，ド・ゴールは国民投票を実施しようとしたのであろうか［Walker 40-41］。それは，第1に，国民投票によって，自己の権力基盤を強化する必要があったことである。1968年5月の危機を収束し，総選挙の勝利を導いたのは，ポンピドーであると広く認識されていたことから，ド・ゴールは自己の政治求求心力の衰えを自覚していたのであった。第2に，自己の政敵の巣窟であった元老院を改革して，権力を奪う必要があったことである。ド・ゴールが，国民投票に適する争点を求めていたことは事実であるが，議会からの権力奪取は，彼の政治的目標の1つであったことは疑いがない。新設が予定される地域圏においては，反ド・ゴール派が多い地方名望家が排除され，地方の官吏と様々な社会・経済・文化層の代表から任命されることになっていた。同様に，元老院も，国民によって直接選出されるのではなく，様々な代表から構成される評議会から任命され，しかも，決議に拘束力のない単なる諮問機関に格下げされてしまうのであった。

　ド・ゴールはここでも，否決された場合は，辞職する旨を公言していたが，投票結果は，ド・ゴールの敗北に終わった。投票率80.6％と高い投票率で，賛成46.82％，登録有権者に占める割合は，36.69％と，第五共和制において初めて否決された国民投票となった。この国民投票は，ド・ゴールが信任投票として実施した意図とは，逆に，彼に対するリコールとなり，彼はその結果を受けて，大統領を辞任した。つまり，ド・ゴールの経済政策に対する不満が，彼の支持層の票を減少させ，また，ポンピドーが，後継の意思を早くから表明していたこともあって，ド・ゴールの恫喝は，効き目がなかった。ド・ゴールは，世論調査から否決を予想していたにもかかわらず，あえて実施したことから，アンドレ・マルローは，1969年の国民投票を「大統領の自殺としての国民投票」と呼んだ（cited in ［Hayward a］）。ド・ゴールは，国民投票によって，権力の基礎を固め，それによって権力を強化し，最後は，国民投票によって，権力の座から去っていったのである［Walker 42］。

2.3.2 ド・ゴール以降の国民投票

ド・ゴール以降のフランスの国民投票は，頻度も低く，全く異なる運用を見せるようになる。まず，ド・ゴールの後継者である，ポンピドー大統領は国民投票を任期中に1回だけ実施した。1972年4月，ポンピドーは，イギリス・デンマーク・アイルランドがECに加盟すること，すなわちECの拡大を内容とするローマ条約を投票案件として，国民投票（以下「1972年国民投票」という）を実施した。この国民投票は，11条の手続によって実施されたのであるが，その投票案件は，同条が規定する投票対象である「憲法には反しないが諸制度の運営に影響を及ぼすであろう条約の批准を承認する法律案」に厳密には該当しない。フランス自体の加盟ではなく，他国の加盟が問われている以上，少なくとも，直接的に「諸制度の運営に影響しない」ことは明らかである。つまり，ポンピドー大統領は，実施の必要性の薄い国民投票に，別の効果を期待したのである。

それは，第1に，他のEC諸国およびその指導者に対して，自分がド・ゴールとは異なって，「良き欧州人（good European）」であること，そして，それを全国民から期待されていることを示すことであった。第2に，そうした期待を担っていることを，国民投票で示すことで，自己の権力基盤を強化しようとしたことであった。第3に，左翼諸政党の分裂を際立たせたことであった。当時，社会党はECを支持していたが，共産党はECに対して敵対的であったのである。このように，自己の権力基盤を強化するための手段として，国民投票を利用しようとした，という点では，EC拡大の国民投票には，プレビシットの残滓が含まれていたということができる［Bogdanor d 54］。

投票結果は，投票率60.7％，賛成67.7％，有権者の賛成率は，36.1％と低かった。このため，ポンピドー大統領の所期の目的は達成されなかった。国民の多くが，国民投票実施の理由を十分に理解しないで，投票したことが観察される。

続くジスカールデスタン大統領は，国民投票を一度も実施しなかった。彼は，政治的な基盤の弱さから，議会と融和的な立場を取り，議会を飛び越して国民と直結するスタイルを取らなかったということができる［福岡 108］。このため，国民投票は16年間という大きな空白期を迎えるのである。

ミッテラン大統領は，国民投票を在任中に2回実施する。まず，1988年2月にニューカレドニアの地位についての国民投票（以下「1988年国民投票」という。）が実施される。この国民投票は，手続的にはロカール首相の提案によって実施されたことから，形式的要件は整っているが，「アルジェリア民族自決」・「EC拡大」と同様に，本来，国民投票の対象とはならない投票案件に対するものであった［Bogdanor d 55］。ミッテラン大統領は，白人とミクロネシア系住民の紛争の解決策を国民全体に問い，正統性を獲得しようという意図を持っていた。また，この国民投票の隠れた意図としては，大統領の地位の強化を狙っていたとの見解［福岡109］もあるが，再選の6ヵ月後であることを考えると，やや説得力に欠ける。投票率は，36.9%で，棄権の割合が高く，賛成率80.0%にもかかわらず，有権者の中の賛成率は26%に止まった。棄権率の高さは，この年すでにフランス国民が6回も選挙をしたことによる「投票疲れ」と，投票案件が難解で国民の関心を呼び起こさなかったことが原因であろう。16年ぶりの国民投票は，このように盛り上がらないまま，実施された［Bogdanor d 55］。

　続いて，ミッテラン大統領は，1992年にマーストリヒト条約（欧州連合条約）の承認を投票案件とする国民投票（以下「1992年国民投票」という）を実施する。ところで，マーストリヒト条約は，憲法院によって，違憲と判断された部分が存在したことから，「憲法には反しないが」諸制度の運営に影響を及ぼすであろう条約の批准という，国民投票実施のための要件を満たすことを目的として，憲法89条の両院合同会議の方式により，該当部分の憲法改正がなされた［奥島・中村］。そして，それを受けて，マーストリヒト条約の承認についての国民投票は，11条の手続によって実施された。

　ミッテラン大統領の選択肢としては，89条を使って，憲法改正部分だけの国民投票を実施することもできたはずである。しかしながら，ミッテランは，デンマークが同条約を否決した数日後に，条約全体を対象として11条の国民投票を行う声明を出したのである。確かに，同条約については，諸外国も批准のための国民投票を実施していることからわかるように，国内の政治・経済・社会に与える影響は極めて大きく，国民投票を実施するには，正当な理由があるということができる。しかし，国民投票実施にはミッテランの隠れた意図が存在していたことも事実である。1つは，ポンピドー大統領と同様

に,「良き欧州人（good European）」であることを外国に示すことである。国民の強い支持を背景にして，ドイツを抑えてフランス主導で欧州統合を促進し，統合の立役者となるつもりであった。また，国内的には，1972年のEC拡大の国民投票時の左翼と同様に，右翼諸政党が欧州統合について分裂していたことから，その分裂を際立たせようという意図があった［Bogdanor d 55-56］。

実際，国民投票の実施を決断した時点では，有権者の3分の2がマーストリヒト条約に賛成を示していたことから，ミッテランの意図は十分に達成されるように見えた。しかしながら，同条約に反対する陣営（極左・共産党・国民戦線・一部のRPR）によって激しい選挙運動が展開され，賛否はギリギリまで接近し，三大政党（PS・UDF・RPR）の支持層は分裂していた。また，1992年3月の総選挙では，国内の高等教育を受けた層と，欧州統合を敵視する高等教育を受けていない層の間の対立が示されたが，当該国民投票にもその対立が表れていた［Morel 75］。

投票は1992年9月に実施され，投票率は69.8％，賛成51.0％，反対49.0％，有権者に占める割合は34％となり，国内の分裂を反映した結果となった。ただし，結果に拘束力のある国民投票であるので，フランスは欧州統合に向かって進んでいくことを内外に示すことになった。そして，高い賛成の割合を得られなかったことから，ミッテランの目論見は達成されなかった。

シラク大統領は国民投票を2回実施した。まず2000年9月に，大統領の任期を7年から5年に短縮する憲法改正案についての国民投票（以下「2000年国民投票」という。）を実施した。この国民投票は，本来の憲法改正規定である89条の手続によって実施された唯一のものである。賛成73.1％であったが，投票率は30.5％と過去最低を示した。おそらく，この低い国民投票の原因は，有権者が，結果がわかり切っている内容について，投票することを回避したことにあると思われる。スイスの義務的レファレンダムの低投票率と同じ現象であると推測される。

2005年にシラク大統領は，欧州憲法条約の批准を投票案件とする国民投票（以下「2005年国民投票」という。）を実施した。これは，憲法11条に基づくものであり，ミッテラン大統領が行ったマーストリヒト条約の承認のための国民投票を先例として実施されたものとみることができる。欧州条約の批准手

統としては，議会による批准という方法もあったが，あえて国民投票を選択した理由としては，2002年の大統領選挙の公約であったこと，諸外国の多くも国民投票を実施していること，1992年国民投票が僅差であったことから，EUが新しい段階に入るためには，国民投票で明確な賛成を得て正統性を得る必要があったことが挙げられる。しかしながら，ミッテラン大統領と同様に，シラク大統領にも隠れた意図があった。それは，社会党および左翼全体の分裂を際立たせることである。社会党は，党の政策としては，欧州条約の批准に賛成していたが，ファビウス前党首をはじめとして，有力者が反対を表明して，党内は分裂状態であった。一方，シラク大統領が，回避したい点は，もちろん否決によって欧州統合にブレーキをかけることであったが，それ以外に，右派政権による国内政治への批判が国民投票に集中すること，およびそれによって自己の求心力が低下することであった。

注）2005年の国民投票の経緯および政党内の対立の状況については，[Hainsworth 98-105] および平成国際大学入稲福智助教授のホームページ (http://eu-info.jp) における欧州憲法「フランスの批准見送り危機」の項を参考にした。

2005年の国民投票の結果は，投票率69.3％で，賛成45.3％，反対54.68％と大差で否決された。シラク大統領の欧州統合推進という目標は達せられなかった。また，反対票は，EUの東方拡大への不安，国内の治安といった内政に対する批判が吹き出たものとなっている。否決を受けて，ラファラン首相が更迭され，ドビルバン首相が就任した。シラク大統領への逆リーダーシップ効果が現れたと評価することができる。ただし，1992年の国民投票とは異なり，支持者の60％近くが投票案件に反対していたこと [Hainsworth 106] からわかるように，社会党の分裂には成功した，ということができる。

第3節　フランスの国民投票の機能

　第五共和制成立以降のフランスの国民投票は，どのような意図から実施され，また，実際にいかなる機能を発揮したのかを以下分析したい。
　第1の機能は，大統領による権力の補強である。ド・ゴールが，これを十分に利用したことは既に述べたとおりである。一方，ポンピドーとミッテランは，自己の地位と国民投票の結果の結びつきを避けようとしたが，提案し

た改革が承認されることを通じて，間接的に自己の地位を強化しようとした。大統領が，国民投票をこの権力補強として利用しようとする原因は，改正前までは，大統領の任期が7年と長いことにあったと思われる［Bogdanor d 56］。

　しかし，結果的にみると，この権力補強の機能が発揮されたのは，ド・ゴールの最初の3回の国民投票（1958年・1961年・1962年4月の国民投票を指し，以下「ド・ゴールの前期国民投票」という。）だけであった。このときは，①高い投票率，②圧倒的な賛成票，③大統領の役割が中心的争点であったこと，という3つの要因が，地位の強化を後押ししたことがわかる。ところが，1962年10月は，ド・ゴールの人気の翳りを示し，1969年はド・ゴールの辞職を招いた。1972年の結果をポンピドーは敗北とみていたし，1992年は僅差の承認であり，1988年と2000年は低投票率から，いずれも大統領の地位の強化は達成されなかった。

　この権力補強機能を国民の側からみると，国民投票において，大統領に対する信任投票を実施していることになる。1969年のように大統領が投票結果と自己の地位をはっきりと結びつけている場合は，国民投票はリコールとして機能する［Bogdanor d 57］。また，国民投票を通して大統領や政府に対する不満を表示することが可能である。実際，1969年の国民投票では，投票者の投票案件に対する賛成・反対の理由は，複数回答で次のようになっていた［Wright 160］。

　　　賛成の理由
　　　　　ド・ゴールを支持する。　　　60％
　　　　　危機を回避する。　　　　　　46％
　　　　　地域圏の改革を支持する。　　36％
　　　　　政府を支持する。　　　　　　22％
　　　　　元老院の改革を支持する。　　19％
　　　反対の理由
　　　　　政権の交代をもたらす。　　　47％
　　　　　ド・ゴールに反対する。　　　32％
　　　　　政府に反対する。　　　　　　31％
　　　　　元老院の改革に反対する。　　27％

地域圏の改革に反対する。　24％

1988年国民投票においても，ミッテランが国民投票の結果と自己の地位を結びつけないように呼びかけても，反対票の理由には「反ミッテラン」が多かったのである［Criddle 236-238］。すなわち，この点，国民投票が大統領選挙および議会選挙の代替的機能を営んでいることが分かる。

第2は，政策の正統化機能である。第1の機能同様に，正統化の程度は，投票率と賛成票の割合による。ド・ゴールの前期国民投票は，政策の正統化を十分に発揮した例である。逆に，第四共和制の憲法制定レファレンダムは僅差で承認されたために，十分な正統性を獲得することができず，その後の運用においても安定性を欠いていたことを想起して欲しい。また，紛争解決機能を併せて発揮する場合がある。これらのド・ゴールの前期国民投票によってアルジェリア危機は，完全に収束した。さらに，欧州統合問題も，国民投票によって各時点での決着がついたということができる［Morel 87］。

第3は，制度形成機能である［Bogdanor d 58-59］。ド・ゴールの行った国民投票は，フランスの統治構造と政党に大きな影響を与えた。アルジェリア問題についての国民投票は，極右の過激派の主張が国民の支持を得ていないことを示すことによって，彼らの発言を封じ込め弱体化させることに成功した。そして，1962年10月の国民投票は，アルジェリア問題解決のための暫定政権かと思われた，ド・ゴール政府の政治的基盤を強化し，併せて，妥協の産物であるところの第五共和制を，はっきりと大統領制へと方向づけたのである。そして，1962年10月の国民投票以降，大統領直接公選によって，従来の多党政府ではなく，1つの党が政権を支配するようになった。これら3つの国民投票は，各政党に，大統領選挙で勝利を目指す政党への変革を迫るようになり，左右二極の政党制の形成に寄与した。

その他に大統領が狙った機能としては，大統領が，政党間の協力を分断し，対立を際だたせるために国民投票を実施することがある。たとえば，1972年，1988年，1992年国民投票はこのような意図の下に実施された。この点，前期イギリスの国民投票が，党内対立を回避するために実施されたこととは，事情が全く異なる。おそらく，イギリスの場合は，議院内閣制であり，議会における国民投票執行法の成立を条件として実施しなければならないが，フランスは議会がハードルとして機能していないことから，このような意図で実

施されたのであろう。しかしながら，上述のとおり，必ずしも政党間の協力を分断するという結果が得られるわけではない［Appelton］。

第4節　フランスの国民投票の問題点と改革

　フランスの国民投票の最大の問題点は，その実施におけるコントロールの強さである。まず，これまでみてきたように，実施の有無を自由に，自己の有利になるように決定することができる。実施時期についてみると，ド・ゴールは，第五共和制において，1958年から1962年までの間に4回という，高い頻度で実施していることがわかる。特に，アルジェリア問題を2回も実施する意味は乏しかったと思われる。

　実施対象については，ド・ゴール，ポンピドー，ミッテランとも，厳密には11条が規定する対象に該当しないものを取り上げている。さらには，ド・ゴールは憲法改正を89条ではなく，11条の手続によって実施している。また，内容的にみると，マーストリヒト条約および欧州憲法の批准は真に国民に問うべきものであるとしても，1963年のNATO脱退，1974年の投票年齢の引き下げといった，それに匹敵する多くの重要な争点は，国民投票の対象となっていない。また，ド・ゴールは，イギリスをECから閉め出すことを国民投票なしで決定したが，ポンピドーはそれを国民投票に問うている。そして，運用上特に問題があるのは，投票案件の設定である。1961年国民投票の「アルジェリアにおける民族自決政策および自決前まで公権力を組織すること」，および1962年4月国民投票の「エビアン協定の承認および同協定の規定を履行する権限をド・ゴールに与えること」という投票案件は，関連するが厳密には異なる争点を組み合わせたものである。さらに，1969年国民投票の「地域圏の設置および元老院の改革」は，提案者ド・ゴールにとっては関連性があるとしても，国民にとってはその結びつきを十分に理解できない争点を組み合わせている。しかも，この投票案件は，専門的で，その文言自体も難解なものであった。

　国民投票が，ある争点についての正統性を獲得するための手段であるとするならば，必要な対象を適切な時期に，国民の理解しやすい投票案件を提示して行い，そして，それが先例として確立されなければならないはずである。

第5章　フランスの国民投票

そういう視点でみると，フランスの国民投票は，一貫性を欠き，大統領の恣意によって運用されていることがわかる。しかも，これに対して，議会がハードルとして全く機能していない。また，1962年10月の国民投票にみられるように，裁判所もフィルターになっていないことがわかる。

選挙運動も，大統領・政府のコントロールが強い［Morel 78-79］。賛否両陣営に対する公平な選挙運動の保障という点では，かなりの問題がある。1969年国民投票は，有権者への一方的な情報提供という点で，まさに行政権の濫用というべきものであった。公的機関は「賛成」の選挙運動のために用いられ，全有権者にはド・ゴールからの投票案件に対する説明の手紙が配布され，テレビ・ラジオは賛成の結果が出るために奉仕しているような状態であった［Frears a 244］。

このような問題点に対しては，改革案が出され［福岡 119-122］，また憲法改正が行われた。シラク大統領は，1995年に国民投票に係る憲法改正を実施した。第1の改正点は，国民投票の対象の変更であり，従来の3つの対象のうち「共同体の協定の承認を含む政府提出法律案」が削除され，「国の経済または社会政策およびそれに貢献する公役務に関わる改革」が追加された。これについては，経済・社会に対する改革法案を，大統領主導で国民に問うとすれば，事前に利益調整をどのように実施するのか，というアメリカのイニシアティヴと同様の問題点が指摘される。また，文言を見る限りでは，国民投票の対象はむしろ無限定に拡大されたという印象を与える。

　　注）［福岡 123-124］は，この改正によって，改革の大綱だけを定める，諮問投票（助言型国民投票）になる可能性を指摘する。

第2の改正点である「議会の事前討論の保障」は，投票案件の拡大に対する歯止めとして，追加されたと思われる。つまり，「国民投票が政府の提案に基づいて組織される場合，政府は，各議院でその意思を説明し，それは討論に付される。」という文言（11条2項）が追加されたのである。問題は，それが実際に大統領の恣意的運用のハードルとして，機能するかどうかである。明文化されたことによって，政府の提案がなされると，その内容・合憲性・投票案件の文言等が審査されることになり，議会の討論の過程において，政府が修正に応じることはありうる。しかし，修正に応じない場合は，政府に対する問責動議を可決する以外に対抗策はなく［福岡 124］，しかも，可決

177

しても，国民投票の実施を中止することはできない。つまり，議会の事前討論はハードルとしては不十分となるであろう。

なお，2003年に憲法が改正され，「憲法院による国民投票の適法性の監視」が追加されたが，これは，国民投票に対するフィルター強化の一環であると思われる。

第5節　フランスの国民投票における投票行動

フランスにおける国民投票の投票率は，一般に高いということができる。1972年と1988年を除いて，国民投票の投票率は，直近の大統領選挙および議会選挙より数ポイント高いことが示されている。逆に，第五共和制以降の国民投票において盛り上がらなかったものは，1972年，1988年，2000年の3つであった。一般に，国民投票における棄権は，①無関心，不満を示したいという欲求が表れた場合，②無能力ないしは選択肢が難解か判別しがたい場合に表れる［Morel 175］。上述のとおり，この3つの国民投票の棄権の多さは，①の場合，つまり，EC拡大・ニューカレドニアの地位・大統領の任期の短縮という争点に対する関心が低いことを原因とするものである。また，ド・ゴール時代の国民投票のような，ドラマ性や信任投票の色が欠けていたことも原因であると推測される。

次に，投票の鍵としての政党については，第二次世界大戦後のフランスの国民投票に対する各種の調査と研究は，フランスの投票者のうち，支持政党の見解に反して，国民投票に投票する割合は，10ないし15％と比較的低いことを示していた。このような政党の指示に反する行動の原因は，1969年までは，ド・ゴールの推薦に従ったことにあるとされる。この割合から外れる例としては，1961年には，投票者の4分の1，同じく1962年には3分の1が政党の指示に反し，逆に，1988年は政党の指示に反する割合が非常に低かった。

しかし，1992年国民投票になると，そもそも，政党の推薦に従わない投票者の割合自体が大きくなり，それは，三大政党ごとに，それぞれ，PS（18％），UDF（31％），RPR（49％）という数字に表れている。ここから明らかなように，フランスの投票者は，国民投票に際しては，政党の指示に従わない傾向が顕著になってきている［Morel 76］。

第5章　フランスの国民投票

　投票者が政党の支持に従わないで投票したからといって，投票案件に対する自己の見解をストレートに反映させているとは限らない。投票案件が実現した場合に生じる効果とは別のことを考慮して，投票することがある。モレルは，フランスの投票者が戦略的な投票行動をとっているとする［Morel 77］。特に，ド・ゴールが実施した国民投票の際には，この戦略的投票が強く表れている。投票者は，政治危機を回避（アルジェリア紛争の場合）し，前の時代に戻ること忌避（第五共和制の憲法制定）して投票したのである。そして，ド・ゴールが辞職をちらつかせると，他に代わりになる者がいない場合は，投票の大きな動機となる。実際，ポンピドー大統領までは，投票案件の否決と大統領の信任がセットになっていたのであるが，ミッテラン大統領が，1992年の国民投票が否決されても，自分が辞職しない旨の声明を出したことは，国民投票の運用の1つの進歩とみることができる。たしかに，政府主導型国民投票の場合，国民投票が信任投票的要素を帯びることは，ある程度避けられない。しかし，1992年国民投票における，投票の動機が，マーストリヒト条約そのものに対する賛否にあったことは事実である。

　　注）　ただし，ミッテランの当時の支持率は26％前後であったので，ミッテランの不人気が否決に作用する可能性があった。逆リーダーシップ効果をおそれた例の1つである。［Bogdanor d 58］）
　　注）　1992年の賛成票の88％は同条約を強く支持し，反対票の97％は同条約に反対して投票したことから，運用を重ねることによってプレビシット性が薄まってきたということができる。
　　注）　ただし2005年国民投票は，反シラクの逆リーダーシップ効果が出たということができる。

　つまり，第二次世界大戦後のフランスの投票者は，国民投票によって危機を回避し，一方で，国民投票の濫用の可能性を認識して，時には大統領に濫用を警告し，場合によっては大統領の地位を剥奪した。さらに，本来国民投票で問うべきものではないものを，地位の強化のために実施する場合については，棄権で応じる。しかしながら，欧州統合のように，重大な争点については，強い関心をもって国民投票に臨んでいるのである。フランスにおいては，大統領のコントロールの強さに対して，議会および裁判所ではなく，成熟した投票者が，「最後のフィルター」として機能しているとみることができる。これは，見方を変えると，ド・ゴール時代のプレビシットが，大統領

179

の国民投票行使への対処方法を，国民に学習させたと考えることも可能であろう［Suksi a 45-46］。

第6節 ま と め

　フランスは，歴史的経緯によって，議会がほとんど関与せず，大統領がフリーハンドで実施できる国民投票の制度を形成したが，国民は逆に国民投票に慣れ，プレビシットを拒否するようになり，最終的には，比較的穏健な国民投票の運用を示すようになった。大統領にとっても，間接的な効果を狙うことは別として，自己の進退をかけるには，リスクの高い制度となったのである。フランスの国民投票の運用は，第1部第3章でみたように，コントロールが強いということと，結果が政府に有利であることは異なる，ということを如実に示している。

第6章　アイルランドの国民投票

第1節　アイルランドの国民投票の沿革と制度

　アイルランドは，ヨーロッパではスイス・イタリアに次いで，国民投票の実施回数が多い国である。現行の1937年憲法は，1922年のアイルランド自由国憲法を継承したものであるが，1922年憲法は3種の国民投票を規定していた。それは，①議会の少数派主導型国民投票（47条），②アメリカの間接イニシアティヴ類似の，国民主導型国民投票（48条），③議会多数派主導型憲法レファレンダム（50条）である［Gallagher 86］。しかしながら，1922年憲法の下では，国民投票は一度も実施されなかった。興味深いことに，野党の政争の具となることをおそれた政府は，逆に47条と48条の国民投票を廃止してしまうのである［Luthardt 77］。結局，アイルランドにおいて，最初に実施された国民投票は，1937年憲法の制定時に行われた国民投票である。これは憲法制定レファレンダムである。投票率68.3％，賛成56.5％で承認された［Suksi a 189-190］。

　1937年憲法は，以下のとおり，憲法レファレンダムと法律レファレンダムの2種の議会主導型国民投票を規定する。

(i)　憲法レファレンダム（46条）　憲法改正のための国民投票は以下の4段階の手続を踏んで実施される。①憲法改正案が議会の下院で過半数で議決される。続いて，②同改正案が上院で審査され，承認される（適格取得）。③国民投票が実施され，投票者の過半数の賛成票を獲得する（成立要件）。④大統領が署名し，憲法改正が公布される。このうち②は，ハードルとして機能していない。というのは，上院の60名の定員のうち，11名を首相が任命しているので，与党は下院同様に，上院でも多数を確保できるからである（大統領は形式的な権限しかもたない）。したがって，アイルランドでは，憲法レファレンダムを，議会下院の多数派が賛成す

れば容易に実施することができる。実際，2007年1月までの時点で，憲法制定以来，30回の国民投票が実施されていることからも，そのハードルの低さは理解できる。

また，憲法46条4項は，国民投票に付される憲法改正案には，他の改正案を含んではならないと規定し，シングルサブジェクトルールを保障する。

(ii) 法律レファレンダム（27条・47条）　これは，デンマークの法律レファレンダムに類似する，議会で可決された法案の拒否を国民に問うタイプのもの（議会少数派主導型国民投票）である。発議は，下院の3分の1の賛成および上院の多数の賛成によってなされる。しかし，この国民投票は実施されたことがない。というのは，上述のとおりの上院の議席の構成のために，上院が賛成しないことから，適格取得の可能性が極めて低いからである。したがって，アイルランドの議会主導型の法律レファレンダムは，「凍結された」国民投票となっている。

注）アイルランドの国民投票の制度については，［Kaufmann & Waters 70-71］［Gallagher 87-88］［Suksi a 194-200］を参考にした。

第2節　アイルランドの国民投票の対象

以下，アイルランドの国民投票の運用状況を，その対象ごとに5つに分類して考察していく。

2.1　制度改革

最初の国民投票は，1959年に選挙制度の改革を投票案件として実施された。それは，比例代表制を，イギリス型の小選挙区制に変更するものであった。当時与党で，最大の政党であったフィアナ・フェール党（Fianna Fáil 共和党，以下「フェール党」という。）が，「安定した政権を確保」するという目的で提案したのである。この国民投票は，明らかに，党利党略のために実施されたものであったので，最大野党のフィン・ゲール党（Fine Gael アイルランド統一党，以下「ゲール党」という。）をはじめとして，野党は激しく反対した。また，国民投票は，大統領選挙と同日に実施された。これは，フェール党の

候補者であるドゥ・バレラが，自己の人気を国民投票と結びつけようと狙ったものであった。結局，大統領選挙ではドゥ・バレラが当選したが，国民投票は，賛成48.2％，反対51.8％で否決された。つまり，バレラのリーダーシップ効果は十分に発揮されなかった。

　しかし，僅差の結果に期待を抱いたフェール党は，1968年に再び同一の投票案件で国民投票を実施する。ここでも，安定した政権の確保がその提案理由とされたが，その時点で，フェール党は単独で11年間も政権を担当していたので，前回以上に説得力を有しなかった［Gallagher 90］。その際，同時に，「比例代表において，地方の票を都市部の票より優遇して議席配分を行う」という，憲法改正案が提案された。地方がフェール党の強い支持基盤であったことから，1968年の国民投票の2つの投票案件は，ともに党利党略から提案されたものであることは明らかであった。投票結果は，ともに賛成39.2％，反対60.8％と圧倒的多数で否決される。この国民投票は，選挙制度を政府与党の恣意的な変更から守る機能を有していたとともに，2回目の否決の時点で，国民が比例代表制を支持していることが示された。

　制度改革という，この領域は，国民投票の対象としては比較的多く，選挙制度改革以外は，全て承認されているが，国民の関心が高まらず，低い投票率であることを特徴とする。1972年の投票年齢の引き下げ，1979年の上院議員選出方法の改革（大学卒議員について），1984年の非市民（Non-citizen）への選挙権の拡大が国民に提案された。1999年には，地方政府の権限を強化する旨の規定が国民投票に付されて，賛成多数を得た。

　　注）　1984年憲法改正は，主として，イギリス国籍者を対象とするものである。イギリス在住のアイルランド国民には，投票権が与えられているのに，その逆がなされていないことを理由とする。

2.2　欧州統合

　1972年には，EC加盟の是非を問う国民投票が実施された。EC加盟を規定する条約は，「唯一かつ排他的な立法機関は議会である」という規定（15条2項1号）をはじめとして，多くの憲法の条項と競合することから，こうした競合を回避するために，憲法に新しい条項を追加することは不可欠であった。新しい条項（29条4項3号）は，70.3％という高い投票率の下で，

83.1％の圧倒的な賛成票を獲得することができ，アイルランドは欧州統合に第一歩を記した［Gallagher 91］。

欧州統合への次のステップは，単一欧州議定書（Single European Act 以下「SEA」という。）の批准であった。アイルランド最高裁判所は，Crotty case（1983）において，SEAの批准は，それを許容する憲法の規定（29条）を改正するまでは，できないと判示した。このため，1987年に，29条の改正のための国民投票が実施された［Suksi a 197］。43.9％という低い投票率ではあったが，賛成，69.9％反対30.1％の大差で承認された。この判決によって，これ以降の欧州統合に係る条約の批准には，憲法改正の国民投票が必要となったのである［Kaufmann & Waters 71］。

続いて，1992年6月には，マーストリヒト条約承認の国民投票が実施された。これは，前回の SEA とほぼ同じ比率で承認されたのであるが，後述のとおり，中絶との関係で，批准には多少の不安がつきまとっていた。その後，アムステルダム条約の批准（1998）（［Coakley & Gallagher 81］は弱い EU に対する支持を示すとする。）が承認される。次に，ニース条約の批准のための国民投票が実施されるが，2001年7月の国民投票では，国民に情報が十分に提供されず34.8％という低い投票率で，賛成は46.13％しか得られず，否決されてしまう。2002年10月には，再度国民投票が実施されるが，今度は，投票率49.5％，賛成62.9％を獲得して，何とか承認されるのである。

2.3　道徳・倫理上の問題

イタリアと同様にカトリック国であるアイルランドでは，この領域は主要な国民投票の対象となり，毎回激しい論争を巻き起こしている。

2.3.1　中　絶

中絶についての国民投票は，20年間で5回実施されている。ここで興味深いのは，最初の国民投票（1983年）の内容が「中絶が違法であることの確認」であった点である。この憲法改正案は，プロライフ・アメンドメント（pro-life amendment）と呼ばれ，中絶に反対する勢力の大きな活動目標となっていた。アイルランドでは，1861年以来中絶は違法であったにもかかわらず，中絶に反対する勢力は，議会によって中絶を認める法案が成立するこ

と，あるいは，裁判所によって，中絶禁止が女性権利を侵害するものであると判断されることを懸念していた。1973年のアメリカ連邦最高裁の判決（Roe v. Wade）以来，中絶解禁が世界の潮流になりつつあったことから，憲法に中絶禁止を明記して，議会および裁判所による中絶是認を阻止しようとしたのである。この国民投票の実施は，プロライフ・アメンドメントの成立を目指す，議会外の圧力団体が主導する形になった。これらの圧力団体は，総選挙前に，与党フェール党と野党ゲール党の指導者に，中絶禁止に係る憲法改正の同意を求め，同圧力団体の選挙への影響力の強さを恐れた両党は，憲法改正を支持する旨の発言を行うのである［Bogdanor d 82］。政党は，与党フェール党が賛成，野党ゲール党は分裂し，左翼政党およびリベラルな勢力は反対していた。もちろんカトリック教会は改正案に賛成していた。

投票結果は，53.4％という比較的低い投票率で，賛成，66.9％反対33.1％の大差で承認された。しかし，この改正された規定には，"the right to life of the unborn child" の保障が明記されたが，その意味は曖昧さを含んでいた。すなわち，保護される胎児の解釈によっては，妊娠初期の中絶を是認することもありうるのであった。この改正規定（40条3項3号）の曖昧さは，案の定1993年のX case（レイプされた14才の少女が中絶のためにイギリスに旅行することの差止めを司法長官が求めた裁判で，高裁では差止めが是認された）で問題となった。アイルランド最高裁判所は，①本件のように，中絶が認められなければ女性が自殺するおそれがある場合は，当該規定は中絶のために国外旅行をすることを認めていると判示した。この場合は，また，アイルランド国内での中絶も許容される。一方，②このような場合以外は，女性が（中絶のために）アイルランド国外に旅行する権利よりも，胎児を保護するという原則が優先すると判示した［Bogdanor d 82］。

しかし，①については，中絶禁止を主張するグループからの批判を受け，②については，中絶の合法化を求めるグループからの批判を受けていた。そこで，それぞれの陣営の政党は，新たな憲法改正を，つまり前者は「中絶の絶対的禁止」を，後者は「旅行の自由の絶対的保障」を求めるようになる。ここで，問題を複雑にしているのは，間近に迫ったマーストリヒト条約承認に伴う国民投票であった。条約反対派が，条約の批准によって海外旅行を禁止できなくなり，それは中絶禁止が事実上不可能になることを意味すると，

主張するおそれがあった。しかし，レイノルズ首相は，中絶をマーストリヒト条約の承認に結びつけることを回避して，同条約に係る憲法改正国民投票の後に，中絶に係る国民投票を実施することを公約して，何とか承認を得ることができた［Bogdanor d 84］。

さて，1993年11月にはX caseを契機として，3つの国民投票が実施された。第1は，1983年の中絶規定（40条3項3号）をさらに厳格化した内容に置き換えたものが投票案件であった。これによって，X caseの判決は，覆され，自殺の可能性では中絶は不可能になる。これは，あまりにも厳格過ぎたことから，賛成65.3％，反対34.7％で否決された。第2は，旅行の自由を認める条項について，第3は，国外における中絶についての情報提供を受ける自由について，国民投票が実施された。ともに採択されたが，40％近い反対票があったことから，中絶に対する根強い反対があることが観察できる。

続いて，2001年には，中絶の規制強化の是非を問う国民投票が行われた。この憲法改正には，「妊婦に自殺するおそれがあること」を中絶の理由から排除するという目的があった。投票率42.9％で，賛成49.6％という，ごく僅差（約1万票差）で否決された。

 注）立法技術的にみると，この憲法改正の方法は興味深い。投票案件は「中絶禁止を強化する法律を憲法典の一部に編入すること」であり，法律の内容自体はすでに詳細に示されているが，形式的には国民投票が承認された後，180日以内に下院で承認されることによって成立するというものである。

2.3.2 離　婚

一方，離婚についての国民投票は，プロライフ・アメンドメントについての国民投票が承認された3年後の，1986年に提案された。当時のゲール党と労働党の連立政権が，「結婚の解消を承認するいかなる法律も制定されてはならない。」（41条3項2号）という規定を削除しようとした。この背景には，フィッツジェラルド大統領が率いる憲法改革運動（constitutional crusade）が，法律および憲法を，北アイルランドのプロテスタントが，受け入れやすいものにしようと活動していた事実がある［Bogdanor d 85］。教会はここでも活発に反対運動を展開し，中絶反対のグループも再び，この憲法改正の推進運動に加わった。ゲール党は分裂し，野党フェール党は表面上は中立であった

が，実際は反対していた。ただし，80年代を通じて，離婚の法制化には多くの国民が賛成していたのであるが，反対キャンペーンが功を奏し，投票率60.8%で，反対63.5%と大差で否決された［Luthardt 81-83］。

1995年に再び離婚についての国民投票が実施される。今度は，離婚の絶対的禁止を，「過去5年間のうち4年間別居の事実があり，和解する合理的な見通しが全くないこと」を離婚の条件とする規定に置き換えることが，投票案件であった。前回との違いは，政党の表だった反対がないことであった。今回は，与党連立政権（ゲール党・労働党・民主主義左翼党）が賛成し，野党フェール党も少なからぬ反対者を抱えていたが，公式には，憲法改正に対する支持を表明していた。カトリック教会は反対していたが，聖職者の一連のスキャンダルのために，影響力は低下していた。世論調査も最高69%の賛成に達していた。しかし，前回同様，激しい反対キャンペーンが展開されたために，賛成票は徐々に減り，投票率62.0%，賛成50.3%，反対49.7%の僅差で承認された。

2.3.3 死刑廃止

2001年に，死刑を禁止する条項（28条3項3号）を加え，死刑に関連する規定を削除することを投票案件として，国民投票が実施された。ただし，最後に死刑が執行されたのは，1954年であり，死刑制度も法律上は1990年に廃止されていた。この国民投票は，死刑廃止がEUの加盟条件であり，アイルランドも死刑を禁止する多くの国際条約を批准していることから，法体系から死刑制度を完全に削除するために実施されたとみることができる。フェール党と進歩党の連立政権が提案し，議会を構成する全政党が賛成した。しかし，同時に実施した「ニース条約の批准（否決）」・「国際司法裁判所への参加（承認）」と同様に，34.8%という低い投票率で，賛成62.1%，反対37.9%で承認された。

2.4 北アイルランド問題

イギリスの国民投票で述べたように，ベルファスト合意を承認する国民投票が，北アイルランドと同日（1998年5月22日）に実施された。1937年憲法は，その2条と3条において，アイルランド島は，単一の国家と領土を形成

する旨規定していた。今回の国民投票は，ベルファスト合意に基づいて，憲法2条および3条を削除するために実施された。ただし，投票案件は，憲法2条および3条の削除を直接規定したものではなく，国がベルファスト合意に従うことおよび同合意が発効したときに，2条および3条を含む憲法の規定の改正が有効となることが問われた。具体的には，国民投票が賛成多数であった場合，46条（憲法改正）の規定にかかわらず，政府が同合意に従った改正作業を行い，合意が発効した旨の宣言とともに，それらの規定も改正されるというものである。この方法は，結果に拘束力のある国民投票ながら，細部の決定を政府に委ねるという意味では，助言型国民投票類似の機能を有する。投票率56.3%と比較的低かったものの，賛成94.4%と圧倒的な賛成票を獲得した［Coakley & Gallagher］。

　注）［Kaufmann and Waters］はこの国民投票を助言型国民投票と分類している。

2.5　技術的・形式的な問題

　憲法の改正は，その全てが国民投票の対象となる以上，重要性の低い改正でも，国民投票を実施しなければならない。その典型例が，1979年に実施された養子についての規定の改正である。この国民投票は，同時に行われた上院の選出方法の改正と同様に，国民の間には特に異論もないことから，関心が薄かった。投票率27.4%ながら，99%の賛成という驚異的な数字が示された。1995年の「重大犯罪者の保釈の厳格化」（投票率29.2%で，74.8%の賛成）も同様であろう。ただし，この国民投票は，激しい論争を巻き起こした離婚承認の国民投票の，わずか4日後であることが，大きな影響を与えていると思われる。一般に，事実上儀式化している国民投票の投票率が低くなるのは，スイスの義務的レファレンダムと同じ現象であろう。

第3節　アイルランドの国民投票における投票行動

（i）国民投票の頻度・投票率　国民投票の回数は増加している。憲法制定から70年までは4回，70年代は5回，80年代は4回，90年代は11回，2000年から2004年までは6回である。投票率は，一般にそれほど高くなく，1995年以降は5割を切る国民投票が多い。ただし，2004年11月のア

イルランドの市民権についての国民投票は、ほぼ6割の投票率であった。
(ii) 投票結果　憲法制定以来、2004年11月の国民投票に至るまで、合計30回の国民投票が実施され、そのうち、7回が否決されている。この約4分の1という否決の割合は決して少ない数字ではない。内訳は、選挙制度3回、中絶2回、離婚1回、欧州統合1回である。選挙制度と離婚は野党が反対していた。
(iii) 投票に影響を与える要因　ギャラハーは、1995年までの国民投票に影響を与える要因について、次のように分析する［Gallagher 94-99］。アイルランドの国民投票においては、一般に政党の影響力は強い。しかし、次の理由から、近時は政党の影響力は低下している。①選挙運動において、投票案件について形成された単一の利益集団が活発に行動し、影響力を有するようになってきた。②内部分裂もしくは関わりを避けたいという意向のために、政党が支持者に対して、強いメッセージを出さなくなった。③国民投票においては、他国と同様に、政党の見解と投票者の見解が一致しなくなった。
(iv) 政党の影響力　国民投票の対象別に政党の影響力をみてみると、次のようになる。選挙制度、EC加盟、SEA（労働党が反対）では政党の影響力が強かった。しかし、同じ欧州統合問題でも、マーストリヒト条約承認の国民投票は、今度は労働党が賛成に回ったこと、および上述のとおりの中絶に対する懸念があったことから、政党の影響力は小さかった。一方、倫理・道徳的問題については、政党内の見解が分裂しているために、政党の影響力は強くない。むしろ、反中絶・反離婚の圧力団体、カトリック教会の影響力が強いことが観察される。

第4節　アイルランドの国民投票の機能と問題点

これまで見てきたように、アイルランドの国民投票の運用においては、いくつかの機能（運用上の長所）を観察することができるが、その機能は、裏を返せば、問題点を発生させる原因にもなっている。つまり、濫用を意識しながら、バランスのとれた運用が求められているのである。

アイルランドの国民投票は、議会の多数派が主導する憲法レファレンダム

である。そうすると，議会内もしくは国民の多数派が，人権および制度の硬性化（entrenchment）の手段として用いようとするのである。つまり，国民投票には，人権および制度を，法律によっても，裁判所の判決によっても侵害できない，一段高い位置に置くという，「硬性化」機能が存在する。これは，離婚制度の創設，死刑制度の廃止といった投票案件の場合には，マイノリティーの権利保護という機能を有することになる。一方，中絶禁止は女性の権利侵害（胎児の権利保護という側面があることはもちろんである）という結果に結びつく可能性を有し，選挙制度改革では与党に有利な改革がなされる可能性がある。

　次に，憲法改正の方法が国民投票しかないということは，特定の争点を戦略的に硬性化しうるのであるが，逆に既存の憲法の規定の中に，改正の必要があっても，手つかずのまま取り残されるものが存在する，という事態を招く。たとえば，憲法41条2項は，女性の地位について，家庭の中にいる存在とし，家庭内の義務について言及しているが，明らかに時代に合わなくなっても改正されていない［Gallagher 101-102］。これは日本でも，95条など死文化している条項の削除がなされず，放置されていることと同じ現象である。さらに，いざ，そのような条文を改正しようとすると，上述のとおり，投票者の関心を高めることができず，低い投票率になってしまうのである。なお，近時，国民投票の頻度が高くなってきているが，その分，投票率も下がっている。これは，イタリア，スイスと共通の現象である。

　その他の機能としては，ベルファスト合意に対する国民投票では，長年にわたる北アイルランドを巡る紛争を解決し，同合意に対する正統性を付与することができた。これは，イギリスの場合と同じように成功した国民投票と評価することが可能であろう。前述のとおり，国民投票の成立率も高くはないだけに，国民投票で国民の賛成多数を得たという事実は，たとえば議会の特別多数で憲法を改正するという場合と比較すると，獲得された正統性の程度は高いであろう［Coakley & Gallagher 82］。しかし，政策の正統化機能は，道徳・倫理的な問題の場合には，多数派の道徳・倫理に「お墨付き」を与えることになりかねず，マイノリティー保護という点では問題が残る。特に，最初の中絶の国民投票のように先占を狙った場合に，裁判所も議会も権利を保護することができないという点は，運用上の大きな問題点である。

ニース条約についての国民投票の場合は，教育機能があった。2回実施することによって，国民に再考を促し，重要性を認識させることができたと評価することができる。ただし，2回目も失敗した時は，EU内で孤立する可能性もあった。政府の国民に対する慎重な根回しが必要であり，逆にいうと1回目は情報の提供とその理解が不十分であったのである。

そして，アイルランドの国民投票には，イギリスと同様に，政党の分裂を回避する機能がある［Gallagher 103］。中絶・離婚についての国民投票においては，国内の保守層とリベラル層の分裂がはっきりと示され，常に賛否も僅差になり，政党も投票案件についての見解がまとまらない場合が多い。これらの重要な争点について，政党の枠を越えて国民投票による決定ができたからこそ，政党の分裂が回避されたのである。もしそうでなければ，国内の分裂を反映した新しい政党の配置がなされたであろう。

 注）アイルランド国内の分裂要因については，［Coakley and Gallagher ch.2］［Sinnott］が詳しい。

第5節　政府のコントロールと裁判所の役割

アイルランドの国民投票では，議会の多数派が発議することになっているが，国民投票実施の引き金を引くのは必ずしも，政府・与党ばかりではない。［Gallagher 100-101］は，国民投票が実施されるパターンを次のように分類する。①政府・与党が野党の反対を押し切って実施する場合。この典型的なパターンが，選挙改革の2つの国民投票である。②政府・与党と主要な野党の賛成で実施する場合。これに該当するのは，EC加盟，マーストリヒト条約承認の国民投票，離婚制度の創出などである。③圧力団体が議会の与党を動かした場合。プロライフ・アメンドメントが唯一の例。④裁判所の判決が，直接・間接的に引き金になった場合。外国人の選挙権，SEA批准，中絶（1992年の3件）がこれに該当する。

 注）［Gallagher］は，これをさらに野党が反対した場合とそうではない場合に分けているが，ここでは1つにまとめた。

以上のとおり，アイルランドでは，完全な政府のコントロールの下で実施される国民投票は少ないことがわかる。しかも，上記①の場合には，承認さ

れる可能性も低いのである。1937年の憲法制定レファレンダム以外では，政府が提案し，野党が反対しているにもかかわらず，成立した国民投票は存在しない［Coakley & Gallagher 81-82］。その1937年憲法でも，第二野党の労働党は中立であった。つまり，アイルランドでは，政府が，野党および国民に投票案件の趣旨・合理性を十分に説明し，コンセンサス形成を図って実施しないと，国民の承認を得ることができないことが示されている。

そして，中絶や欧州統合の国民投票にみられるように，国民投票による国内の重要問題の決定を促しているのが，裁判所である。この国民投票促進機能は，これまでみてきた裁判所の機能（マイノリティー保護，投票案件の整備）とは異なる機能である。アイルランドでは，政府・議会（野党）・裁判所・国民（圧力団体の場合もあり）の相互作用によって，重要問題を決定していると評価できる。スクシは，これを，裁判所の仲介による，「議会と国民の共同決定」と適切に表現しているのである［Suksi a 210-212］。

さらに，アイルランドの裁判所には，もう1つ重要な機能が存する。投票案件に関する公平な情報の流通を保障する機能である。アイルランドでは，1937年の憲法制定レファレンダムから1987年のSEA承認の国民投票の前までの11回においては，選挙運動についての公的扶助はなく，賛否両陣営は独自の資金で行っていた。ところが，1987年のSEAの国民投票の際に，政府は国民投票法を改正し，賛成票の広告にかなりの額を支出することを可能にしたのである。これに対して，1995年のMckenna判決は，賛否の一方の陣営だけに公的資金を用いることは，憲法の保障する平等と公正さに反すると判示し，具体的には，公的扶助を全廃するか，賛否それぞれ50対50の割合で公的扶助を行うべきであるとした。政府はこの判決に基づいて，1998年国民投票法を制定し，国民投票委員会を設置した。同委員会の基本的な目的は，国民に投票案件を説明し，賛否両陣営が平等に主張する機会の確保をすることであった。また，同委員会はそれらの目的に適うように公的資金の提供を行うことになっていた［Coakley & Gallagher 82］。

注）　実際には，賛否両論に公平に配慮することは多くの問題点を生じさせ，政府は2001年に国民投票委員会の権限を大幅に縮小させてしまう。現在の基本的な役割は，投票案件の説明，国民投票実施の周知徹底，投票の促進である［Kaufmann & Waters 72］。

第6節　まとめ

　アイルランドの国民投票においては，一見すると，「議会の多数による発議と国民の多数の承認」という組み合わせから，政府の強いコントロールで国民投票が提案され，結果も政府に有利なものになる，という予測がなされるが，その実態は，逆で，むしろ政府・与党の単独の提案の場合の多くは否決されている。つまり，①重要問題が憲法改正という形で提案され，②それについてのコンセンサス形成がなされて，国民から承認されるという形が，アイルランドの国民投票の基本的な形となっているのである。
　　注）ルータルトは，アイルランドの国民投票は，国民に政治的・道徳的イノベーションに対する拒否権（veto）を与えている，とする［Luthardt 78］。

　しかしながら，①については，国民投票というハードルが高いために，重要性は多少低いけれども改正の必要性がある条文が，放置されること，逆に，重要性が低い問題が提案される場合は投票率が低くなること，というジレンマが発生する。②については，中絶・離婚についてのコンセンサス形成が困難であること，そのため同一の問題が何度も繰り返し提案され，憲法の規定としては安定性を欠く，という問題点が発生する。言い換えると，倫理・道徳問題は国民投票で最終決着をつけることが難しいことを示している。
　一方，結果からみると，国民投票によって，中絶の「絶対的禁止」は阻止されており，離婚は要件が厳格ながらも認められるようになった。政党間でコンセンサスが形成されていない選挙制度改革も，頓挫している。アイルランドの中絶および離婚制度の現状をみれば，国民投票が保守的に作用しているという評価も可能であろうが，むしろカトリック色が強い国の割には，国民投票で極端な結果をもたらすことなく，安定した運用を示しているとみるべきであろう。つまり，国民は，30回という少なからぬ国民投票の経験を持ち，国民投票による，「人権および制度の硬性化」のもたらすインパクトの強さを認識して，投票をしているとみるべきであろう。

第7章　北欧諸国の国民投票

　北欧諸国（デンマーク・スウェーデン・ノルウェー・フィンランド）の国民投票は，アイルランドとならんで，議会主導型国民投票と位置づけることができる。ここでは，国民投票までの経緯と，成功と失敗の豊富な実例が示されていて興味深い。

第1節　デンマークの国民投票

　デンマークは，1915年から2000年までの間に，19回の国民投票を実施していることから，アイルランドと並ぶ，議会主導型国民投票の「大国」である。そして，その豊富な国民投票の体験を支えているのは，国民投票の種類の多さである。

1.1　デンマークの国民投票の沿革と制度
　以下，［Setälä 123-125］［Sukusi a 191-204］［Svensson 34-39］［衆院資料18年10月 243-245］［吉武a 第2章］を参考にして沿革と制度を述べる。

1.1.1　国民投票の導入とその展開
　デンマークでは，議会制民主主義の政治体制が1901年に発足したが，発足当時から，社会民主党，急進自由党は，国民投票の導入を提唱していた。その後1915年に，人民主権の原理の拡大を求める急進自由党と，議会の少数派の保護を求める保守党の妥協が成立し，憲法改正のための国民投票が導入された。これは，後述のとおり，議会多数派主導型の憲法レファレンダムであるが，総選挙を挟んだ連続2回の議会における可決，および有権者の45%（のちに40%に変更）の賛成という高いハードルを設定するものであった。このため憲法改正はこれまで3回しか実施されておらず，1953年に実施した憲法制定レファレンダム以降は，この規定による国民投票は実施されず，「凍

結された」ものとなっている。

　デンマークで最初に実施された国民投票は，1916年の「西インド諸島を米国に売却すべきか」を問う助言型国民投票であった。当時，売却を巡って政府と野党が対立していたのであるが，戦時中であったので，議会を解散するよりも，問題解決を求めて国民に判断を仰いだのであった。これは，憲法に規定のない，執行法を制定して行われたアドホックな国民投票で，執行法には，政府がこの投票結果に従う旨が明記されていた。結果は，37.4％と低い投票率ながら，反対が多いことから，売却は見送られた［Svensson 45-46］。この国民投票は，1986年の SEA 批准を巡る助言型国民投票の先例となった。

　この後は，3つの憲法改正のための国民投票が続く。1920年に憲法改革（主として北シュレスウィヒの併合）のための国民投票が実施された際には，社会民主党は改革案に不満であったことから，支持者に棄権を呼びかけたところ，投票率は49.6％と低下し，賛成96.9％であるが，有権者に占める割合は47.6％と成立要件をわずかに上回ったのであった。

　続いて，1930年代になると，社会民主党および急進自由党は，国民投票の拡大を含む憲法の改革を企図し，両院で多数を支配すると，上院の廃止を提唱するようになる。ここで，保守党は，1915年の改革と同様に，議会の少数派保護を求める。結局，社会民主党，急進自由党および保守党の三党間の妥協が成立し，上院を廃止し，残りの一院の5分の2によって発議されるか，または有権者の10％の請願を受けた，議会の3分の2の議員によって発議される議会少数派主導の法律レファレンダムの導入が予定された。このような憲法改革を投票案件とする国民投票は，1939年に実施された。ここでは，1920年の社会民主党と同様に，自由党が，支持者に棄権を呼びかけた。その結果，投票率は48.9％と低下し，賛成は91.9％と高率ながら，全有権者に占める割合は，44.5％と成立要件にわずかに足りず，否決されてしまうのである［Qvortrup c 127-130］。

1.1.2　1953年憲法の成立と5種の国民投票の制度化

　第二次世界大戦後も，一院制への憲法改革の動きは続く。1950年から1953年まで連立政権を組んでいた保守党と自由党は，上院を廃止し，その代わりとして議会少数派主導の法律レファレンダムの導入を提案する。これに，他

の有力政党である，社会民主党と急進自由党も賛成し，1953年に憲法制定レファレンダムが実施される。投票率59.1％，賛成78.8％で，有権者全体に占める割合は，45.8％とわずかに成立要件を超えて充足された。

このように，1920年から3回続いた憲法制定レファレンダムは，その特徴として，投票結果が，成立要件を満たすかどうかの，ぎりぎりであることが挙げられる。また，有力政党間の根回しが十分でないと，ボイコットによって，成立が危うくなることを示す。つまり，比較的規模の大きい議会少数派に，事実上の拒否権を与えていることがわかる［Svensson 38-40］。このようにデンマークの国民投票は，人民主権の原理よりも，政党の妥協調整の手段として，展開されていくのである。

なお，1953年には同時に投票年齢引き下げの国民投票が実施された。

> 注） デンマークの議会少数派主導の国民投票の起源は，イギリスにある。1911年にイギリス議会で，200人の下院議員の発議による国民投票が提案された。この提案は否決されたが，デンマークで制度化されたのであった［Qvortrup c 130］。

さて，1953年憲法によって，デンマークは5種の国民投票を有することになる。

第1の制度は，憲法改正国民投票（憲法レファレンダム）（88条）であり，次の6つのステップによって実施される。①議会が憲法改正案を可決する。②政府が改正案の支持を表明する。③議会（一院制）が解散される。④新議会が憲法改正案を承認する。⑤議会の承認後6ヵ月以内に，国民投票を実施し，その成立要件は全有権者の40％とする。⑥国王が改正案を承認する。

①と②は，通常はハードルにならないと予想されるが，デンマークは少数内閣であることが多いので，②で政府が拒否した場合は，政権交代の引き金になりうる。実際は，③が最大のハードルになる。議会と政府の関係が良好でも，憲法改正のみを理由として解散する可能性は政治的には限定されるであろう。また，解散の時期についての規定がないことから，スイスのイニシアティヴのように，解散をしたくない政府が放置することも可能となる。④と⑤のハードルを越えるには，政党間および国民の間に広いコンセンサス形成がなされる必要がある。なお，③の解散は，憲法改正を主たるテーマとして行われるとすると（実際はそうはならないであろうが），事実上のレファレンダムとして機能することになる。したがって，解散が「先決投票」となる

のである。このような，ハードルの高さのため，1953年の新憲法制定以降，憲法改正のための国民投票は一度も実施されていない［Suksi a 191-193］。したがって，この憲法レファレンダムには，現状維持作用があるといえよう［Setälä 125］。

　第2の制度は，議会少数派主導の法律レファレンダム（42条）である。憲法レファレンダムとは違って，この制度は，次のように，ハードルが少ない。①議会で法案が可決される。②議会の3分の1が国民投票の実施を要求する。③議会の多数の議決で法案の撤回を決めることができる。④法案の撤回がない場合は，国民投票が実施される。投票者の多数かつ全有権者の30％が法案に反対する場合は，法案は否決される（以下これを「30％ルール」という）。したがって，これは拒否型の国民投票である。なお，42条6項は，予算・税制・公務員関係・帰化に係る法案を国民投票の除外事項としている。

　この制度の特徴は，まず，議会多数派からみると，撤回がありうることで，国民投票の否決という政治的不利益を回避するというメリットがある。一方，議会少数派からみると，3分の1の議員を集めて，国民投票の要求をした時点で，あと6分の1を説得して撤回に持ち込むと，国民投票を実施しなくても所期の効果を得ることができる。これは，国民投票に持ち込むよりも，効果的である。さらに，3分の1という数は，比較的容易に集められることから，国民投票を威嚇の手段として用いることができる。一方，デンマークによくある少数内閣にとっては，法案を通すためには，議会の過半数では足りず，3分の2以上の賛成を確保する必要が出てくる。このような事情から，この少数派主導の法律レファレンダムは，スイスの任意的レファレンダム同様に，妥協調整を促進することになるのである。この国民投票が妥協調整過程を生み出している証拠の1つとしては，1963年に4つの法案が，この制度によって，国民投票に付されて否決された以外は，利用されていないという点が挙げられる［Suksi a 198-201］。

　この1963年に実施された法律レファレンダムは，土地利用の公的規制に関する4つの法律を対象とするものである。社会民主党と急進自由党の連立政権は，土地の高騰と外国人による土地売買の増加に対処するために，私有財産の公的規制を進める法律を議会で可決したところ，それに反対する自由党と保守党の議員が国民投票を発議したのであった。投票率は，73.0％と高率

で，反対票は60％を超え，30％ルールを満たし否決された。このことは，法律レファレンダムが確かに議会少数派の利益を保護したことを示すと同時に，議会で民意が歪曲していること，もしくは正しく代表されていないことを矯正する機能を有することを示している。

しかし，この法律レファレンダムの欠点は，実際には小政党が利用することが困難なことである。議会の3分の1という要件が大きなハードルになっているのである。したがって，ある程度大きな政党が利用可能な制度ということになり，妥協調整が仮に行われるとしても，大政党有利に展開されるのである［Svensson 126-128］［Qvortrup b 133-136］。逆にいうと，小政党が，世論を背景にして，議会の多数派に修正を迫るという状況は生じにくい。次の事例がそれを説明する。1955年に議会の9割の賛成により，デンマーク国内にドイツ軍の駐留が決議されたが，戦後10年しか経っていなかったので，国民の反対が強かった。急進党は国民投票を利用して，駐留の撤回を図ろうとしたが，3分の1の60議員という要件を満たすことができなかった。また，1969年には，4万人の国民が，中絶法についての国民投票の実施を訴える署名を議会に提出した。しかし，国民投票の実施を支持する国会議員は，わずか18人でしかなく，その要求は無視された形になった。このように，デンマークの法律レファレンダムの下では，国民の側から議会多数派の見解の修正を求めることができないのである。ここにイタリアの国民投票，スイスの国民投票との違いがある［Qvortrup b 136-139］。

> 注）［Bogdanor d 73］は，法律レファレンダムは，1963年以外は実際にそれを行使することが困難もしくは不必要であったとする。困難であるというのは，デンマークの議会が多党化され，議席が細分化されているために，3分の1を集めにくいということであり，不必要であるというのは，少数内閣であることが多いので，この制度を用いなくても，与野党間の妥協調整のシステムが機能することによる，としている。

第3の制度は，国際機関への主権の委譲についての国民投票（20条）である。国際機関への権限委譲は，議会の6分の5の賛成を得た場合，または，議会の過半数と国民投票で賛成多数の場合に承認される。ただし，国民投票で否決されるのは，法律レファレンダム同様に，投票者の多数の反対かつ30％ルールが満たされた場合である。

第4の制度は，外交問題に対する法案についての国民投票（19条・42条6

項）である。これは，議会多数派が，外交問題に係る法案に，国民投票の必要を認めたときに，任意に国民投票の実施を決定できるとする規定である。アメリカの州の議会主導型で，自発的（voluntary）になされる住民投票と同じ形である。ここでも，30％ルールが付加されている。

　第5の制度は，投票年齢の変更についての義務的レファレンダムである。これは，合計5回実施されている。さらに，アドホックに実施される助言型国民投票を含めると，6種類という豊富な制度を有するのである。

1.1.3　欧州統合の国民投票

　欧州統合は，デンマークの国民投票の主要なテーマで，2006年までに，6回（1972・1986・1992・1993・1998・2000）実施されている。

　最初は，1972年に実施されたEC加盟のための国民投票である。この国民投票の実施のためのプロセスは，1971年5月に，社会民主党の政治家が助言型国民投票を提案したことから始まる。ここでの提案の動機は，社会民主党内のEC加盟を巡る分裂回避であり，同年9月の選挙で，反ECの支持者の票を，同じく反ECを標榜する社会人民党に奪われないように，争点の棚上げを狙ったものである。結局，総選挙実施前に，加盟承認に必要な議会での6分の5の賛成を得るかどうかにかかわらず，国民投票を実施することが政党間で合意された。その戦術が成功して票を伸ばした社会民主党は，少数内閣を組んで，同年12月にEC加盟を議会に提案する。賛成多数であったが，議会の6分の5の賛成を獲得することができなかったことから，憲法20条に基づいて国民投票が実施される。この国民投票では，90.1％という驚異的な投票率の下で，63.3％の賛成票を獲得し，承認される。

　この国民投票で明らかになったのは，まず，欧州統合を巡るエリートと大衆の見解の分裂である［Svensson 42］［Setälä 129］。国会議員のレベルでは，80％がEC加盟に賛成しているにもかかわらず，国民は63％しか賛成していない。特に，社会民主党と急進自由党の分裂が，国民の関心を押し上げ，高い投票率に結びついたことが観察される。これは他国の運用にみられるように，議会選挙の結果と国民投票の結果の「ねじれ現象」である。また，政党が自己の票の減少を防ぐために，争点を総選挙から外すという目的で国民投票を実施する点も興味深い。

第2部　国民投票各論―主要実施国の運用実態―

次に実施された欧州統合の国民投票は，1986年のSEA批准を投票案件とする。これは，デッドロック（政府と議会が対立して膠着状態になること）の解消を図るために，実施されたということができる［Svensson 42］。1982年に成立したブルジョア政党による少数内閣は，いくつか重要な争点について，野党勢力（社会民主党・社会党・急進自由党による連合で，Alternative Majorityと呼ばれていた。）と対立を続けていた。中でも，SEAは，他のEC諸国との交渉を続けた後，少数内閣が議会での承認を求めたところ，否決された争点であった。ここで，シュルター首相は，総選挙の実施ではなく，助言型国民投票の実施を決定した。反対派も国民の声を聞くことには，先例もあることから反対できず，実施法案が成立して，それに基づいて行われた。投票結果は，投票率が75.4％で，56.2％の賛成と全有権者の4割の支持を獲得した。この結果に従って，SEAは，議会で批准された。

> 注）［Setälä 130］によれば，欧州統合についての国民投票は，むしろ憲法レファレンダムによるべきではないか，という議論があった。しかし，独立した憲法裁判所がないために，その論争には決着がつかなかった。この点，裁判所が大きな役割を演じて欧州統合を国民投票に付したアイルランドとは異なる。

続いて，1992年・1993年と連続して，マーストリヒト条約承認の国民投票が実施された。まず，1992年の国民投票の場合は，当初，1986年国民投票の先例に従い，シュルター首相と野党第一党の社会民主党の合意もあって，助言型国民投票で実施される予定であった。しかし，マーストリヒト条約の批准が議会にかけられたところ，賛成155と反対130で，6分の5という要件を満たすことができなかったことからこの国民投票は，憲法20条の規定に基づいて実施された［吉武a 207］。

同条約に対する政党の支持の状況は，社会人民党および進歩党といった少数政党が反対，残りの主要政党は全て賛成という状況であった。しかしながら，1992年6月の国民投票では，社会各層から活発な反対運動が展開され，83.1％という高い投票率で，賛成49.3％，反対50.7％という僅差で否決されてしまう。この原因は2つ考えられる［Setälä 131-132］。

1つは，反対票が反マーストリヒト条約の批准に賛成する政党の支持者にも多かったことである。特に，社会民主党の支持者は60％以上が反対票を投じていた。2つ目としては，ここでも，一般大衆の見解と支配層の見解のず

れが生じていたことである。これは，それまで2回にわたって，国民投票で欧州統合についての判断を，国民に求めたことから，議会選挙で政治的争点になりにくく，「反欧州統合」の見解が議会では過小に代表される（under-representation）状態であったことを意味する。また，議会の見解と民意のずれの方向は，ここでは，SEA の場合と逆であった。SEA では，議会に反対が多く，国民に賛成が多いことから，助言型国民投票の実施が決定されたのであった［Bogdanor 72］［吉武a 215］。

　国民投票の結果，デンマーク政府は，ジレンマに陥る。そこで，EU 残留を維持しながら，一方で有権者と他の EU 参加国に受け入れてもらう方策を探り，国内外での交渉が開始される。そして，この危機的な局面を打開したのが，国家的妥協（Nationale Kompromise）と呼ばれる，政党間の交渉と歩み寄りであった。ここでは，最右翼の進歩党を除く，7政党が EU 参加についての条件を話し合い，その内容が文書化された。そして，デンマーク政府は，この文書の内容を実現すべく，1992年のエディンバラでの欧州首脳会議に提案し，参加国から了承を得た。この結果に，デンマーク国内のメディアも好意的で，世論も新マーストリヒト条約に前向きになる（否決が妥協調整過程を生み出した点が興味深い）。

　　注）デンマークは EU 参加について，4つの分野《共通防衛政策・EMU 第3段階・欧州市民権・司法内務協力》の適用除外を受ける［吉武a 227］。

　このような状況の下で，前回から1年も経過していない1993年5月に，国民投票が実施される。ここで，興味深いのは，議会では6分の5の賛成という要件が満たされたにもかかわらず，国民投票が実施されている点である。手続としては，20条を根拠とせずに，結果に拘束力を与える特別の国民投票執行法が制定されて実施された［Bogdanor d 73］。これは，憲法上は，外交問題に係る法案についての国民投票（19条・42条6項）であり，前回の国民投票で否決されたという事実を重視し，議会が，国民投票の実施は政治的に必要であると判断したことを意味する。投票率86.5%，56.7%の賛成を得て，批准された。

　この2回の国民投票の間の投票者の見解の変化について，［Setälä 133-135］は，いくつかの要因を挙げるが，その中で，最も説得力があるのは，投票者が「後戻りのできない（irrevocable）選択」を回避したという点からの説明

である。最初の投票で，賛成票を投じることは，デンマークが欧州統合に大きく傾斜していくことを意味し，2回目の投票で，反対票を投じることは，欧州内での孤立に進むことになる。したがって，デンマークの投票者は，バランス感覚を発揮して，そのどちらも回避したと説明する。確かに，2000年の通貨統合の国民投票では，デンマークは，それを否決していることをみれば，この時点では，エディンバラ合意が将来発揮する効果を見据えながら，統合に限定的な承認を与えたとみるべきであろう。

　セテレは，マーストリヒト条約の2つの国民投票から，2つの矛盾した教訓を導き出す［Setälä 135］。第1に，デンマーク憲法の国民投票の規定は，国民に自己の見解を表明する機会を与え，その結果，国民は，実際に欧州統合への流れを変えることができたということである。第2に，欧州統合のように，政治的・経済的に高度な利害関係がある問題については，拘束力のある国民投票でも，その結果が最終的な決定になるとは限らない，ということである。

　欧州統合に限定的な承認しか与えていないという投票者の態度は，それ以降の2つの国民投票にはっきりと表れている。1998年のアムステルダム条約批准のための国民投票は，投票率76.2％で，55.1％の賛成（全有権者の41.8％）を得ている。

　しかし，2000年の通貨統合のための国民投票では，投票率87.8％という記録的な高さで，53.2％が反対して，批准に失敗することになる。通貨統合のための国民投票では，主要政党が全て賛成を表明し，それは国会議員の4分の3を占めていた。また，経営者団体，労働組合，主要メディアもほとんどが賛成を表明していたことから，賛成側は潤沢な資金で，優位に選挙運動を展開していた。一方，反対陣営は，小政党を中心に，左右の政治勢力および草の根運動を含む，幅広い層から構成されていた［Downs 223-224］。なお，手続的には2000年5月に政府が提出した「デンマーク共通通貨参加法案」が，議会の6分の5を満たすことができなかったことから，憲法20条に基づいて，国民投票が実施されることになった［吉武a 228-229］。

　選挙運動が開始されると，15％のリードを保っていた通貨統合の支持率が減少し始めたのは，次の要因によるものであった。第1に，政府は経済的なメリットに選挙運動の焦点をあてたのであるが，これが裏目に出たことであ

る。「三人の賢人」と呼ばれるデンマーク経済審議会が,「ユーロの導入の利点は,わずかで,しかも不安定なものに過ぎない」という報告書を出したことによって,説得力を持たなくなったのである。第2に,デンマークの経済が好調である一方,1999年以降,ユーロの価値が下落したことによって,ユーロに対する信頼が失われたことである。第3は,オーストリアで,ハイダー党首率いる自由党が政権に参加したことに対する,EU諸国の反発である。この極右政党の政権参加に対して,EU諸国はオーストリアに制裁を加えたのであるが,デンマーク国民は,これをEU内の大国が,小国の国民の,政府を選択する権利を妨害しているとみて,通貨統合反対の理由とするようになったのである［Downs 224-225］。

そして,最終的に反対陣営が勝利した大きな要因としては,「国民投票を実施する政権が長期政権の場合は,反対票が多くなる」という一般的な傾向が表れたということができる。つまり,政権が長くなれば,公約に反したり,不人気な政策を実行せざるをえなくなり,そういうマイナス点を理由として,国民が政権に対する不信任票として,国民投票を利用するのである。ラスムッセン内閣は,1993年以来政権にあった。また,賛成陣営においては,通貨統合に賛成する理由が異なっていたことや社会民主党内部が激しく分裂していたことが,イメージを悪くしていた点も大きい。一方,反対陣営は,好調な経済を背景に現状維持を訴え,長期政権への反対票をまとめ,中間にいる投票者（median voter）を引きつけることで,典型的な「選挙運動が展開していく間に,投票案件に反対する方向へと投票者が傾いていく」国民投票（世論が逆転する国民投票 opinion reversal referendum）の形に持ち込むことに成功したのである［Qvortrup a 191-195］。

　注）2000年国民投票の選挙運動については,［Marcussen & Zølner 385-396］を参照されたい。

ここで,興味深いのは,投票の鍵を得て投票する「合理的投票者」として,デンマーク国民が投票したことである。デンマークでは,世論調査によると,政治家および経済界の指導者が最も信頼できない集団として位置づけられていることから,彼らがメディアに登場したことが,賛成票を少なくしてしまったということができる［Qvortrup a 195］。この国民投票では,賛成側がPR会社の選挙コンサルタントを利用したのであるが,多くの戦略上のミス

を犯している。中でも，国民投票実施のタイミングに対して首相に与えたアドバイスは不適切であった。ユーロがドルに対して高くなる時期，小規模な金融危機が発生する時期，あるいはデンマーク経済が下り坂になるといった時期を選んで，国民投票を実施すべきであり，また，この時点で国民投票を実施する意味を国民に十分に説明できなかったことは明らかである［Marcussen & Zølner 399］。

なお，エリートと国民の間の通貨統合についての，意見のずれも指摘され，ホワイトカラーで高学歴の国民ほど，賛成票を投じているという指摘がなされている［吉武a 295-296］。

1.2 デンマークの国民投票の機能と政治的効果

以下に，デンマークの国民投票の特徴をまとめてみたい。
(i) デンマークは小国であり，500万の人口と400万の有権者の下で，一院制をとる。また，多党制であり，一党で政権を支配するような有力な政党は存在しない。そのため連立政権を組むことになり，その多くは少数内閣である。国民投票は，沿革からいくと，一院制において議会多数派から少数派を守る制度として登場した。条約の批准においては，議会の6分の1が反対すると，国民投票が必要となる。法律レファレンダムは，国民投票に訴えるだけではなく，国民投票を回避するという機能もある。3分の1の勢力が，法案を支持する勢力に働きかけて，法案の撤回を求めて，国民投票を回避できる［Suksi a 200］。憲法レファレンダムは，事実上機能していないが，これは，議会多数派が少数派を押し切って憲法レベルでの政治改革を実現することが困難であること（現状維持機能）を示しているのである。そして，このような国民投票の少数派保護機能は，少数派と多数派の妥協調整過程を生み出す作用を有するのである。
(ii) 政府の国民投票実施のためのコントロールは高くない。1963年の4つの法律レファレンダムは議会内少数派主導の実施であり，1986年のSEAを巡る助言型国民投票は少数内閣がデッドロックの解消のために先例に従って実施したものである。それらを除けば，デンマークでは事実上，義務的レファレンダムおよび議会の合意によるものだけが実施されていると評価することができる。

(iii) 国民投票の制度は多様で，国民投票の回数も19回と多いが，重要で国民が関心を持つ投票案件は，それほど多くはない。1963年の土地規制の法律レファレンダム，欧州統合のための6つの国民投票のみが，デンマークの国政に強いインパクトを与えているとみるべきであろう。
(iv) デンマークの国民投票の運用で注目したい点は，民意のずれとその修正である。民意のずれは，議会内多数派より少数派を国民が支持する例（1963年法律レファレンダム），エリート層と一般大衆の見解の差（EC加盟，マーストリヒト条約），議会内多数派より少数内閣の政策を支持した例（SEA）にみられる。そして，このずれは，国民投票によって解消したということができる。その意味では，デンマークは，国民投票が代議制民主主義を補完する豊富な実例を提供している。
(v) 他の議会主導型国民投票同様に，政党内の分裂回避を目的として国民投票が実施されることが少なくない [Svensson 49]。

第2節 スウェーデンの国民投票

2.1 制度と沿革

スウェーデンは，これまで6回の国民投票を実施している。その6回の国民投票は，すべて，議会が実施の度に執行法を制定して行う，助言型国民投票である。統一した憲法典はないが，国家の基本法である，統治法第8章4条は，国民投票の実施手続に係る規定は，法律によって定められなければならないと規定しているのみである。対象についての制限は存在しない。また，この規定は，議会内の合意が成立するか，議会多数派主導によって，国民投票が実施されることを示し，条文上は議会内少数派が国民投票の引き金を引くことはできないことを意味する [Ruin 171]。

国民投票実施の直接的な契機となったのは，1922年に助言型の国民投票についての規定が，統治法の中に追加されたことである。これは，2つの政治的な動きを反映したものである。1つは，第一次世界大戦後に生じた民主化運動であり，具体的には直接民主制を導入し，民意を反映した政府の実現を求めていた。もう1つは禁酒運動であり，国民投票による禁酒の実現を目指していたのである。そして，国民投票の実施には，大政党である自由党と社

会民主党が，それぞれ禁酒を巡って党内分裂していたことが，大きく作用していた［Ruin 174］。1922年に実施された第1回国民投票は，55.1%という比較的低い投票率で，51.0%が禁酒に反対した［Suksi a 212-215］。

その後，国民投票実施のための議論が，盛り上がったのは，第二次世界大戦後であった。戦後続いた社会民主党の一党支配に対する対抗策として，野党から，一院制と議会少数派主導の国民投票の導入が提唱されたのである［Ruin 172］。（この点はデンマークと似ている［Suksi a 215］）。しかし，社会民主党の反対にあって，これらの改革は頓挫する。逆に，1950年代に実施された2つの国民投票が，同制度に対する関心を低くしてしまう。

第2回の国民投票は，第1回から33年後の1955年に，車両の右側通行を投票案件として，実施された。投票率53.2%で，82.9%が反対した。この国民投票は，政党から党員への指示が特になく，政治性の薄いものであった。興味深いのは，政府はこの結果にもかかわらず，12年後にヨーロッパの傾向にあわせて，右側通行を決定した点である。さらに，この回から，投票はするが，特定の選択肢を選ばないことを示す空白（Blank）を，白票として集計することになった。

2.2　1957年年金問題についての国民投票

続いて，1957年に行われた3回目の国民投票は，それまでのものとは異なり，国政上の重要争点である付加年金制度が問われた。この時期，議会は年金問題を巡って激しく対立していた。この問題については，連立政権を構成する社会民主党と中央党が対立し，どの年金プランも議会で多数の支持を獲得できなかったのである。野党である保守党と人民党は，国民投票実施を支持していたが，政府は当初，国民投票実施に反対であった。ところが，首相のターゲ・エアランダーは，1957年3月に突然国民投票の実施を決断する。その理由は，第1に，議会少数派が主導する助言型国民投票の導入が審議中であったことから，この変更を棚上げするために現行規定での実施を思いついたことにある。第2に，連立政権の崩壊を食い止め，両党のプランを議論する時間を創出することにあった。投票案件として，政府の関与の程度が異なる3つの年金プランが提示された。これは，政党別に提案されたものである。しかしながら，国民投票においては，どのプランも過半数を獲得するこ

とはなく，議会の対立は解消されなかった。それどころか，社会民主党は，自己のプランが第1位で，45.8％を獲得したことから，その推進を確約したところ，それが，連立内閣崩壊の原因となり，国政は危機的な状況に陥ったのである。1957年の国民投票は，代議制民主主義を補完するのではなく，完全に逆機能を呈したのであった［Suksi a 217］。このため，国民投票に対する評価が低下し，以後，20年間実施されなかった。

2.3　1980年原発についての国民投票

　1979年に，もう1つの国民投票が導入された。それは，議会少数派主導の憲法レファレンダム（拒否型）である。しかし，議会選挙と同時に実施することに加え，憲法改正案を無効とするには，過半数の反対かつ当該反対票が，選挙の有効投票の半数以上という高いハードルが存在する。このため，現時点では「凍結された国民投票」となっている［Suksi a 229-231］。

　1970年代を通じて，スウェーデンにおける国政上の重要争点は，原子力発電所の建設であり，各政党ごとに，原発に対する見解は，はっきりと分かれていた。1975年に社会民主党主導で，13基の原発の建設を推進する，エネルギー法が制定される。そして，1976年の総選挙の結果，初めて社会民主党が下野することになり，ブルジョア政党（保守党・自由党・中央党）の連立政権が誕生した。そのきっかけは，総選挙で，中央党が，社会民主党が避けようとした原発・エネルギーの争点を強調し，反原発を強く主張したことにある。ただし，連立政権は，発足当初から原発問題についての見解が一致していなかったことから，1978年までに閣内で意見統一できない場合は，国民投票を実施することを宣言していた［Setälä 112-115］。

　しかしながら，組閣後，政府は続けて原発についての政策決定を求められると，中央党は反原発という党のアイデンティティを保つことが困難となり，政権から離脱し，内閣は1978年秋に崩壊する。続いて，自由党の少数内閣が組織されると，1979年の総選挙が迫っていたことから，社会民主党が主導し，自由党・保守党の賛成で，総選挙の6ヵ月後の1980年3月に，国民投票の実施が決定される。ここでの社会民主党の動機は，党内の分裂を回避することであり，アメリカのスリーマイルズ島の事故の影響が反原発に作用することを考慮して，1976年総選挙の失敗に鑑み，原発・エネルギー政策を総選挙の

争点から外すことであった。一方，中央党と共産党は，国民投票と総選挙の同日実施を主張していた。各政党は，国民投票実施という選択肢に，異なる思惑を抱いていた。共産党は「反原発という目標達成」，ブルジョア連立政権は「政権継続」，社会民主党は「争点棚上げによる得票増加」，中央党は「争点化による得票増加」であった［Setälä 116-118］。

しかしながら，政権復帰のための社会民主党の戦略は失敗し，総選挙後は，新たに，自由党党首を首班とするブルジョア連立政権が誕生する。ここで，各政党には，独自の投票案件を制定する権利が与えられ，結局，各党の合意が成立して，1957年の年金についての国民投票に続いて，3つの選択肢が提示されて国民投票が実施される［Setälä 118-119］。

選択肢1は，「旧エネルギー法が執行され，建設中の原子炉は完成させるが，新規の建設を禁止する。原子炉は，寿命が来たら安全上の理由から，廃棄する。」

選択肢2は，選択肢1に「新規のエネルギー源の調査，稼働中の原発の安全管理，将来のエネルギー生産施設の国有化を求める。」を追加する。

選択肢3は，「新規原発の建設禁止および現在稼働中の原発の10年以内の廃棄。再生可能エネルギーおよびエネルギー節約に対する投資の増加。」

選択肢1は保守党，選択肢2は社会民主党および自由党，選択肢3は中央党および共産党が支持していた。エネルギー政策に対する国民からの意見聴取という点については，確かに，3つ以上の選択肢の方が，正確な民意反映という意味では適切かも知れないが，2つの原発賛成の投票案件は賛成陣営の票を分散させ，結果に対する解釈を困難にさせることが，実施前から予想されていた。賛成の選択肢が2つ置かれたのは，保守党と社会民主党の妥協が成立しなかったからである［Setälä 119-125］。

75％というスウェーデンではやや低い投票率の下で，国民投票は実施され，選択肢1は18.7％，選択肢2が39.3％，選択肢3が38.6％であった。メディアと政治的エリートは，選択肢1と2で，合わせて過半数を超えたことは，計画中の原発建設に対する賛成多数であると解釈し，国民投票の直後に，議会では「建設中の原発の完成，新規の原発建設の禁止，稼働中の原発の2010年までの廃棄」が決議された。しかし，この国民投票の結果とその解釈は，1957年の国民投票同様に，国民の間の，国民投票に対する評価を下げてしま

う。特に，選択肢3の投票者に不満が多かったと報告されている［Setälä 121］。

　まとめると，議会で原子力政策についての合意がなされなかったのは，中央党の反原発への固執と，社会民主党の内部分裂によるものであった。前者は，ブルジョア連立政権内の分裂を招いたのであった。しかし，議会での決議よりも，国民投票で国民の判断を仰いだ方が安定した結果をもたらしたことは事実であった。1980年の国民投票の効果を2つ挙げると，まず，国政上の議題から，原子力発電問題を取り去ったことである。争点の力を弱める（defuse the issue）機能が発揮されたのである［Setälä 122］［Ruin 182-183］。これは，原発建設を巡る10年にわたる激しい政治闘争に，国民が疲労したことが原因であろう。もう1つは，今回の国民投票は，政党の戦略的理由からその実施と投票案件の設定が行われ，その結果も曖昧であったにもかかわらず，国民投票がいかに政治参加を促進し，政治に対する理解を促進したかを示す好例であったことである。しかしながら，残念なことに，それは一時的な現象で，原発という争点に関してみると，国民投票が結果的に争点に対する関心を低くしてしまったことは事実である。これは，上述のとおり，原発に対する議論に国民が倦んでしまったことが原因であろう［Setälä 122-123］。

2.4　1994年・2003年欧州統合の国民投票

　1990年代の懸案は，EU加盟問題であった。1990年代初期に，社会民主党政府（この時点では党内の意見は一致していた）がEUに対する加盟申請を宣言すると，保守党・人民党・中央党といったブルジョア政党もそれに賛成した。しかしながら，左翼党と環境党はそれに反対し，国民投票の実施を主張した。これに対して，過去に年金と原発問題で国民投票の実施を主導した社会民主党は，党内に国民投票に対する盛り上がりを欠いていることから，この申し出を拒絶する。しかし，保守党をはじめとして，親EU陣営が，他のEU諸国同様に，このような重要な問題は国民投票で決着をつけるべきである，という主張をしたことから，社会民主党も国民投票の実施に同意したのである［Ruin 177］。

　しかしながら，国民投票の実施には2つの問題があった。1つは，社会民主党をはじめとして，内部分裂する政党が少なくないこと，1994年の総選挙

の直前に，ブリュッセルでの加盟交渉が終了しそうであったことである。このため，党内が分裂している政党（社会民主党）は，国民投票と総選挙を別々に実施することを主張し，見解が一致している政党（保守党）は，同時を主張した。結局，社会民主党の主張が通り，総選挙の6ヵ月後の実施で合意が成立した。第5回国民投票は，1994年11月に実施され，83.3％の投票率で，賛成52.2％，反対46.8％で，EU加盟賛成の意思が示された［Ruin 177-178］［Widfeldt 505-507］。

しかし，マーストリヒト条約批准後に，スウェーデンは欧州統合の第3段階としての通貨統合問題に直面する。この時期のスウェーデンには，2つの政治的事情があった［Miles 155］。1つは，他のEU加盟国から，EU内部の問題への積極的な参加者であると認識してもらいたいという希望があったことであり，もう1つは，国内的にはマーストリヒト条約批准の国民投票にみられるように，多数の国民に「欧州統合に対する懐疑的な」感情があったことである。前回の国民投票同様に，内部の分裂があった社会民主党は，分裂を回避しながら通貨統合を進めるために，国民投票の実施を党内で決定する。しかし，同党の最大の支援組織である，ブルーカラーの最大労働組合（LO：Landsorganisationen）も分裂していた。このように，社会民主党と労働組合間およびそれぞれの内部が分裂していたことは，労働団体が，通貨統合賛成の選挙運動を，統一的に展開できないことを意味する。また，議会で同党を支援していた緑の党および左翼党は，通貨統合に反対し，国民投票の実施を要求していた。結局，議会は，全政党の合意を得て，2003年9月に国民投票の実施を決議する［Widfeldt 507-509］。

通貨統合に対する世論は動揺していたが，2000年のデンマークでの通貨統合の否決以来，スウェーデンの世論は，通貨統合賛成が多数を占めていた。社会民主党は直前の総選挙で勝利を収めていたことから，首相のパーソンズが，実施決定の時点で，国民を通貨統合に賛成するように説得できるという自信をもって，国民投票に挑んだことは明らかであった。この国民投票は，総選挙では通貨統合問題を棚上げし，国民投票で通貨統合を実現しようとする，パーソンズ社会民主党の戦略的判断から実施されたということができる［Aylott 3］［Miles 157］。

2003年国民投票における選挙運動は，スウェーデンの国民投票史上，最も

激しいものになった。賛成する陣営の主たる主張は，①欧州内部での影響力の確保，②通貨統合による経済の好転である。しかし，②の主張は国民に対する説得力を持たなかった。ユーロ導入国の経済は低迷し，一方，2003年のスウェーデンのGDPは1.3％という堅実な成長を見せていたからである。また，①については，ⓐ「通貨統合に対する決定が，どのように，スウェーデンの民主主義および国の政治責任に作用するのか」ⓑ「通貨統合に参加するという決定は，将来の欧州連邦の受け入れにどのように結びつくのか」という点を十分に説明することができなかった［Miles 160-161］。一方，反対陣営の，①通貨統合にこの時点で反対することは，将来再考することができるが，賛成は「後戻りのできない決定」であるという主張，②スウェーデンは経済状況の変化に応じて独自の金融政策を実施する権利を有すべきである，という主張，また，③欧州中央銀行は民主的な責任を負っていない，という主張は，欧州統合に懐疑的な国民に強く訴えるものがあった［Widfeldt 510］。

投票直前に，賛成陣営の人気政治家で，将来の首相候補であったリンド外相の殺人という衝撃的な事件があったが，投票率82.6％，賛成42.0％，反対55.9％，白票2.1％とはっきりと否決された。今回の国民投票で，賛否の差がはっきりと分かれた理由は3つある［Widfeldt 513-514］。

第1に，通貨統合反対は，左翼党および環境党が推進しているという，いわば「左翼の主張」というレッテルを慎重に避けたことである。これによって，親EUを掲げる穏健党と自由党内にいる，反対勢力を取り込むことができたのである。第2に，反対陣営の「時期を待つ」という主張が，歴史的変革に躊躇する多くの国民に受け入れられたことである。第3に，政治的エリートに対する強い不満が票となって表れたことである。今回の国民投票では，投票者の36％が支持政党の見解に反旗を翻したのである。1957年の年金の国民投票の際には85％が支持政党に従ったが，1980年の原発では74％，1994年では67％と，国民投票における支持政党の影響力が低下していたが，そのことが，ここでもはっきりと表れていることを示している。このような要因が，資金的にもかなり劣り，賛成陣営のリンド外相のような著名な政治家の応援も少なかったにもかかわらず，反対陣営の勝利を導いたのである。つまり，2003年国民投票では，リーダーシップ効果が表れなかったということができる。

結局，この国民投票では，(1957年の年金および1980年の原発とは異なり) 1994年同様に，はっきりと国民の意思が示された［Widfeldt 515］。これは，国民の側から見れば，国民が国政に影響力を有していることを示しているが，政党からみれば，主要政党が支持した側が軒並み破れたことを意味し，国民投票が彼らにとっては危険な制度であることを示している。この点から，次回の欧州憲法の批准に対して，主要政党が国民投票の実施を望しくないと思うことも理解できる。

注）ボグダナーは，最初の4つの国民投票は，問題解決機能を発揮していないとする［Bogdanor d 74］が，これについて，ルインは，それは誇張だと指摘する。まず，右側通行の問題は，確かに国民投票の明白な結果を無視したことになるが，1967年に右側通行を正式に決定した際は，政党間の合意を取り付けているとする［Ruin 181-182］。

2.5 スウェーデンの国民投票の特徴

スウェーデンで国民投票が実施される大きな原因は，他国の運用と同じように，特定の争点について，本来は協力関係にあるはずの政党の間の対立および政党内部の分裂である［Ruin 174］。しかし，スウェーデンでは，同じ助言型国民投票であるとしても，イギリスの運用のように与党が単独で実施を決定するのではなく，野党との合意でなされる点が異なる（この点から，イギリスは政府主導型で，スウェーデンは議会主導型であることがわかる）。つまり，スウェーデンの政体は，伝統的に多党制の下での「協和民主主義」であるが，そのことが国民投票の実施という局面に表れているとみることができる。しかし，別の言い方をすると，実施の有無，投票案件選択，といった国民投票の運用が，政党の思惑で決められている，ということでもある。議会で合意が得られない問題について，国民投票を行うのであれば，二者択一の投票案件が意見集約という点では望ましい。それにもかかわらず，年金と原発については三択で行われたのは，政党に対して意見を表明する権利を保障したという点に負うところが大きい。この点で，まさしく，国民より政党の政治的便宜を優先しているということができる。

ところが，このような政党中心の国民投票の運用は，必ずしも政党に有利な結果をもたらしている訳ではない。三択で行われた国民投票は，デッドロックを解消し，紛争解決機能の発揮が期待されたが，国民から明確なメッ

セージを受け取ることが困難となり，逆機能を露呈した。そして，欧州統合問題では，政治的エリート間の合意について，国民から反対のメッセージが示されることになる。これまでの国民投票の運用をみる限りでは，国民投票は，国民からみると，政治的エリートに対して自己の見解を表明する，「望ましい」制度であるが，逆に，政党および政治的エリートからみると，合意が覆される「危険な」制度となっている。そうであるとすれば，政権を握っている政党が，今後，国民投票の実施に消極的になることも十分に考えられる。

第3節　ノルウェーの国民投票

　ノルウェーの現行憲法は，純粋な代議制民主主義を志向していて，政治的な意思形成に国民が直接関与するという条項は全く規定されていない。しかし，憲法の解釈上，助言型国民投票の実施は可能であるとされていて，これまでに6回の国民投票を実施している［Wyller 139］。それらは時期と対象によって3つに分類される［Kaufmann & Waters 99-100］。

3.1　国家体制の確立

　1905年8月に，2つの国民投票が実施された。最初の投票案件は，スウェーデンからの独立である。ノルウェー政府は，国民の間に不評であった，スウェーデンとの同盟を一方的に廃棄し，主権国家であることを宣言した。これに対してスウェーデン側から，独立を受け入れる条件の1つとして，国民投票による承認を求められたことから，実施されたのである。ほぼ100％近い国民が賛成票を投じた。

　続いて同年11月には，ノルウェーが共和制をとるか，王制をとるかが問題となった。政府は，デンマークの王子をノルウェー国王とすることを提案したが，共和主義者がこれに反対し，国民投票の実施を要求した。これに対して，王子も国民投票の実施に賛意を示し，国民の多数が承認したときに，国王となる旨を宣言した。国民の78.9％が賛成して，国民は王制を選択した。これらの2つの国民投票は，国家体制の確立のための国民投票と位置づけられ，正統化機能を発揮したということができる［Kaufmann & Waters 99］。

3.2　禁酒についての国民投票

1919年には，12％以上のアルコールを含有する酒類の禁止が，国民投票によって，投票率66.5％で，61.6％の賛成で承認される。そして，1926年には，逆に禁酒の廃止が国民投票にかけられ，投票率64.8％で，55.8％の賛成で承認される。戦間期のノルウェーにおいては，禁酒は政治上の大きな問題であり，しかも，当時の最大の政党である自由党が分裂していたことから，この国民投票は，同党が禁酒問題を選挙の争点から切り離すために実施されたのである。そして，2回目の国民投票が実施されたという事実は，禁酒に反対する勢力が増加したことを示していると同時に，「国民投票で承認を受けた政策は，国民投票によらなければ廃止できない」ことを示している[Kaufmann & Waters 99-100]。

3.3　欧州統合についての国民投票

1972年にEC加盟を投票案件とする国民投票が実施された。このとき，国民投票実施前に，指導的な立場にいる政治家の多くは，国民の意思を尊重することを明言していた。さらに，首相は投票直前に，加盟反対という意思が示された場合は，この問題を国会に提出しないこと，しかも下野することを明らかにしていた。したがって，実施前から結果に強い事実上の拘束力が付与され，それと同時に信任投票として実施されたことは明らかであった[Wyller 143]。結果は，79.2％という高い投票率の下で，53.5％という反対票が示された。この結果を受けて，内閣は退陣し，EC加盟は見送られた。国会議員の4分の3が賛成しているにもかかわらず，反対票が多数を占めたことは，政治的エリートと国民の間にある，欧州統合への意識のずれを示すものとなった。また，この結果は，加盟に反対する漁業と賛成する農業の対立，地方と首都の対立を反映し，それを煽ることになった。政党についても，労働党の内部対立は解消できなくなり，国民投票の実施を進めてきた労働党は崩壊した［Nilson 150-152］。

22年後の1994年にはEU加盟を問う国民投票が実施された。1972年以来，憲法上，議会の4分の3以上の賛成があれば，EC・EUのような超国家機関に主権を委譲することが可能となっていた（93条）が，逆に言えば，これは，議会の4分の1の反対があるときは，先例もあることから，国民投票を実施

しなければ EU 加盟を進めることができないことを意味する。これまでノルウェーでは総選挙と国民投票は切り離されていたが，直前の1993年総選挙では，初めて国民投票の実施が争点となった。欧州統合に反対する政党は，「議会は欧州問題を最終的に決定する義務と権限がある」ことに焦点をあてて，選挙運動を展開した。つまり，統合に反対する諸政党の議席が伸張して4分の1を超えれば，欧州統合を阻止できるという主張である。一方，欧州統合に賛成する政党は，「欧州問題を解決する権限は国民にある」ことを強調して，総選挙から欧州問題を外すように求めた。結局，この総選挙では，農民が支援する中央党が議席を伸ばして，反欧州統合の政党が45議席となり，議会の4分の1以上を占めるようになったことから，議会多数派は国民投票の実施に追い込まれたのである。ここでは，投票率89.0％で，52.2％が反対票を投じ，否決される。2回連続した否決は，はっきりとした「反欧州統合」の意思表示を示したものだと評価できる［Wyller 144-145］。

注）［Wyller 144］によれば，EC の国民投票は反対派の最後の武器で，EU の場合は賛成派の最後の武器になったとする。

3.4 ノルウェーの国民投票の特徴

ノルウェーの国民投票の運用上の特徴をいくつか指摘したい。まず，国民投票の実施に際しては，政党内の分裂が激しいことが指摘できる。特に欧州統合の2つの国民投票では，各政党は完全に分裂していた。このため，選挙運動は，政党ではなくアドホックな集団が中心となって行われた。

また，形式的には，議会の多数派が発議するはずであるが，国民投票実施における政府のコントロールは強くない。最初のスウェーデンからの分離独立の国民投票は，ほぼ完全に政府が実施の全過程を支配していたが，次の王制の選択の国民投票では，共和主義者の要求と王子の支持が引き金となって実施されている。また，1919年の禁酒の国民投票は，禁酒主義者（特に自由党内部の）の強い要求によって実施されたということができるし，逆に，1926年の国民投票は，禁酒廃止を訴える勢力の要求を無視できなかったのである。1972年の国民投票は，1949年の NATO 加盟に際して，国民投票を実施しなかったことへの批判が国民の間に強いことに配慮した［Wyller 149］ということができるし，1994年国民投票は，上述のとおり，議会で4分の3の

賛成を確保できないことから，国民投票の実施に追い込まれたのである［Wyller 147-148］。しかも，欧州統合については，実施に追い込まれ，なおかつ政府に不利な結果をもたらしているのである（［Gordon Smith］の分類でいうと uncontrolled-antihegemonic となっている）。

　国民投票の機能という点でみると，少なくとも，1905年王制の選択，1919年禁酒，1972年EC加盟の3回は信任投票として実施されていることが確認できる。1994年国民投票では，前回の失敗に鑑み，国民投票が否決されても，辞任しないことをあらかじめ明言して，信任投票となることを回避したことから，敗北後も政権は続いた。次に，国民投票に強い参加促進機能が認められる［Wyller 145-146］。それは，投票率が低くても6割半ばで，1994年の国民投票に至っては，89％という驚異的な数字を示していることからも理解される。その他の機能としては，最初の2つの国民投票には，政策に対する正統化機能があり，スウェーデンからの独立の国民投票を除く，5つには紛争解決機能を読みとることができる。

　また，投票行動についてみると，国民投票の結果には，国内の4つの分裂要因が表れていることがわかる。特に2つの欧州統合の国民投票にはっきりと示されている。第1の要因は，1世紀以上続く，中央部対周辺部という地理的な対立である。欧州統合問題でみると，親欧州が首都オスロおよびその周辺で強く，北部および人口の少ない地域では欧州統合に懐疑的な態度を示している。第2の要因は，上述のとおりのエリートと大衆との対立である。前者が親欧州で，後者が欧州統合に懐疑的な態度を示している。第3の要因は，左右の政治勢力の対立である。左翼勢力は，一般に欧州統合に懐疑的で，右寄りの勢力は欧州統合に賛成していた。この左右の対立は，最大政党の労働党内部でも，労働組合でも表れている。また，第4は，男女の対立である。特に，1994年の国民投票では，男性の反対が47.7％であったのに対して，女性は56.7％と9％もの差が示された。男性より女性の方が公務員として社会福祉に従事している割合が高いことから，選挙運動で福祉国家の将来が争点となったために，女性の反対が多いと分析されている［Wyller 147］。

　ノルウェーの国民投票の運用は，対象・実施のプロセス・機能という点で多様であり，一貫性のある原則を見出すことは困難である。しかし，代議制民主主義の下で，国内に多くの対立要因を抱えながら，国内の最重要問題を

国民に問うという姿勢については，共通しているということができる。

第4節　フィンランドの国民投票

　1919年に制定されたフィンランド憲法は，ノルウェー同様に，純粋な代議制民主主義を志向していて，国民投票に係る規定は当初存在しなかった。しかし，1930年代に禁酒問題が，政党の枠組みを越えた政治上の争点になると，スウェーデンおよびノルウェーにならって，国民投票実施による問題解決が意識されるようになった。そこで，1931年には，禁酒に係る3つの選択肢を提示して，助言型国民投票が実施されることになった。選択肢は，①禁酒の継続，②ワインおよび度数の低いアルコール飲料の解禁，③禁酒の全面的な廃止であった。43.6％という低い投票率であったが，③の選択肢が過半数を占めたことから，議会はその結果に従って禁酒の廃止を決定した。国民投票の紛争解決機能が発揮されたことになる［Suksi b 52-53］。

　1987年にフィンランドは，助言型国民投票を憲法典に編入し，議会がその度に執行法を制定して実施すると規定された。（なお2000年に憲法は全面的に改正されたが，国民投票の規定はそのまま残った［Kaufmann & Waters 59-60］）。そして，1994年には欧州統合の是非を問う国民投票が実施された。フィンランドの欧州統合の国民投票は，ノルウェー同様に，内部にいくつかの分裂要因を抱えていた。また，政党内部も分裂していた。1991年以来，連立政権において首相を輩出していた中央党は，その支持母体の農業従事者に反対が多いことから，欧州統合を進めるための唯一の方策として，国民投票の実施を進めた。結果は，投票率70.8％，賛成が56.8％であることから，欧州統合が承認された。これを受けて，欧州統合問題は，政治的議題としては消失し，政党内の分裂も収束した［Suksi b 61-62］。

　　注）男女・教育程度・職業・支持政党・地域別に賛否が割れていることについては，［Raunio & Wiberg 68-69］を参照されたい。

　おそらく，北欧諸国の中で唯一欧州統合に前向きな姿勢が，国民投票の結果に表れた背景には，ソ連崩壊以降，経済的に西欧との関係が緊密になっていったことがあると思われる。ここで，興味深いのは，憲法95条で，EU参加には議会の3分の2の賛成が要求されていることである［Suksi b 61］。国

民投票の運用上，問題となるのは，当該争点の承認には，議会の3分の2の賛成という高いハードルを課しているのに，国民投票で過半数という低いハードルで，加盟を決めてしまうことは，一種の「脱法行為」ではないかという点である。この方法は，逆に高いハードルを突破するために利用される可能性があることから，助言型国民投票の運用上の問題点として，留意すべきであろう。この問題は，第3部第3章第2節で論じる。

第5節　まとめ

「北欧型国民投票」の運用実態を以下にまとめてみたい。
(a)　小国で，多党制の国であることから，コンセンサス形成を目指して，協和民主主義が行われているが，党内分裂，連立を組む政党間の対立が原因となって，国民投票を実施することが多い。このため，政府のコントロールは強いものではなく，イギリスのように，与党が押し切って実施する形ではない。むしろ，アイルランドと同様に，議会でコンセンサスを形成してから実施する形態が多い。
(b)　議会の少数派を保護するための制度が多く，議会多数派の意向で実施されるはずの助言型国民投票も，その主導権を議会少数派が握っていることが少なくない。ただし，保護されている議会少数派は，一定数以上の議席を有する有力な議会少数派であり，北欧の国民投票は，アメリカおよびスイスのイニシアティヴのように，国民の強い少数意見を反映する制度とはなっていない。
(c)　国民投票の対象は，①独立・新憲法制定，②禁酒・原発等の国内の政治的争点，③欧州統合となっているが，②および③は国政上の重要問題となって，議会での紛争解決が困難であることから，国民投票が実施されたケースが多い。つまり，指導者が政治的効果を狙って実施するというよりも，議会の機能不全を補完する形で実施されている。
(d)　国民投票の結果は，実施する側の期待を裏切るものになることが多い。特に，政治的エリートに対する不満がある場合，および国内の分裂要因をまとめきれない場合は，否決される。
(e)　国民主導型国民投票の国の運用とは異なり，国民よりも，政党が運用

の中心に位置し，政党は政治目標を達成する手段の1つとして，国民投票を認識している。世界的にみて，最も進んだ民主主義国で，住民運動も盛んな国の割には，国レベルでの国民投票の制度化も遅く，実施回数も多くはない［Bogdanor d 70］。政党の党略によって，実施されているという側面が強いのである［Bogdanor d 76］。

(f) 北欧諸国は，合意に基づく民主主義国（consensual democracy）で，通常は，議会内部の話し合いで問題が解決されるところ，国民投票が実施されるのは，そのシステムが機能せず，政治的エリートが，問題解決を苦し紛れに国民に委ねた場合である［Bogdanor d 74］。多くは，政治的エリートの利害によって国民投票が実施される（デンマークを除いて憲法上の規制が少ない）が，その問題解決への期待が適うことは多くは，ない。また，北欧における国民投票は，政党が隠していた国内の分裂を表すものである。ただし，デンマークだけは，政党間の相違を調整し問題を解決する機能を有する。

(g) 北欧において，国民投票の実施が少ない理由として，第1に，上述のとおり，妥協・調整の失敗の時にだけ用いられること，第2に，戦後，北欧社会を支配していた社会民主党が，国民投票を，改革に反対する保守的な手段であるとみなしていた［Bogdanor d 76-77］ことが挙げられる。（［Luthardt 89-91］も同趣旨の指摘をする。）その証拠として，比較的社会民主党が弱いデンマークでは，国民投票が多いこと，さらに社会民主党が弱いフィンランドは一番実施回数が少ないが，その理由として，同国に内部分裂の要因が強いことが挙げられる。

第3部

憲法改正国民投票の運用の指針と日本型国民投票の提案

第1章　国民投票のタイプ別の運用状況

　第1部では，国民投票をその制度と実施状況によって3種類に分類し，第2部においてその運用実態を観察したところ，次のような共通の現象と問題点を見出すことができる。

第1節　国民主導型国民投票

　国民が発議権を持ち，署名要件も比較的低く設定してあるので，投票回数も多く，投票案件も多様である。発議権を国民に付与しながら，署名要件が高くて実施が難しいという制度はなく，むしろ，積極的な利用が可能な形態をとっている。したがって，国民は国政に直接議題を提示することができる。その議題には，政治改革，税制改革，あるいは軍の改革など，議会および政治階層が取り上げない問題が含まれ，政治過程に民意を反映させることが可能になる。このため，議会は民意を意識するようになり，国民の支持を得られにくい政策の実施を控えるようになる。すなわち，国民主導型国民投票のある政治体制においては，政治過程の中における，国民投票の役割が比較的大きくなる。
　しかしながら，投票に行く回数と投票案件の多さに国民が対応できない場合がある。その場合，国民は他に投票の鍵（手掛かり）を求める「合理的投票者」として行動するか，反対の票を入れるか，棄権を選択する。これを投票率でみると，重要性の低い投票案件に対する投票率は一般に低く，逆に，税制改革など，一部の投票案件については，投票率も高く情報獲得も積極的になされている。これは，上述のとおりの「選択的投票」という現象である。しかし，一般的にいうと，投票案件が成立する割合（拒否型・廃止型でいうと，法律が否決・廃止される割合）は低い。これは，説得力のある投票案件しか成立しないことを示すと同時に，極端に差別的な投票案件が時々登場するとしても，その成立を抑制しているという側面があることを意味する。

国民投票を提起する集団は多様である。国民だけではなく，政党および政治家，様々な利益集団が国民投票を提起し，たとえ成立しなくても政治的交渉の手段として利用している。国民からの立法要求ないしは制度改革に反対する側は，議会における審議棚上げ，裁判闘争，対抗案の提出，実質的に骨抜きにする法案の成立，投票日の操作等を行って対抗する。また，成立した法律のコンプライアンスを遅らせたり，実質的に拒否したりする。裁判所が関与する場合は，投票前の段階では，シングルサブジェクトルール違反の審査，投票対象の制限に該当するかどうか，についての審査等を行う。アメリカのイニシアティヴについては，投票後に，実体についての審査がなされる。したがって，イタリアとアメリカにおいては，裁判所は，国民投票のフィルターとして大きな役割を担っている。

　国民主導型国民投票を実施するアメリカ，スイスでは，政党の動員力，組織力は強くない。スイス，イタリアでは，急進党などの弱小政党の勢力拡大・政治闘争の手段となり，とくにイタリアでは，国民投票によって，政党制の解体・再編が行われた。

　なお，興味深いことに，現行の国民主導型国民投票は，その機能から次のような組み合わせができる。〈イニシアティヴと間接イニシアティヴ〉は，「立法志向」という点で対になった制度で，〈イニシアティヴと拒否型国民投票〉は，「直接」立法ないしは拒否を行うという点で対になっている。そして，〈間接イニシアティヴと廃止型国民投票〉は，国民の意思を議会に提示して，「議会の裁量で法制定を行わせる」という点が共通している。

第2節　政府主導型国民投票

　大統領（フランス）または議会の安定多数を背景とした政府（イギリス）が発議権を有していて，その政治的便宜によって実施されるので，投票する回数は比較的少ない。一方，投票案件のテーマには一貫性がなく，複数の無関係な争点の組み合わせを含む投票案件も登場する。しかも，この制度は，全体的にフィルターが少ない。フランスでは，制度改革や主権の委譲という憲法上の問題を問うているが，議会と裁判所がフィルターとなっていない。イギリスも，議会主権を原則としていながら，EC加盟・権限委譲という憲

法問題を国民に問っているので,事実上の憲法レファレンダムとなっているが,首相の国民投票実施の意思を抑制しにくい構造になっている。両国とも,憲法に対する国民の意思が反映されていることから,事後のフィルターをかけにくい。

つまり,この制度は,政府のコントロールが強いことを特徴(例外・イギリス1979年国民投票)とし,実施する大統領・首相の人気が高い時は,リーダーシップ効果が発揮され,プレビシットとして機能することがある。しかし,長期政権が続いてから国民投票を実施すると,国民投票に政権への不満が表れやすく,逆リーダーシップ効果(実施した者に不利益を与えるとすると,「ブーメラン効果」となる)が発生する。このため,大統領・首相は,就任の早期に実施したり,国民投票の結果と自己の進退を分離する旨をあらかじめ宣言してから実施したりするようになる。

注) ブーメラン効果は,[Butler & Ranney b 3][Ellis 89]で用いられている。

投票案件設定のコントロール性は高いが,重要性の低い問題や国民が理解しにくい問題は,国民の関心を喚起することができず,低投票率に終わることがある。大統領・首相は,権限強化・信任投票という目的で,つまりプレビシットとして,国民投票を実施する場合は,国民の関心のある投票案件を選択して実施しないと,その目的は達成できない。また,議会がフィルターとして機能していないとしても,特定の集団を攻撃するような投票案件が登場することはない。欧州統合・権限委譲のような憲法問題について,一度国民投票を実施すると,事実上それが先例となり,国民投票を実施せずに当該政策を推進することは困難となる。つまり,政府主導型国民投票では,運用を重ねていくうちに,徐々に大統領・首相のフリーハンドの範囲は,狭くなっていくのである。国民が国民投票に対する学習を積んでいくこと,任意的レファレンダムから義務的レファレンダム化していくことから,形式的には,発議機関の裁量が大きいようにみえるが,実質的には,裁量の範囲が収縮していくのである。また,大統領および政府からみると,結果の予測が困難で,少なからぬギャンブル性を伴う。

フランスでは大統領が政党を分断し,敵対する勢力を排除して,民意との直結を意図して国民投票が実施された例が存在するが,イギリスでは,逆に,政党内の分裂を回避する意図で実施された例がある。

第3節　議会主導型国民投票

　議会の多数派に発議権がある国民投票は，実際は議会内の政党の合意によって，実施されることが多い。つまり，議会多数派が，「上から」強行的に国民投票を実施するよりも，議会内で決着のつかない問題を，議会が「自発的に」に国民に問う形態が多い。また，単純多数決以外の発議要件（全議員の3分の2，5分の4といった特別多数や二重の賛成など）も少なくない。この場合は，少数派を保護する機能を有する。議会主導型国民投票の国の中には，国民投票の頻度が比較的高く，重要問題を国民に問うことが政治過程の中で確立していて，国民投票が国政上の重要な位置を占める国（積極型―アイルランド・デンマーク・スウェーデン・オーストラリア）と，国民投票をあくまでも例外的に実施する国（消極型―ノルウェー・フィンランド・オーストリアその他多数）がある。また，結果に対する効力という点では，拘束力のあるタイプ（憲法レファレンダムが多い）と助言型の違いがある。

　多数派主導型の場合に実施されるパターンとしては，①重要問題であるという共通認識の下で，議会の合意によって実施される場合，②議会と政府が特定の争点について，デッドロックに陥りその解決を目的とする場合（特に少数内閣のとき），③国民投票が行われた過去の先例に従う場合（欧州統合・禁酒など），④連立を組む政党間および与党内部の分裂を回避する場合，⑤多数派が少数派を押し切る形で憲法改正・政治改革を実施する場合，⑥国政選挙から争点を棚上げすることを目的とする場合がある。なお，この⑤は運用としては，政府主導型国民投票と接近するであろう。少数派主導の場合は，実施されること自体少ないが，その制度の存在および実施の可能性が妥協・調整を促進する。

　これらの議会主導型国民投票は，制度的に国民の声を吸収する形で実施されることはなく，また，運用上も，国民の（議会外の）国民投票実施要求に従って行われることもほとんどない。その大半が，政党もしくは政治的エリートの思惑で実施されている。このため，選択肢が3つの国民投票を実施したり，拘束力のある方式の国民投票をあえて避けて助言型国民投票を実施したり，先例を無視して国民投票の実施を回避したりすることがある。つま

り，民意の確認よりも，政党の政治的便宜で実施される形態が少なくない。また，議会の少数派の主導といっても，それは，国民の少数派を意味する訳ではない。上述のとおりの①～⑥の実施パターンをみてわかるように，議会自体はフィルターとなっていない。裁判所が，シングルサブジェクトルール違反の審査，対象の制限の審査をする権限がないと，議会のフリーハンドで，国民投票が実施されることになる。また，アイルランドのように，裁判所が国民投票の実施のきっかけをつくる場合もある。

　このように，議会主導型国民投票においては，政党の思惑もしくは政治的エリートの主導で国民投票が実施されることが多いが，必ずしもそれらの期待通りの結果になるとは限らない。議会多数派の意思と国民の多数の意思にずれが存在する場合は，政治的エリートに対する批判が吹き出て，否決されることが少なくない。また，問題が解決しなかったり，内閣が退陣に追い込まれたり，政党の分裂が増幅されることもある。一方，国民が熟慮の上に最終判断を示したことから，政府がそれに従った政治決定を行ない，政治的議題としては消滅することもある。その意味で，議会主導型国民投票には，政府主導型国民投票と同様に，ふたを開けてみないとわからない，ギャンブル性が常につきまとうことは事実である。

　オーストラリアとアイルランドは，発議のハードルの低い憲法改正国民投票を実施する国であり，その国民投票には，争点の硬性化機能がある（ただしオーストラリアは「二重の賛成」があるので成立のハードルは高い［Hughes］）。一方，デンマークの憲法レファレンダムは，発議のハードルが高く成立要件も有権者の40％と高いために，成立が困難となっている。

第4節　その他の国民投票の運用状況

　上記の主要な3タイプの国民投票以外で，頻度は少ないが重要な国民投票について述べたい。

4.1　新憲法の制定・国家体制の確立のための国民投票

　このタイプの国民投票には，①王制から共和制への変更，あるいは王制の存続を問うもの，②分離独立を問うもの，③旧憲法との連続性のない，全く

新しい憲法の制定を行うにあたって実施されるものがある。④アイルランドとイギリスのベルファスト協定を巡る国民投票も，北アイルランドの帰属を最終的に決定したことから，このカテゴリーに準ずるものだということができる。いずれも，国家の礎を築くにあたって，国民の最終の意思を確認する必要があることから，実施されたものである。これは，憲法の規定に従ったものではなく，憲法の枠を超えて，国民主権の権力的契機が発動された局面であると解することができる［芦部 b 40-43］。

日本の現行憲法の制定は，形式的には大日本帝国憲法の改正であるが，実質的には改正の限界を超えた改正であることは，説明の困難な，ある種のパラドックスになっているが，制定前後，ないしは独立回復後に国民投票を実施することで，それを解くという方法も考えられる。なお，「押しつけ」憲法であるという批判も，国民投票が一度でも現行の規定によって実施されれば，一種の「法定追認」の形になって解消されるであろう。

また，このタイプの国民投票は，「後戻りのできない選択」を求める国民投票であることが多い。「君主制を廃止すべきか」「通貨統合に参加すべきか」「地方議会に権限を委譲すべきか」といった投票案件は，賛成多数で承認されて制度改革に踏み出してしまうと，逆行することが事実上困難になる。そのため，国民は，その改革の意味を十分に理解することができず，説得力を感じない場合は，最終的判断をするのを避ける傾向にある。また，これらの投票案件についての賛否の割合は，正統性獲得のバロメーターになり，圧倒的な票差でなくては，その後にしこりを残すことにもなるであろう。なお，倫理的争点（離婚・中絶・死刑・禁酒等）も，当該制度が国民投票で廃止された場合は，再度国民投票によらない限りは，また元に戻すのは極めて困難になるであろう。そういう意味では，国民が一度直接決定したということは，非常に重みがあるのである。

4.2 義務的レファレンダム

義務的レファレンダムは，一定の項目について，必要的に国民の同意を得ることが，憲法上求められているタイプの国民投票であり，発議権が行使されて，実施されるタイプの任意的国民投票とは異なり，国民投票の実施について，議会で紛争が発生することがなく，必ず国民に問うことができる。ス

イス（条約・国際機構への加盟等），デンマーク（投票年齢の変更）などにその例をみることができる。問題点としては，重要性が薄い投票案件，あるいは問題が既に解決し，単なる確認の意味しかない投票案件であると投票者が判断する場合は，低投票率になることが観察できる。なお，アメリカの住民投票においては，特定の条項をあえて義務的レファレンダムに指定することによって，差別的結果がもたらされるという指摘がある［Eule］［福井 a 55-58］。

4.3 国民発案（国民投票のない間接イニシアティヴ）

オーストリアには，国民が議会に法案を提出できる制度（以下「国民発案」とする。）がある（オーストリアは，議会主導型国民投票の国である）。ただし，この制度は，議会の審議を義務づけているが，その採択・不採択は議会の裁量に委ねられていて，さらに，その議会の立法判断に対する国民投票は義務づけられていない。つまり，日本の地方自治法の住民発案と同様に，「投票が義務づけられていない」間接イニシアティヴと位置づけることができる。この制度においては，最初に8千人（人口の約0.1%）の署名を集めて，登録した後，一定期間に，10万人または3つの州の有権者の6分の1の署名収集を要件として，完成した形の法案を，国民議会（下院）に提出することが可能となる［Pelinka & Greiderer 21］。

手続を規定する法が制定された1964年以来，2005年12月まで，31の法案が国民議会に提案されたのであるが，そのうち，実際に法律として制定されたのは，わずかに3つである［Kaufmann & Waters 34］［衆院資料平成18年2月29-31］。不採択となった発案の中には，71万7千人の署名を集めた「福祉国家」国民発案（2002），91万5千人の署名を集めた「テメリンの拒否（Temelin Veto）」といわれる国民発案（2002）が含まれる。このように，登録有権者の1割以上を集めても，議会での採択には至らないものがある。こうした不採択の理由は，国民発案を支えているのが，議会の多数派ではなく，野党・議会外の集団であることにある。つまり，野党・議会外の集団が，政府を攻撃する手段として利用していることを意味する。しかし，国民発案は立法手段としての機能は不十分であるが，政府・議会多数派によって無視された争点を，政治的議題として国政の場合に提示する（争点提示機能）ことができるし，野党・議会外の集団の存在を強くアピールすることができるの

である。しかし，現在の制度では，政党の支持がない状況で，議会外の集団だけで，国民発案の採択を実現することは困難である。結局，オーストリアは，いくつかの国民投票の制度を有するものの，代議制民主主義の要素の強い政治体制であり［Pelinka & Greiderer 21］，また，二大政党による大連立政権が長く続き，野党の政治的な役割が小さいので，仮に国民の多くの支持を集めることができたとしても，議会での採択にまで押し上げることができないであろう。

　　注）テメリンの拒否は，この原則の例外である。というのは，この国民発案は，連立を担っていたFPOが提起したもので，オーストリア国境近辺にある，チェコのテメリン原発の稼働停止を，同国のEU加盟の条件とするものであった。しかし，連立内閣の他の党の賛成を得られず，2002年1月には，人口比15.5%の署名を集めたにもかかわらず，採択されなかった［Kaufmann & Waters 35］。
　　注）署名で有権者の過半数を集めることは難しい。逆にいうと，有権者の1割近くを集めるということは，潜在的にはかなりの支持者がいることを意味するのではないだろうか。

第5節　凍結された国民投票

　凍結された国民投票は，その態様としては，以下のように3つある。①執行法が制定されないもの。これは，憲法に規定されながら，政府が国民投票を野党の攻撃手段と認識し，実施に消極的なために国民投票の執行法が制定されない状態が続いている場合である。イタリアは，長い間，執行法の制定がなく，逆に制定後に国民投票の運用が活発になっている。②発議要件が厳し過ぎるために，そもそも発議自体がなされないもの。アイルランドの法律レファレンダム，デンマークの憲法レファレンダムが該当する。③政党の勢力分布からみて，発議できる状態ではないもの，あるいは，発議するよりも交渉手段として機能しているものがある。前者の例としては，オーストリアの憲法レファレンダム（下院の3分の1による発議）がある。後者の例としては，デンマークの法律レファレンダム（一度だけ行使）がある。もちろんこれらの事情は，重なることも少なくない。

　凍結された国民投票は，制度的分類としては，任意的国民投票で，拒否型ないしは廃止型が多い。これは，ギャラハー・ウレリィの分類でいうと，

decision-control（任意的国民投票だが，投票案件の作成者が異なるもの）である[Gallagher & Uleri 11-14]。それでは，これらの凍結された国民投票の意味するところは何であろうか。国家体制の確立のための国民投票や多くの助言型国民投票が，憲法の規定がないにもかかわらず実施されているのは，直接国民の意思を確認する必要性があったからである。また，国民主導型国民投票には，凍結されたものはほとんどなく，凍結されているのは，ほとんどが議会主導型国民投票である。多数派主導型では，議会多数派がその必要性を認識しないときには，執行法も制定されず，実施も政治スケジュールの中に組み込まれない。一方，少数派主導型の場合は，議会の3分の1というハードルは意外と大きく，比較的議席数の大きな政党のみが利用可能となる。結論的にいうと，凍結されるかどうかは，さらに，議会主導型国民投票が活発に運用されるかどうかは，政党の勢力分布という要因に大きく左右されるのである。

　ただし，凍結されたといっても，全く実施不可能なものがあり，これらの国民投票は，存在自体に意味のあるもの，つまり人民主権のシンボルとしてのものか，単なる制度設計上のミスであると評価できる。

第2章　憲法改正国民投票の運用上の指針

　続いて，これまでの国民投票の運用状況に対する分析を踏まえて，日本国憲法第96条が規定する憲法改正国民投票（以下「憲法改正国民投票」という。）の制度的特徴とその運用のあり方を論じたい。

第1節　日本の憲法改正国民投票の制度的特徴

1.1　ハードルの高い議会主導型国民投票

　憲法第96条は，第1項で，「この憲法の改正は，各議院の総議員の3分の2以上の賛成で，国会が，これを発議し，国民に提案してその承認を経なければならない。この承認には，特別の国民投票または国会の定める選挙の際行はれる投票において，その過半数の賛成を必要とする。」として，憲法改正国民投票の手続を規定する。この手続を本書が分析してきた枠組みで構成すると，以下のようになる。

　まず，発議要件は，各議院の総議員の3分の2以上の賛成であることから，憲法改正国民投票は，議会多数派主導型国民投票であると位置づけることができる。他国の議会主導型国民投票と比較すると，両院の3分の2の賛成という発議のハードルはかなり高いことがわかる。この要件の下では，内閣を構成する衆議院の多数派だけでは，発議することはできない。したがって，この発議要件は，国会内の少数派に，憲法改正についての拒否権を与えていることになる。つまり，憲法改正国民投票は，後述のとおり，国会の両院の3分の2を超える巨大与党の誕生か，あるいは，与党と野党の合意の上で実施されることが，暗黙のうちに示されているのである。また，それは，政府の憲法改正国民投票実施におけるコントロールが低いことを示している。一方，発議要件に比べると，成立要件は，単純な過半数を要求しているだけなので，むしろハードルとしては低い。そして，憲法の条文上は，この発議要件と成立要件以外には，投票日を国政選挙と同時もしくは，国民投票だけを

特別に実施できると規定するのみである。

1.2 凍結された国民投票

憲法制定以来，2007年1月現在，実際に，発議は一度もなされていない。つまり，憲法改正国民投票は，典型的な凍結された国民投票となっている。憲法改正国民投票が凍結されている原因を，上述のとおりの他の凍結された国民投票の原因と比較したい。

凍結される理由は，上述のとおり，①執行法が制定されない，②発議要件が厳しい，③政党の勢力分布が発議に適していない，の3点であるが，憲法改正国民投票はすべてこれらにあてはまっている。ただ，②発議要件が仮に厳しいとしても，それは，国民投票の発議を不可能にするというわけではなく，③政党の勢力分布がそれに適していれば（合意可能であるか，3分の2を占める大政党が国政を支配するか，大連立政権が誕生する），①の執行法，つまり，国民投票法の制定がなされ，国民投票が発議されるであろう。このように，議会主導型国民投票である，憲法改正国民投票の運用においては，他国の場合と同様に，政党の勢力分布という要因が強く作用する。

そして，日本の政党事情としては，戦後90年代まで（村山政権以前）は，9条を巡って，「憲法改正を推進する」保守勢力と，「憲法を擁護する」革新勢力という図式が長く続き，この2つの勢力の間には，妥協・交渉の余地が全くなかった。また，憲法改正に積極的な国民の支持を集めながら，各院の3分の2を支配する大政党も，大連立政権も出現することはなかったのである。もちろん，戦後のある時期まで，改憲論議自体が政治的タブーであり，国民の間にも，憲法改正が盛り上がらなかったことも事実である。このために，憲法改正国民投票が凍結されてきたのである。

1.3 今後の実施の可能性

しかしながら，これらの原因がなくなれば，凍結は解除されるであろう。今後，国民投票が発議されるパターンとしては，次のような形をとることが想定される。①与党と野党の間で，憲法改正についての合意が成立して，国民投票が実施される場合。②国民の間に（政治改革などの）憲法改正の機運が高まり，国会が自発的にそれに反応する場合。③与党が国民投票を発議し

ようとするが，各院の3分の2の議員の賛同を得ることができず，助言型国民投票を先に実施して，その事実上の拘束力を利用して，憲法改正を図ろうとする場合。④巨大与党（ないしは大連立政権）が誕生した場合。

ただし，②の場合に，有権者の1割近い請願が国会に提出されたとしても，国会が無視することは十分に考えられる。これは，政党本位に作られた議会主導型国民投票の制度的欠陥である。また，③の場合は，発議要件の趣旨であるところの，「議会の合意成立による慎重な憲法改正」を没却させる意図で行われるとすれば，問題がある。これについては，後述する。

第2節　憲法改正国民投票における運用上の諸問題

さて，憲法改正国民投票の凍結された状態が，上述のとおり解除される可能性があるとすると，その実施のためには，細目を規定した国民投票法を制定しなければならない。しかしながら，96条は，国民投票法の内容について，具体的な指示をしていない。そうすると，その内容の決定は，国会の裁量行為であるということができるが，国民投票法の内容の決定が自由に委ねられているという訳ではなく，他国の運用実態を参考にして，主権者としての国民の意思表示が正確に反映されるような制度の構築が求められるであろう。

2.1　硬性憲法─漸進主義的憲法改正

憲法改正国民投票は，国民投票という現象からみると，凍結された状態であるが，憲法改正という現象からみると，硬性憲法の趣旨を活かして，安易な改正に走らず，慎重な運用をみせていると評価することもできる。ここで，日本国憲法が硬性憲法であることの意味を，最初に分析したい。

日本国憲法が厳重な改正手続を導入した趣旨は，次の2点であると推定される。第1に，日本国憲法を制定した時点での政治制度もしくは人権の観念の定着を図ることである。すなわち，日本国憲法は，大日本帝国憲法の価値観をほぼ全面的に否定したものであることから，容易に逆戻りしないように，安全弁として，規定を設けたのであろう。第2に，仮に，憲法改正の機運が高まったとしても，改正にあたっては，広いコンセンサスの形成を要求したという点である。つまり，多数派が数にものを言わせて強行的に実施するの

ではなく，アイルランドおよび北欧の国民投票の運用にみるように，議会内部の少数派の意向を尊重した上で実施されることが求められているのである。発議に単純多数ではなく，特別多数を要求する，発議要件のハードルの高い議会主導型国民投票であれば，制度的にも少数派保護を求められていることになる。さらに，憲法改正について，議会内部のコンセンサスに加えて，国民の間にも，それについての理解と周知徹底を求めている。実際，議会主導型国民投票の運用をみる限り，議会もしくは政治的エリートの合意（日本は政治的エリートより「政治階層」というべきであろう。）と，国民との見解の乖離がときおり観察されることから，国民投票での過半数の賛成は，単なる確認の意味に留まらず，主権者の積極的な意思の表明という側面があることを無視してはならない。二重のハードルを課しているとみるべきであろう。

また，国政レベルの選挙との関係でいえば，憲法は3年ごとの参議院選挙と不定期の衆議院の解散によって，少なくとも2ないし3年おきに実施される国政レベルの選挙を予定している。したがって，選挙において，全く争点とならなかった憲法改正が，選挙後に突如として国政上の重大争点になるという事態は，国民主権と，こうした憲法改正における漸進主義的姿勢に鑑み，回避されなければならない。つまり，国政レベルの選挙において，憲法改正が争点となり，選挙結果に国民の意思が反映されるというプロセスが必要であろう。図式的にいうと，憲法改正の過程は，①憲法改正を争点とした国政選挙，②国会内における議論とコンセンサス形成に基づいた発議，③国民投票という3段階の過程を経て実施されるべきであろう。

なお，上記①のプロセスについては，確かに，諸外国の運用をみると，国政選挙において，憲法改正および権限委譲などの憲法改正に準ずる争点が，選挙の結果を左右するような重大なものとして，投票者に認識されることは少ない。多くの場合，憲法改正という争点は投票者の関心を集めるものではなく，また，投票を決定する要因としての位置は高くないことは事実である。しかし，選挙公約もしくはマニフェストとして全く取り上げられないということと，たとえ関心を集めることがなく投票決定要因としての位置が高くないとしても，国政選挙で議論され，民意が反映されたということは全く異なる。抜き打ち的な憲法改正は，漸進主義的姿勢に反するものだといえよう。

さらに，実施の細目においても，憲法改正における，このような漸進主義

第 2 章　憲法改正国民投票の運用上の指針

的姿勢に配慮した，国民投票法の制定が求められるところである。すなわち，議会の合意が投票案件にはっきりと明示され，そして当該投票案件に対する民意が正確に反映されなければならない。

　　注）［芦部 b 362］が，硬性憲法を「安定性と可変性という相互に矛盾する要請にこたえるための装置」とするのは，本書の「憲法改正の漸進主義的姿勢」と同じ視点であると思われる。

2.2　改正の態様と投票案件

　憲法改正には憲法典そのものを改正する全面改正と，一部だけを改正する部分改正がある。全面改正は，価値観の転換・体制の変革・憲法典の条文の整理などの理由からなされる。議会における審議のみで実施されることもあるが，多くは国民投票が実施される。大日本帝国憲法から，日本国憲法への改正も全面改正である。全面改正の手続は，①スイスのように，全面改正の規定がある場合と，②旧憲法の部分改正の規定を利用して全面改正を行う場合，③憲法制定レファレンダムを用いて行う場合がある。

　しかしながら，96 条には，改正の態様についての文言が存在しない。最初に，憲法改正の内容的限界が問題となるところ，通説は，憲法の基本原則は改正できないとする。通説の説くところである，権力の段階構造および人権の根本規範性［芦部 b 365-367］という論拠から，日本国憲法の改正には限界があるとすることは正当であると思われる。しかしながら，諸外国の運用にみるように，基本原則を変更しない限りにおいて，つまり連続性を維持する限りにおいて，憲法典の体裁，条文の整理，統治機構の大幅な変更を目的とした，「全面改正」がなされる可能性は否定できず，また，理論的にも，（連続性を維持するという意味で）「限定的な」全面改正を否定すべきものではない。ただし，現実には，当面その可能性が低いことから，現時点では，新憲法という 1 つの投票案件に対する投票が行われることになること，それに対する国会の十分な審議と国民からの意見の吸収と集約が必要であることを指摘しておく。今後の課題として，スイスの全面改正手続をモデルとして，全面改正の是非を助言型国民投票などで問うといった，先決投票を活用し，民意を吸い上げるハードルを付した制度作りを提案したい。

　次に，形式的には一部改正であるが，実質的には全面改正に準ずる改正の

形態が想定される。すなわち，人権については，人権規定を複数追加もしくは削除して第3章全体の見直しを図る場合がある。統治機構については，憲法改正国民投票以外の国民投票制度の導入，総理大臣の公選制，二院制の廃止などが提案される可能性があり，これらの場合，当該規定のみならず，関係する統治機構の条文全体の調整を行う必要がある。現行憲法は，硬性憲法であり，追加された条項をさらに改正することは困難であることから，投票案件に民意が正確に反映されるように，特段の注意が必要となる。

> 注）本書は，憲法イニシアティヴを制度論としても，96条の解釈論としても取り上げていない。これについては，今後，オーストリア，スペイン等の国民発案のある国の運用実態を比較して分析していきたい。なお，[江橋]は，憲法改正の制度設計を，民意を汲み取る局面と拒否する局面の2つに分けて行うべきであるとする。

このような「大幅な改正」の場合に問題となるのは，投票案件の態様である。たとえば，第3章の国民の権利の部分を大幅に改正する際は，投票者の投票案件に対する選好が，個々の人権について分かれることがある。人権Aの追加には賛成するが，人権Bの修正には反対するということがありうる。このとき，人権規定を一括して投票すれば，投票者の選好を正確に反映できなくなる恐れがある。むしろ，個々の人権の改正についての投票が望ましいであろう。逆に，統治機構の場合は，複数の規定を一括して投票する必要がある[芦部b 365]。

2.3 シングルサブジェクトルール

憲法改正国民投票が議会主導型国民投票で，国会内部の合意，すなわち政党間の合意によって投票案件を決定するようにできているとすると，合意の内容を反映した投票案件が，国民にとってわかりにくいもの，政党の党利・党略を反映したもの，民意を正確に反映しにくいものになる可能性は否定できない。ここで，アメリカの住民投票で確立され，また，イギリス，アイルランド，スイス，イタリア（ただし憲法裁判所で採用された不文の原則）において同趣旨の準則があるところの，シングルサブジェクトルールを導入する必要性が存する。シングルサブジェクトルールは，①ログローリングを防止すること，②投票案件成立後に投票者が不意打ちを受けないように十分な情報提供を行うこと，③憲法を急激で大幅な変化から保障すること，④投票者

の選好を正確に反映させること，という4つの目的がある。憲法の条文は国の最高法規であることから，特段の明確さが要求されるところであるが，現実には，9条のように，解釈の余地を大きく残し，長い間論争を引き起こすものも存在する。また，改正方法の厳格さを考慮すると，いったん，成立した場合，それを再度修正することが困難であること，また，最高法規として裁判所を拘束するということを考慮すれば，シングルサブジェクトルールが，フィルターとしての役割を担うことが期待される。

> 注）シングルサブジェクトルールの目的として，さらに，⑤内容不明な法案の成立を防止し，既存の法体系との矛盾を回避することを挙げる場合もある。

シングルサブジェクトルールの導入によって，上述のとおりの大幅な改正の際に発生が予想される，「一括して投票すること（一括投票）」および「無関係な複数の争点を合併して投票案件にすること（合併投票）」を防止することができるであろう。同ルールの下では，人権の規定Aと統治機構の規定Pの改正は，当然別々に投票に付すべきことになり，また，人権の規定Aと人権の規定Bの間に，調整の必要がなく，互いに関連がない場合は，別々に投票に付すべきことになる。ただし，このルールを厳格に運用するとすれば，投票案件の増加を招くという問題点がある。これは，投票者に情報獲得の負担をかけるおそれがあるので，バランスよく運用することが望ましい。

2.4 投票日・周知徹底期間

国会で発議されると，次は，投票日の設定が問題となる。繰り返しになるが，政党間の合意が必ずしも，民意を反映したものになるとは限らない。また，仮に，死刑廃止の明記など，世論に反したり世論をリードした形の投票案件を国民に問うことになるのであれば，なおさら，国民が投票案件を理解し自己の意思を形成する期間を付与するように，投票日を設定すべきであろう。諸外国の運用を参考にすると，発議から最低3ヵ月から半年間の周知徹底期間をおくのが妥当ではないだろうか。その間に，政府は賛否両論の広報活動を行い，パンフレットを発行し，賛成と反対の選挙運動を促し，議論を喚起する必要がある。また，周知徹底期間を法定せずに，投票日の設定を政府の裁量に委ねるような制度にすると，政府ないしは国会が実施時期を自己の有利なように設定することができるようになる。つまり，発議がなされて

から，世論の動向をみて，賛成多数を得られそうな時期，あるいは棄権が多くなる時期を選択して，投票案件を「殺す」ことを可能にするであろう。周知期間の法定はこのような政府のコントロールを排除することを意味する。

なお，政府による国民への情報提供は，賛否両論に対して公平に行う必要がある。というのは，発議する側は，国会での多数を背景として潤沢な資金を用いて，有利な選挙運動を展開することができるからである。

2.5 選挙運動

公平な選挙運動の保障についての基本的な考え方をいくつか展開してみたい。第1に，国民投票においては，汚職・利益誘導等は基本的に発生しないことから，賛否各陣営の自由な議論の展開に委ねるという姿勢がある（政府の不介入）。しかし，これは極論であって，採用しがたい。第2に，国民投票の投票案件は，抽象的な文言になることが多いことから，最低限の知識を国民に提供する必要があるとする姿勢がある（最低限の情報流通の保障）。この場合は，政府は，賛否両論の主張を記載したパンフレットを発行し，公共放送において，現在の選挙における政見放送と同様に，賛否両論に対して公平に時間を割り当てる。ただし，それ以外については，自由な選挙運動に委ねる。第3に，第2のような姿勢を取ると，国会の両院の3分の2以上の勢力が賛成に回るわけであるから，資金量および情報の流通に圧倒的な差がつくことは明らかであるので，実質的により公平に近づけるようにするという姿勢（実質的な公平の保障）もあり得る。ただし，ここでは実質的「公平」の意味とその具体的な実現手法が問題となる。考え方としては，①資金の少ない側（通常，投票案件に反対する側）に一定の補助を出す，②両方にある程度の額を同一に補助する，③資金の少ない側に補助を出して，賛否の資金量が同じに近づくようにすることがありうる。

諸外国の，政府主導型国民投票および議会主導型国民投票の選挙運動をみると，資金の格差は必然的に発生し，多くの場合は，投票案件に反対する側の資金が少ない。しかし，これまでみてきたように，政府・議会の提案通りの結果にならないことが確認されている以上，この問題の焦点は，国民に対して，いかに情報を提供するかという点にあてられるべきであろう。アメリカの住民投票でみられるように，情報不足の場合は，投票者は反対票を入れ

るか，棄権する傾向にある，という事実およびネガティヴキャンペーンの方が効果的である，という事実を重視すれば，第2の姿勢ないしは，第3の姿勢の①および②が妥当であろう。第3の姿勢の③の場合は，諸外国にも例は見られず，実現は困難であると思われる。最低限の情報の提供を行った後は，自由な情報の流通の保障という観点を重視して，読みやすい政府発行パンフレット，政府提供CM等による啓蒙活動を行うだけで，十分であると思われる。

なお，ネガティヴキャンペーンの影響力を必要以上に問題視して，情報の流通を抑制すべきではない。ネガティヴキャンペーンも一種のフィルターと考えて，「それに耐えたものが成立すべきである」という立場が望ましい。

2.6 成立要件

憲法96条は国民投票の成立要件を，投票における過半数の賛成としている。学説は，この過半数の意味について，①有権者総数の過半数，②投票総数の過半数，③有効投票の過半数と分かれている。有力説は，②で，①では棄権するのも投票で否を投ずるのも全く一緒になって不合理であるとする。私見としては，①説であるならば，憲法改正国民投票にさらに，ハードルを課すことになることから，諸外国の立法例をみても明文の規定がないことは不自然であること，発議要件には「各議院の総議員の3分の2以上」としていることの反対解釈として，ここは通常の投票総数の過半数とみるべきことの2点の理由から，②説が妥当であると考える。

これに対して，低投票率（50％未満）の場合には，有権者の20％台の賛成で憲法改正が承認される事態を想定すると，②説では主権者の意思表明としては不十分であり，「硬性憲法としての漸進主義的憲法改正」の趣旨に反するのではないか，という批判が可能であろう。これは確かに正当な批判であるが，そうであるからといって，有権者の5割の賛成を求めるのは，発議要件の高さを考慮すると，憲法改正国民投票を永久に凍結させ，日本国憲法を「不磨の大典」にしてしまうであろう。後述のとおり，制度論としては，有権者の4割の賛成といった程度にすることが妥当であると思われる。

2.7 手続的保障

　国民投票法において，上述のとおりのいくつかのフィルターを付すことは，正確な民意の反映を保障するという意味では，重要であるが，さらに必要なことは，このような実体的な保障に加えて，国民投票法の執行に対する手続的保障を加えることである。つまり，投票案件の審査，選挙運動の公平性の確保，成立要件充足の認定等に対して，そのルール違反をどのように是正するのか，という点が問われるところである。諸外国の運用を参考にすると，①裁判所による統制，②政府ないしは議会が設置した第三者機関による統制が考えられる。

　①の裁判所による場合は，行政法上の客観訴訟（個人の権利侵害に関わりなく，国の違法状態の是正を目的とする訴訟）の一種として，国民投票法の違反に対して，投票権者からの異議申立を制度化することが考えられる。つまり，事前の申立としては，上述のとおりの，「不必要な一括投票」などの，シングルサブジェクトルール違反，周知徹底期間の不足，発議後の放置（投票日の不設定）に対する異議を認める。また，事後の申立としては，成立要件の充足に対する異議を制度化するのである。

　諸外国の例をみると，投票案件に対する裁判所による審査は，国民投票の投票案件の数，その他に大きな影響を与えていることがわかる。仮に，国民投票法にシングルサブジェクトルールが規定され，このルールへの違反があるとして，異議が申立てられた場合を想定してみる。憲法9条を改正して自衛権を明記し，自衛隊の存在を正面から認め，海外派兵も可能となる投票案件が出されるとき，国民から，「既存の法体系との矛盾の回避」という点から，「当該投票案件は，平和主義という基本原則に反し無効である。」という異議（2.3のシングルサブジェクトルールの目的②・⑤に反するという主張である）が申立てられる可能性がある。この場合，国会の各院の3分の2が発議していること，一方，国政上の極めて大きな争点であることから，裁判所が行う投票案件の審査は，極めて高度な政治性を有することは明らかである。裁判所にこのような役割を求めることは，場合によっては，その信頼を傷つけることにもなりかねない。日本国憲法制定以降，裁判所が，憲法判断に慎重な姿勢を示してきたという事実に鑑み，このような役割を裁判所に求めることは，適切ではないと思われる。また，国民からの訴えを認めることは，

アメリカの住民投票の運用にみるように，投票の実施を遅延させる原因になるおそれがある。

②の第三者機関による統制は，イギリスの選挙管理委員会およびアイルランドのレファレンダム委員会の運用が参考になる。ここでは，選挙管理委員会が，国民投票の運用全体を監視する役割を有し，投票案件に対して，勧告を行い，議会がこれを受け入れて修正するという形をとる。また，補助する資金額の決定，選挙運動の方法等に対する細目の決定や監視を行い，投票結果の最終的確定を行う。もし，当該制度が，党派性を排除し，純粋な第三者機関となるのであれば，公平な運用が期待できるであろう。ただし，公平な第三者をどのように任命するか，という問題が残る。

　　注）　なお，アイルランドのレファレンダム委員会は，近時機能を後退させている。

2.8　憲法改正国民投票の機能・問題点

上述のとおり，憲法改正国民投票は，国会の少数派を保護する機能を有していて，それは，現状維持機能を有することでもある。また，それは，議会多数派が特定の価値観を「上から」国民に対して押しつけること，つまり価値観の硬性化をブロックする機能でもある。

一方，憲法改正国民投票の凍結状態が解除されて，国民投票が発議される際に予想される機能としては，政治参加を促進する機能と教育機能が表れるであろう。日本は，最高法規を国民が自ら変更した経験はなく，重要事項を自ら直接決定した経験もない。このような最高法規の改正と，国政レベルの争点に対する自己決定は，自国の制度を自分で決定するという意識を涵養することが期待される。また，改正の機運が高度に盛り上がらない限り，発議もできないことから，議論が喚起されることが，まず，実施の大前提として存在する。そして，国民投票の過半数の賛成を得る必要があることから，国民に対する情報の提供と国民の間のコンセンサス形成が必要になる。

人権規定が改正される場合は，今後，大日本帝国憲法から日本国憲法に改正されたときのように，価値観が著しく変化することは考えられないことから，憲法改正によって権利を新しく作り出すよりも，人権形成のメカニズムに沿って，既に判例理論として形成され，あるいは法律に存在する権利を確認することになるであろう。これは，権利の確認・硬性化機能である。ただ

し，現実には，「加憲」論にみられるように，形成途中にある人権の挿入が意図され，また，政党間の合意の中で，投票案件に加えられる可能性も存する。

　　注）権利として制定されると，少なくとも，行政に対する施策を要求する場で用いられるときには，スローガンとしての意味は大きいと思われる。

一方，統治機構の改革（一院制・憲法裁判所の設置等）については，制度の機能および統治機構全体への十分な議論が求められ，まさに，全国民的議論の喚起がなされない限りは，発議も，承認もなされないであろう。

そして，議会主導型国民投票に特有の問題点が，日本でも発生する可能性がある。それは，投票案件についての「上から」と「下から」のジレンマである。つまり，大政党間で合意が形成されたとしても，実態は裏取引による投票案件作りが行われ，投票では説得力を持たずに否決されるが，一方，国民が望む改正内容が，投票案件に反映されないというジレンマである。次に，投票案件の意味と影響についての国民の理解をどのように進めるかと，いう問題がある。これは，政府・国会の広報活動および情報提供の問題であるが，賛否両論を公平に進めるという要請と同時に，例えば，「9条の改正」「新しい人権の追加」「憲法裁判所の設置」の国政への影響をどのようにわかりやすく伝えるか，という問題である。1つは，パンフレット作成および配布，テレビ等のメディアを使った広報活動であろう。もう1つは，投票案件そのものに対する配慮である。つまり，投票用紙の中に，投票案件についての説明文を加えるという方法がある。しかし，ここには，公平な説明文を書くことができるか，という難点が存在する。

これらの問題点をどのように，克服すべきかについては，第3章の国民投票の制度論で論じたい。

2.9　まとめ

憲法第96条は発議要件と成立要件のみを規定し，それ以外はオープンな規定となっている。つまり，国会の広い裁量に委ねられているわけであるが，一方で，国民主権・硬性憲法という，運用上の制約原理にも配慮が必要である。つまり，民意を吸収して，投票案件に正確に変換し，正しく民意を吸収した投票結果に導くような運用が求められるところである。そして，第2部

でみたように，政府・議会が提案した国民投票の少なからぬ数が否決され，低い投票率のために正統性が危うくなり，予期せぬ逆機能が発生している。これらの失敗例には十分学ぶべきであろう。また，①投票者が情報不足の場合，②投票者が混乱した場合，③政府が長期政権の場合は，投票案件に対する反対票が多くなるという，投票行動も指摘されている。これらの国民投票の運用実態を踏まえた上で，国民投票法の制定を行うべきであろう。

第3章　日本における国民投票の導入の検討

第1節　国民主導型国民投票

1.1　国民主導型国民投票の必要性

　諸外国の運用をみると，「下から」の国民投票である国民主導型国民投票は，大きく2つに分けられる。それは，政策形成・制度創設を志向して行われるタイプ（立法志向型）と，議会の行った立法に対する拒否を示すタイプ（拒否志向型）の2つである。なお，イタリアは，形式としては，拒否志向型であるが，機能をみると立法志向型に分類されるであろう。日本においても，①国会が民意を吸収しない（政治改革・税制改革）場合，②国会が民意に反した立法を行う場合（消費税の導入），③選挙において争点としての位置が高くないことから，国民の多くが望んでいても政策として反映されない場合（治安対策・教育改革）については，国政にできる限り民意を反映すべきであるとすれば，下からの国民投票を制度化する必要性が論じられると思われる。以下，これらの必要性を充足する可能性のある国民投票について，論じていきたい。

1.2　アメリカ型イニシアティヴ（法律イニシアティヴ）
1.2.1　イニシアティヴに期待される機能

　イニシアティヴの基本的な機能は，①議会を迂回して国政の場に直接議題設定（議題設定機能）をして，②当該議題を国民が自ら決定（自己決定機能）するという，2点にある。ここでは，法律イニシアティヴに絞って考察する。制度の基本構造としては，アメリカの州のイニシアティヴを想定する。つまり，①国民によるイニシアティヴの起草，②署名収集による投票適格取得，③選挙運動，④投票実施と成立要件（投票者の過半数）の充足，⑤選挙後の闘争の，5つの過程を経て実施されるものとする。

第1の機能としての議題設定機能は，民意反映と民意の吸収の両面を意味する。それによって，議会多数派もしくは政治階層と，国民の多数の意思がかけ離れている場合，国民の側から，そのずれを修正することが可能となる。

そうすると，イニシアティヴは，アメリカで効果を上げているように，政治階層が最も回避しがちな争点である，政治改革・行政改革を国民が立案実行するための武器になる。アメリカの場合は，行き過ぎて，議会対住民の戦いの様相を示している観があるとしても，政治資金のより厳しい規制，首長・議員の多選制限，公務員の削減等を具体的に法律の形で，提案し実行することが可能になる。カリフォルニアの提案13号のように，国民から税制改革法案を提案することもできる。これに対しては，国会の側も対抗策を出したり，自発的に改革を提議するようになるであろう。つまり，争点が活性化することが予想されるのである。また，国政選挙の合間の時期に，重要な問題点が発生しているにもかかわらず，総理大臣が解散権を行使して民意を問うことがない場合には，国民は特定の問題について自己の見解を表明することができるようになる。さらに，公約を無視して，消費税導入時のように，政府が国民に十分な説明をせずに大規模な増税をする場合には，消費税廃止法案を提案することができる。

また，イニシアティヴには，国民の「多数派」の意思を示すのみならず，国民の少数派の意思を示す機能がある。つまり，国民の各層に潜在的に存在する立法要求，特定の争点についてのインテンシティを国政の場に提示することができる。たとえば，沖縄で最初に行われた住民（県民）投票は，紛争解決というよりも，地域住民が国政に向けて発したメッセージであったと思われるが，イニシアティヴを利用すれば，それが可能となる。

さらに，立法促進機能があり，それは，憲法学上の「抽象的権利」を具体化し，「法律の留保状態」を解消する手段にもなる。あるいは，判例上，国会の立法裁量といわれた領域や，立法の不作為状態に対して，国民の側から立法化を図ることができる。日本の立法過程の問題点の1つとして，民意吸収のチャンネルが少ないことが挙げられるが，このイニシアティヴの存在によって，政府は常に国民に監視されるようになり，国会は事後に法案を修正・廃止されることを恐れて，民意を先取りし，積極的に公聴会等で情報提供を行なうようになる。官庁での法案作成や与党審査の段階でも，民意を吸

収するインセンティブが働くようになるであろう。

　第2の機能としての，自己決定機能は，国民自らが提案して政策を決定するという意味で，イニシアティヴ経由の法律に，国会で成立した法律以上に高い正統性を与えるであろう（正統性付与機能）。そして，自ら法律を作成し，それに基づいた政策が実現されるという経験は，国民の政治参加を促し（政治参加促進機能），国民の政治に対する関心を高め，政治的経験を向上させる（教育機能）であろう。現在の日本は，政治に対する不満が多い一方で，国政選挙の投票率は低下傾向にあり，政治に対する閉塞感が高まりつつあるが，そうした日本の政治を活性化するという点では，極めて大きなインパクトを与えてくれることが期待される。

1.2.2　イニシアティヴの導入における問題点

　このように，イニシアティヴの導入は，上記1.1で指摘した日本の間接民主制・代議制民主主義の欠陥を補強し，また，政治を活性化することが大いに期待されるところであるが，ある制度の導入を検討する場合は，その期待される効用と，運用上の問題点とのバランスを斟酌しなければならない。以下では，イニシアティヴの手続上の流れに沿って，アメリカの運用を参考にしながら，その問題点を考察する。

　まず，起草の段階の問題点は，まさに，議会を通過しないというメリットの裏返しになる。つまり，法律案の内容のチェックが難しく，既存の法体系と矛盾するもの，関係者の利益調整が不十分なもの，差別的内容を含むものが，署名収集の対象として提示されることである。このような法律案に対しては，公聴会の開催，議会の関与，専門家による助言の活用，対象制限の設定，シングルサブジェクトルールの付加と審査，といったフィルターをかけることが可能であるとしても，問題のある法律案をこれらのフィルターによってふるい落とすことは，実際には難しい。この段階で最も有効なフィルターは，裁判所による事前審査であるが，それは，裁判所を政治的な闘争に巻き込む可能性が高い。2.7で述べたように，日本の裁判所の運用にはなじまないと思われる。

　こうした法律案を排除する次のフィルターは，「適格取得＝予選（qualification）」としての署名収集である。しかしながら，署名収集のコスト

は高い。さらに，地域的な多様性を有し，かつ人口1億を数える日本で，例えば半年間に「全有権者の1〜3％」の署名の収集という要件をクリアーすることができるのは，政党・巨大宗教団体・労働組合の全国組織・企業の連合体だけとなることが十分に予想される。そうすると，これらの資金力・動員力が豊かで，国民投票の提起が容易な団体（以下「国民投票提起能力のある団体」という。）の意思が反映された法律案のみが，投票適格を取得することになり，国民各層からの民意を反映させるというイニシアティヴのメリットが失われてしまう。一方，50万人程度まで署名要件を低くすることは，草の根運動を活発にし，多様な民意反映を図ることは可能であるが，イニシアティヴの洪水を招きかねない。上述のとおりの問題のある法律案が，大量に（たとえば20件以上）投票案件として，投票に登場することになるのである。このように，署名要件の設定のさじ加減は大変難しく，極端に高くすると，「凍結された国民投票」になる。ある程度高くすると，国民投票提起能力のある団体のみが有利になる。一方，要件を低くすると，投票案件が多くなり，国民の情報獲得に大きな負担をかける。

　アメリカの運用をみると，①住民が合理的投票者として行動すること，②結果的には問題のあるイニシアティヴは成立しないこと，③草の根運動型のイニシアティヴの成立率は高いこと，④国民投票提起能力のある団体は，議題設定の段階では，適格取得が容易であるという優位性を持つが，議題の決定の段階では，優位性はネガティヴな側面（否決に持ち込む作用があるという意味）に限られることが観察されるが，これは，経験を積んだ投票者の学習効果の表れであるということができる。しかし国民投票を一度も実施したことのない日本の投票者が，膨大な投票案件の提示とそれに係る情報獲得の負担に耐えることができるかどうかは，疑問の多いところであろう。さらに，問題のあるイニシアティヴがフィルターを通り抜けて成立した場合でも，アメリカには，「最後の砦」として，積極的に違憲審査権を行使する裁判所が存在する。日本の裁判所は，司法消極主義をとっているために，イニシアティヴが成立し，法制化されても，実体および手続の違反を理由にイニシアティヴによる法律を無効と宣言することは期待できない。仮に，アメリカのようなイニシアティヴに対する積極的な審査を行った場合は，裁判所を政治紛争に巻き込むことになり，場合によっては，司法に対する信頼を大きく損

なう可能性がある。

　現在までのところ，一定規模以上の領土および人口を有していながら，法律イニシアティヴを国家のレベルで制度化している欧米諸国は存在しない。それは，以上のような問題点を克服することが困難であり，導入は間接民主制・代議制民主主義の補完を越えて，逆に，人権侵害やマイノリティーの権利侵害を目的とする法律を成立させ，国政に混乱を招く恐れが高いことを示唆している。したがって，アメリカ型のイニシアティヴの優れた機能に期待がかかるが，残念ながら，日本における導入は，時期尚早であると思われる。ただし，時期が未だに熟していないということであって，その導入を否定しているわけではないことに注意されたい。

1.3　間接イニシアティヴ

　イニシアティヴの欠点は，投票案件の内容上の問題点が修正されにくいこと，署名要件等のハードルが低いと，投票案件が国民投票において，大量に国民に提示されることであるが，間接イニシアティヴは，いったん国会を通過させることによって，それらの問題点を克服しようとする制度である。以下，ブレストフ［Brestoff］のモデルを基本にしながら，スイスのイニシアティヴおよびアメリカの間接イニシアティヴの運用例を参考にして，日本の国情にあう間接イニシアティヴのモデルを提案する。

1.3.1　間接イニシアティヴの制度（国民発案と国民投票の組み合わせ）

　以下の構造をとる間接イニシアティヴを提案するが，イニシアティヴの制度化には，アメリカ等の運用にみるように，「凍結された国民投票」にならない程度に，多くのフィルターをつけて，その濫用を抑制することが大切である。

　(a)　第1次適格取得　イニシアティヴを提起する国民は，発起人委員会を結成し，国民投票を管轄する官庁（国政選挙に係る官庁）に登録する。この際，イニシアティヴの内容を示す書面を提出するが，イニシアティヴはこの時点で法律案の形にして，題名と要約を付ける。その後半年間に50万人程度の署名を集めることとする（第1次適格取得）。なお，イニシアティヴの対象から，外交問題・予算・財政に係る問題等の一定の領

域を除外する。また，シングルサブジェクトルールを付加する。

(b) イニシアティヴ審査委員会による審査　第1次適格取得の後，独立機関である「イニシアティヴ審査委員会」が，イニシアティヴを審査する。委員会の構成員は，判検事，行政官，弁護士等の法律および行政の専門家とする。任命権者は内閣とする。その際，利害関係者を呼んでヒアリングを実施して，イニシアティヴの内容，文言，他の法律との関係，シングルサブジェクトルール，対象制限該当性などを審査し，国会に提出可能かどうかを判断する。なお，途中で，イニシアティヴの修正を勧告することもできる。したがって，審査委員会の判断は，「認定」・「修正勧告」・「棄却」・「却下」という形をとる。なお，ここは一審制として，異議申立を認めない。これは，法廷闘争によるイニシアティヴ実施の遅延を回避することを理由とする。

(c) 国会審議と第2次適格取得　委員会で認定されたイニシアティヴは，国会で審議される。国会で成立した場合は，イニシアティヴとしては，取り下げられる。しかし，国会で否決または廃案になった場合，または発起人委員会が，「認定」されたイニシアティヴについての国民投票の提起を求めるときは，半年間を署名収集期間とし，第1次署名収集より過重な要件（100万人かつ地理的要件）を付加して，署名収集を義務づける（第2次適格取得）。地理的要件として，全都道府県の2分の1以上から，1万人以上の署名を求める。

(d) 第2次国会審議　国会は，第2次適格を取得したイニシアティヴの審議が義務づけられ，ここで再度，利益調整と内容の調整が行われる。国会は，2年以内に修正または可決か，否決を決議するものとする。発起人委員会は，イニシアティヴの内容が実現した場合は，取り下げることができる。

(e) 投票案件の確定　第2次適格取得から2年以内に立法化されない場合は，イニシアティヴが国民投票に付され，国政選挙（衆議院総選挙および参議院通常選挙）と同時に投票が実施される。この際，国会は対抗法案を提示することができる。なお，投票案件は，10件までとする。イニシアティヴと対抗法案（あわせて「両案」という。）の成立順に10番目までを投票に付し，残りは次回の国政選挙に回される。あるいは，国民投

票に付されるべきイニシアティヴの数が、国政選挙経過後1年半の時点で、10を超えた場合は、中間に特別の国民投票を実施する。
(f)　成立要件　投票案件が、投票者の過半数かつ全有権者の40％の賛成の場合は、法律として成立する。両案の成立時は、票数の多い方のみの成立を認める。
(g)　その他　同一内容のイニシアティヴの提起を、5年間制限する。

このように、ここでの制度設計の基本姿勢は、前半部分の「国民発案」の適格取得は容易に、後半部分の「イニシアティヴ」の適格取得と成立はやや難しくするものとなっている。

1.3.2　間接イニシアティヴの効用と問題点

本書が提案する間接イニシアティヴの特徴は、まず、第1次適格取得の段階（国民発案としての部分）までで、多様な民意の反映と吸収を可能にするという点である。第1次適格取得をクリアーできなくても、立法化の要請を、国会は認識することができる（刑事補償手続・飲酒運転の厳罰化等は国民の運動が実を結んだ例である）し、それが契機となって立法化される可能性が高くなる。また、第2次適格取得したイニシアティヴに対しては、国民投票が控えている以上、国会では慎重な取り扱いがなされるはずであり、イニシアティヴの内容を先取りした形の法律が制定される可能性がある。イニシアティヴ審査委員会の審査および議会による利益調整を経ることにより、直接イニシアティヴに比較すると、かなり洗練された（少なくとも議員立法と同レベルくらいには）法案が作成されることが期待される。投票案件に対する事前および事後の審査も、制度的には保障されているし、議案の洗練のレベルも、経験を積むことによって向上していくことが期待される。

しかし、問題は、投票に行く回数と投票案件の多さをある程度抑制することができるかという点である。アメリカの運用にみるように、第2次適格取得で、署名要件を高くしても、国民投票提起能力のある団体は、難なくそれらをクリアーして、逆に、資金力に乏しい分、住民運動に不利に作用する。そして、小選挙区での当選が期待できない小政党の闘争手段になり、あるいは、経済団体が自己の利益の追求のために利用することになるであろう。

しかし、これらの問題点は、次の点から抑制できると思われる。①イニシ

アティヴのスポンサー・支援団体の公表を行い，政治資金の支出を公開することによって，投票者は，イニシアティヴの背後関係の情報を投票の鍵とすることができること，②政党もマイナスイメージを恐れてある程度は自制的なイニシアティヴの提起を行うであろうこと，③国政選挙の度に，つまり2～3年の間に10件程度であれば，国政選挙の度に実施している訳ではないが，アイルランドおよびイタリアの運用をみる限りでは，なんとか国民は対応していること，④成立要件を高くすることによって，一部の（つまり政党・労働組合の）民意だけでは成立に持っていくことができなくなること，逆に，草の根運動型のイニシアティヴでも，説得力があれば，成立する可能性を秘めていること，⑤投票率が低くなる可能性があるが，それも一種のハードルと考えるべきであること。

　しかしながら，依然として，間接イニシアティヴ導入には，次のような消極的な要素が存在する。それは，①イニシアティヴの分析で指摘したように，現時点では，裁判所がフィルターとして機能しない可能性が高く，また，仮に，国民投票による立法に対してだけ，積極主義に転じるとすると，その場合は，司法を政治に巻き込むことになり，日本の法文化に適合しないこと，②多くのフィルターを付したとしても，全くの国民投票の「初心者」である日本に，10件程度の投票案件をいきなり提示することは無理がある，という点である。

　確かに，これらの指摘には，ある程度，説得力があると思われる。しかしながら，①については，直接イニシアティヴとは異なって，法案を公表し，審査する機会が多いことから，あからさまな差別立法が投票案件として表れにくいと思われること，イニシアティヴ審査委員会というフィルターをかけていることから，裁判所の負担が，議会を全く通過しないイニシアティヴに比べれば，高くないという反論が可能である。また，②については，今すぐ間接イニシアティヴを導入するのではなく，（そもそも憲法改正国民投票さえ実施したことがないのであるから），後述のとおりの，助言型国民投票および憲法改正国民投票といった他のタイプの国民投票の実施状況と，フィルターに影響を与える他の要因の動向を見極めた上で，導入することが望ましいと思われる。

　確かに，それ以外にも，イニシアティヴで成立した法律に対するコンプラ

イアンスなど，いくつかの不安材料を指摘することができるが，それでも，国民に直接声を反映させる制度を保障して，間接民主制・代議制民主主義を補完することは，重要であろう。本書では，間接イニシアティヴが，直接イニシアティヴの多くの機能を継承し，そのデメリットを抑制することが期待されることから，将来導入すべき国民投票の第一の候補として推奨したい。もっとも，同制度の導入に際しても，漸進主義的導入が望ましいと思われる。

なお，憲法解釈論上，このような間接イニシアティヴは，憲法41条が規定するところの，国会が「唯一の立法機関」であることに反するであろう。すなわち，41条は国会中心立法主義および国会単独立法主義を採用するところ，前半の国民発案の部分については，これに反しないと解される［福井 a 153-155］が，後半の国民投票による立法部分は，国会単独立法主義に明らかに抵触する。したがって，憲法の改正が必要となるであろう。

1.4 拒否型（スイス型）国民投票

スイスの拒否型国民投票を，人口等を考慮に入れて，日本型に構成し直してみると次のような手続になる。

(i) 国会で法律が成立した後，3ヵ月間で，当該法律に反対する国民が，発起人委員会を結成して，担当官庁に登録後，100万人の署名収集を行う（適格取得）。

(ii) 当該法律を投票案件として国民投票を実施し，投票者の反対多数の場合は，法律は無効となる。

この国民投票においては，イニシアティヴおよび間接イニシアティヴに比較すると，フィルターは少なく，せいぜい署名要件だけである。つまり，国民の政治的意思が強く発揮されるタイプであり，また，国会内で時間をかけて協議された法律が否決されるとすれば，国会に与えるインパクトが強いタイプの国民投票であるということができる。

このタイプの国民投票は，文字通り，国民の国会の立法に対する拒否機能を基本とする。つまり，国会で成立した法律の中で，公約違反の法律，成立手続に問題がある（強行採決によるものなど）法律，ログローリングによって成立した法律などに対して，国民の多数が拒否の意思を示すものである。逆に，この国民投票で賛成多数が示されると，国民が当該問題に承認を与え

るという機能が生じる（承認機能）。

　次に，政権与党の政策と民意のズレを減らすという視点でみると，国民が議題を設定する機能があることになる。また，国民投票で重要法案が否決されることを恐れる政権与党は，国民投票提起能力のある集団および野党と，交渉し妥協するようになる。すなわち，コンセンサス形成を促進し，紛争を予防する機能がある。さらに，政権与党は，立法過程において広く民意を吸収すべく，公聴会を実施したり，あるいは慎重に審議するようになる。また，拒否型の国民投票は，国民の間に議論を喚起し，政治参加によって，国民を教育する機能がある。この点は，イニシアティヴと同じである。このように，拒否型国民投票は，国民に強い力を与え，政治過程に常に緊張感を与えながらも，重要な問題について，政権与党と国民がコンセンサスを探りながら共同決定することを促すのである。

　しかし，問題点としては，まず，投票回数と投票案件の増加が避けられないという点にある。署名要件を低くすると，国民の各層のインテンシティを保護することになり，国民投票の増加は避けられない。一方，仮に高くしたとしても，国民投票提起能力のある団体が，容易に，国民投票を提起し，国政の議題をコントロールすることになるのである。筆者の提案する日本型間接イニシアティヴは，投票に行く頻度と投票案件に，ある程度は縛りをかけることができるが，拒否型国民投票は制度の性質上，それが困難である。拒否型国民投票は，上述のとおり，基本的にフィルターがなく，国民の声がむき出しで反映されるのである。そうすると，政権与党は，せっかく立法過程における調整を経た法律が，無効となり，コストをかけた調整が無駄になってしまうことから，国民投票を回避するために，これらの団体の意見を事前に聴取するようになる。一方，これらの団体は，スイス同様に「レファレンダム威嚇」を行使するであろう。こうしたマイナスの作用によって，コンセンサス形成による政治決定よりも，業界団体と政治階層による密室政治を助長する方向に向かう可能性が，高いのではないだろうか。

　さらに，国会での勢力は小さいながらも，国民投票提起能力を有する政党の闘争手段になる可能性がある。特に，衆議院の小選挙区および参議院の一人区での当選の可能性の低い政党は，拒否権発動の機会を狙って，国民投票の提起を乱発してくる可能性がかなり高い。国民投票は，そうした政党の生

き残りの手段となる。これは，スイス・イタリアの例をみるとおりであろう。拒否型国民投票は，国会での成立直後に投票を実施し，つまり，すぐ否決することが重要なので，国政選挙の度に実施するわけにはいかない。そうすると，国会の会期終了の度に，年1～2回近くは，投票案件に対する国民投票が提起される可能性がある。国民は，この投票に行く回数と投票案件の多さに十分に対応できないことが予想される。

　また，拒否型国民投票のフィルターの少なさは，マイノリティーの人権侵害につながる恐れがある。つまり，国会がマイノリティーを優遇したり，一定の配慮を施した法律を制定した場合，多くの国民がそれに納得がいかずに，国民投票を提起し否決することを想定してもらいたい。この場合，法律自体が存在しないことから，裁判所による権利救済はできなくなるのである。

　さらに，このようなインパクトの強い国民投票の存在は，統一的政策遂行の障害になり，政治改革および税制・財政上の改革の中核をなす法律が否決されたときの，国政に与える影響は計り知れない。したがって，社会的な問題が発生しても，急な改革が困難となり，常に，多くの勢力に配慮した，小幅で時間のかかる改革しかできなくなるであろう。ただし，スイスにみるように，税金は安く，公共部門は小さくなり，常に国民に配慮した政策が行われるという側面がある。これを選択するかどうかは，最終的には，政治文化の問題であろう。

　　注）［Papadopoulos 43］は，スイスの拒否型国民投票の予測不可能性が，政策形成に大きなインパクトを与えているとする。

　ただし，日本に適合した国民投票を選択するという点からみれば，拒否型国民投票に比べると，筆者の提案する間接イニシアティヴは，議題のコントロール性はそれほど高くないが，多様な民意の反映と吸収を保障するという点，立法過程の透明性を確保するという点，議会に判断する機会と時間を与える点，法の廃止もできる点では，優れているのではないかと思われる。

1.5　廃止型（イタリア型）国民投票

廃止型国民投票については，次のような制度を想定する。
（i）　法律の全部または一部の廃止を求める国民は，発起人委員会を結成して，担当官庁に登録した後，100万人の署名を収集する（適格取得）。

(ii) 適格取得した後，投票案件となるべき法律に対して，上述のとおりの間接イニシアティヴと同様の審査機関が，対象制限等について審査する（事前審査）。なお，対象除外事項は，外交・租税・国債にかかる法律，ないしは予算をともなう法律とする。ここでは，複数の法律廃止の一本化およびシングルサブジェクトルールの遵守も審理される。

(iii) 事前審査を通過した投票案件に対して，国民投票が実施される。投票者の過半数と全有権者の40％が廃止に賛成した場合は，当該法律の全部または一部は，一定の周知期間を経過した後に，廃止される。

　この国民投票の主たる機能は，議題設定機能と制度改革機能である。拒否型と違って，既存の法を廃止するのであるから，一部の廃止であっても，政策を全面的に変更させる効果をもち，国会は必ず，対応する立法措置をとらざるを得なくなる。すなわち，廃止型国民投票は，間接的ではあるが，立法化を促進する機能を有する。現に，イタリアでは，国民主導の政治改革の手段として用いられた。その他の教育機能，政治参加機能があることは，他の国民主導型国民投票と同様である。

　問題点は，廃止に対応する国会の裁量が大きいことである。この制度は，一種の間接イニシアティヴであるので，法律の全部または一部を廃止することで，改革すべき論点を提示することはできるが，その具体的な方向性を示すことはできない。したがって，場合によっては，国会がほとんど内容的に変わらない立法を行ったり，民意とは離れた立法を行うこともある。つまり，国民投票の結果が国会によって「殺される」可能性があるという，イニシアティヴの共通の問題点が発生する。次に，この国民投票にもフィルターが少なく，その分投票案件の審査機関の役割が重要になっている。イタリアでは，投票案件の件数調整も含めて，憲法裁判所が政治的な判断を下さざるを得ない状況になっている。予算措置・税金に係る既存の法律の廃止をすることは影響が大きく，その領域の法律の廃止を禁止することは，一応の合理性が存在する。しかし，当該法律が対象制限に該当するかどうかという判断は，容易ではない。

　また，拒否型国民投票同様，廃止型国民投票も，マイノリティー保護の法律，および進歩的な内容の法律が廃止された場合，裁判所のフィルターが働かないことは同様である。したがって，ある法律の変更を国民が提示するの

であれば，国会の裁量の余地が少なく，改革すべき内容を直接提示することができる，間接イニシアティヴの方がベターな制度であると思われる。

1.6　まとめ―国民主導型国民投票の導入の是非

「下からの」国民投票である，国民主導型国民投票は，国民から国政に議題を提示し（議題設定・コントロール），議題に対する投票を行う（自己決定）のであるから，その国政に与える影響力はかなり大きい。このため，フィルターを付加して，多様な民意反映を図りつつ，一方で，それに対する国会の裁量の幅をできる限り狭めながら，国民による自己決定を保障する制度としては，現状の日本の政党の勢力分布，裁判所のあり方，国民の経験といった要因を考慮すれば，間接イニシアティヴが最もふさわしいと思われる。

第2節　政府主導型国民投票・議会主導型国民投票

2.1　政府主導型・議会主導型国民投票の必要性と可能性

西欧の民主主義諸国同様に，日本でも，「上からの」国民投票，つまり，政府主導型国民投票および議会主導型国民投票の実施が，憲法改正以外に政治的議題として登場する可能性がある。その場合，諸外国の運用をみると，①紛争解決志向と，②民意直結による制度改革志向の2つのパターンが考えられる。

①の紛争解決のパターンは，国会および内閣において，特定の争点についての合意を形成することができず，国民に投票案件を提示して，国民の最終的判断を仰ぐことによって，政治的紛争の終結を目指す場合である。政府・首相の立場からみると，ⓐ特定の争点についてのマンデートを得るために解散権を行使できない場合（解散直後に重大な争点が登場したときなど），ⓑ解散権を行使してもマンデートを読みとれない場合，ⓒ内閣と国会が特定の争点についてデッドロックに陥る場合，ⓓ特定の問題を国政選挙の争点にしたくない場合がある。そうした場合は，国民投票という選択肢があれば，首相は自己の裁量によって，国民投票を実施して政権の維持を図ることができるのである。国会およびそれを構成する政党の立場からみると，特定の争点をめぐって，政党間の協力関係を越えた対立が生じる場合，政党内部が激しく分

裂する場合に，国民投票という選択肢があれば，議会の合意によって，紛争を解決し，対立や分裂を収束することができる。

　戦後の日本の紛争の例でみてみると，安保条約改定問題は，ⓑの解散権を行使しても，マンデートを読みとることができない例であった。この場合は，国論が完全に二分していたことから，諸外国の運用にならって国民投票を実施するという選択肢もあったと思われる。2005年総選挙で争点となった，郵政民営化は，ⓒの国会と内閣がデッドロックに陥った例であった。当該争点を巡って解散権が行使されたが，国民の関心はそれほど高くなかったこと，前回の総選挙から2年後，参議院選挙からも1年後であることから，単独の争点だけを国民に問うという選択肢もあったと思われる。

　②の制度改革志向のパターンにおいては，首相が，党内の反対派あるいは連立政権のパートナーとの関係から，あるいは参議院の反対のために制度改革を実施することができない場合，国会を飛び越えて，民意との直結によってその実現を図るものである。郵政民営化について国民投票を実施するとすれば，①の紛争解決志向として，実施されると同時に，②の制度改革志向としても実施される可能性がある。

　結局のところ，本質的な問題として，ほぼ2ないし3年おきに行われる国政選挙があるのに，なぜ「上からの」国民投票が必要であるのか，という点をこれらの2つのパターンは説明していると思われる。そうであるとすれば，いかにして，国民と内閣ないしは国会が「共同決定できるか」という点に焦点をあてて，上からの国民投票の制度を構築しなければならない。

　上からの国民投票として，フランス，イギリス，アイルランド，デンマークを参考にして，日本型モデルを作り，日本での運用可能性を探りたい。

2.2　政府主導立法型（フランス型）国民投票

日本型のモデルとしては，次の手続を想定する。
(ⅰ) 首相は，法律の制定・条約の批准・憲法改正に係る国民投票の実施を，任意に決定することができる。なお，一定の対象制限をつけ，シングルサブジェクトルールを付加する。国民投票の実施時期等については，すべて，首相が決定する。
(ⅱ) 首相は，投票案件の趣旨を国会で報告し，一定の審議を受けるが，国

会は投票案件を修正する権限を有しない。
(iii) 国民は，投票案件もしくは対象制限に対する異議申立を裁判所に対して行うことができる。
(iv) 成立要件は，投票者の過半数の賛成とする。

なお，この制度において，第1節の国民主導型国民投票で述べた，国民投票の審査委員会ではなく，裁判所による事前審査としたのは，フィルターとしての強さに期待してのことである。

この国民投票は，典型的な「上からの国民投票」である。そして，上からと下からの相違はあるが，議会を通過させないという構造はイニシアティヴと同じである。したがって，裁判所の投票案件に対する審査以外には，ほとんどフィルターが存在しない。仮にこのような国民投票を制度化した場合，恐らく利用されるのは，上述のとおりの紛争解決志向と制度改革志向の2つのパターンの他に，自己の政治的求心力の確保・向上を目指す場合であろう。このように，フィルターとしての国会をほとんど通過させずに，立法を行うことは，間接民主制と直接民主制を並立させることを意味する。

すでに述べたように，日本では，数少ないフィルターとしての裁判所も十分に機能するかどうかは不明であり，何よりも，この制度では，フランスにみるように国民投票の経験・成熟性が最も重要であるところ，国民投票を一度も実施したことのない日本で，十分な国会審議を経ずに，法律が制定され，あるいは，憲法が改正される制度を導入するのは，間接民主制を混乱させるおそれがある。また，強いリーダーシップ効果が現れる可能性も否定できない。上述のとおり，国政選挙以外に，「上から」議題を設定し，民意を問う必要性は否定できないとしても，現時点では，他のタイプの国民投票の導入を検討すべきであると思われる。

フランス型国民投票には，フィルターとしての国会を通過させないという難点があるとすれば，次に検討する助言型国民投票，議会主導型国民投票（アイルランド型・デンマーク型）は，少なくとも，国会を通過する分だけ，投票案件の質が保証され，かつ恣意的運用が抑制されることが期待される。

2.3 助言型（政府主導型ないしは国会主導型）国民投票

さて，議会制民主主義を採用する国で，一番多く実施されているのが，こ

の助言型国民投票である。これは，国民から国会への「助言」であり，国会を法的に拘束するものではなく，かつ議会の多数派の決議で実施されることから，比較的容易に実施されている。日本の憲法の学説上も，合憲説が有力である。

2.3.1 助言型国民投票の日本型モデル

日本型モデルの実施手順は次の通りとする。
(i) 内閣または国会議員は投票案件を作成し，国会の両院の賛成を得たときに，国民投票を実施することができる（適格取得）。助言型の性質上，投票案件には，対象制限は設けないが，シングルサブジェクトルールを遵守し，投票案件は1案件について，賛否の二択制とする。
(ii) 国会が設置する第三者機関である，1.3.1と同様の投票案件の審査委員会において，投票案件を審査する。ここでは，投票案件に問題がある場合は，修正勧告を出す。
(iii) 国民投票は，(ii)の審査終了後，3ヵ月から半年の周知徹底期間を置いてから実施するものとする。
(iv) 政府は，賛否両論に対する公平な情報提供に努めなければならない。したがって，放送メディアでの公平な扱いを求め，賛否両論を記したパンフレットを作成し，国民に配布する。
(v) 成立要件は，投票者の過半数かつ有権者の40％の賛成とする。この要件は，当面は漸進主義的運用をすべきであるという配慮からである。

2.3.2 助言型国民投票の特徴

ロンメルファンガー［Rommelfanger］は，世界中で実施されている助言型国民投票を調査し，比較検討した上で，(i)発議機関，(ii)機能，(iii)結果の拘束力，(iv)紛争に及ぼす影響の4点について分析する。以下は，この枠組みに従って日本型モデルの運用のあり方を分析する。
(i) 発議機関　適格取得のための要件は，両院の過半数の賛成であることから，国会の少数派も提案はできるが，国民投票の開始権限は，実質的には政府・与党にある。ただし，首相の専権事項である解散権と違って，党内事情・連立政権のパートナーとの関係もあることから，フランス型

のように，首相のコントロールが常に強いというわけではない。

　国会が法案に賛成しないことから，首相が解散権の行使を威嚇の手段として用いながら，国民投票の実施に持っていく場合，就任直後で首相の支持率が高い場合は，政府のコントロールが高い局面である。一方，解散直後で首相が解散カードを切ることができない場合，特定の争点について完全に政府と国会がデッドロックにある場合，解散を実施しても，民意を正確に把握することができなかった場合などは，首相のコントロールではなく，議会の合意によって，実施される可能性がある。前者の例は，後期イギリス型の政府主導の国民投票であり，後者の例は，北欧型の議会主導の国民投票である。

　実際，実例をみても，助言型国民投票には2種の形態があることがわかる。イギリスのブレア首相が実施した国民投票のように，問題解決よりも，人気を背景とした制度改革の手段として，実施されることがある。また，デンマークのSEA批准のための国民投票は，少数内閣の主導で行われている。これらは，政府主導型であり，制度改革志向の強い実施パターンである。一方，イギリスの1975年（EC加盟）および1979年（権限委譲）の国民投票は，与党内の反対派の要求で行われていること，スウェーデン，ノルウェー，フィンランドでは，議会内の合意で実施されていることから，これらは，議会主導型であり，紛争解決志向の強い実施パターンである。日本で実施される場合も，この2種の形態が表れるであろう。

(ii)　機能　したがって，助言型国民投票の機能も，この2つに対応した形で発生する。政府主導型＝制度改革志向パターンの場合は，改革機能，正統性付与機能，地位強化機能，信任投票機能がある。議会主導型＝紛争解決志向パターンの場合は，紛争解決機能，分裂回避機能，国政選挙での争点棚上げ機能，コンセンサス形成機能がある。その他としては，イギリスの1973年国民投票にみられる意見調査機能がある。また，国民の関心の高い問題を実施した場合には，政治参加促進機能，教育機能が発揮される。

　　注）　[Rommelfanger] は，その他として，議会少数派による反対抵抗機能を挙げるが，この機能は滅多に発揮されないとする。

(iii) 結果の拘束力　助言型国民投票の結果には，事実上の拘束力がある。ただし，その前提として，明確な民意を読みとることが求められる。したがって，①高い投票率と明確な賛否の差がある場合（イギリスのEC加盟），②賛否の割合が僅差でも投票率が8割程度と高い場合（ノルウェーのEC加盟），③ウェールズの1997年国民投票のように，僅差であっても，前回の1979年国民投票から大幅に賛成票を伸ばしている場合は，議会は国民の判断に従うのである。逆に，読み取りにくいものは，結果の処理を危うくする。スウェーデンの年金および原発の国民投票のように，3つの選択肢を投票案件として提示し，その結果が割れる場合は，拘束力はつけにくいということができる。

(iv) 紛争に及ぼす影響　これまでみてきたように，助言型国民投票はすべての紛争を解決するわけではない。すなわち，①長期的な紛争の解決を確認する場合（イギリスのベルファスト合意についての国民投票），②紛争を一時的に解決する場合（イギリスのEC加盟についての国民投票），③紛争を解決しないが，国政の争点から消滅させる場合（スウェーデンの原発についての国民投票），④紛争を解決せず，むしろ逆機能を呈する（別の紛争を発生させたり，内閣の崩壊を招いたりする）場合がある（ノルウェーのEC加盟についての国民投票），の4つに大きく分けられる。しかしながら，一般的に言って，投票案件が民意を吸収しにくいものである場合，僅差で低い投票率の場合，40％ルールを付加した場合を除けば，助言型国民投票は，少なくとも問題を一時的には解決する機能を有することは事実である。

2.3.3　日本における運用上の留意点

したがって，日本に導入するにあたっては，助言型国民投票の機能を十分に発揮できる条件を満たすような制度を構築すると同時に，他国の先例に学んで，逆機能の発生を抑えるようにしなければならない。第1に，「いかにして民意を読みとることができるか」という点を運用上のポイントとしなければならない。そのため，モデルにあるように，投票案件には，シングルサブジェクトルールを付加し，二択制度とする。また，首相が主導する場合であれ，国会における合意で実施される場合であれ，投票案件として国民の関

心のある争点を取り上げる必要がある。首相が政策推進に熱意・こだわりをもつ争点（小泉首相の郵政民営化等）ないしは国会で紛糾している争点というだけではなく，国民にとって重要なものを選択しなければならない。また，周知徹底期間を設置して，論点に対する世論の換起と熟成が求められる。さらに，40％ルールを付加して，国民の明確な意思を担保すべきであろう。それらによって，できる限り高い投票率になることが望しい。

そして，助言型国民投票に事実上の拘束力があることから，政府にも結果を受け入れるという覚悟が必要である。一方，内閣崩壊などの逆機能の発生を抑えるために，投票結果と内閣の責任を分離をしなければならない。すなわち，提案した首相は，国民投票が否決された場合でも，辞任しない旨を明言する必要がある。諸外国の例にみるように，政府主導で行われる場合は，首相の圧倒的な人気を背景として，十分な議論のないままにプレビシット的に実施される恐れがあるし，逆に長期政権に対する不信任を表わす可能性がある。政権維持のための恫喝および長期政権への不信任という，本来の機能とは逆方向の機能の出現は，内閣の責任と投票結果を，あらかじめ分離して実施することで，ある程度抑制できるはずである。

注）ただし現実には，逆機能の発生を完全に避けることは難しい。
注）40％ルールを付加すること，責任を分離することは，事実上の拘束力を強めることに注意すべきであろう。これも，一種のジレンマである。

2.3.4 憲法改正国民投票との関係

助言型国民投票の特徴である，実施可能性の高さ（ハードルの低さ）と事実上の拘束力という組み合わせが，憲法改正国民投票との関係ではプラスにもマイナスにも作用する可能性がある。上述のとおり，日本国憲法は，改正について漸進主義を採用し，国会における主要政党による合意がない限り憲法改正国民投票の発議ができない。この漸進主義的姿勢は，憲法保障という点では評価すべきものであり，助言型国民投票はそれを促進する作用を有する。つまり，全面改正，大幅な改正はもちろん，天皇制の存廃，大統領制の創設，首相公選，二院制の廃止などの重要事項の改正が，国政の場で論じられる際に，国会で発議される前に行われる助言型国民投票（これをスイスの全面改正イニシアティヴにならって「先決投票」という。）を実施することは，

慎重な決定を担保する役割を担う。たとえば,「首相公選の是非」という投票案件で国民投票を実施し,賛成を得られた場合は,それに従って改正作業を行う。その後,今度は具体的な改正内容についての憲法改正国民投票を実施するのである。

この先決投票としての助言型国民投票のメリットは,最初に民意を吸収することによってスムーズに改正作業を行うことができること,2回の国民投票を実施することによって民意をクールダウンさせることができることである。1回目は賛成でも,2回目は否決される可能性もある。国民投票の経験のない日本にとっては,慎重さを担保する有用な手段となるであろう。特に,「後戻りのできない決定」においては,大きなフィルターとなる。

一方,先決投票としての助言型国民投票には,濫用の可能性も存在する。政府・与党からみると,憲法改正の必要性が存在し,世論調査等から国民の多くがそれを支持していることが明らかではあるが,国会で3分の2の賛成を得られない場合が生じる。こうした場合,政府・与党が実施のためのハードルの低い,助言型国民投票を利用する可能性がある。つまり,助言型国民投票を,憲法改正国民投票のハードルの高さを突破するために利用するのである。上述のとおり,助言型国民投票には事実上の拘束力があるところ,支持率の高い首相が,個人的な人気を利用して,憲法改正の是非を国民に問い,その拘束力を利用して,国会のハードルを突破する形が想定される。これは,制度改革志向の助言型国民投票が,プレビシット的に作用する場合である。実際,外国の運用例には,条約承認のために必要な議会のハードルが高いことから,より低い助言型国民投票を利用して,国民の承認を取り付けて,条約承認を果たした例(デンマークのSEAについての国民投票およびフィンランドのEU加盟の国民投票)がある。

この方法は,国会に深刻なジレンマをもたらすであろう。仮に,日本型モデルの成立要件(40%ルール)をクリアーする程度の明確な国民の賛成があった場合には,国会には2つの選択肢がある。1つは,国会が助言型国民投票の結果に従うパターンである。特に,憲法改正国民投票の成立要件である投票者の過半数よりも高い結果が示されるとすれば,国民から直接に示された賛成の意思が尊重され,国会による十分な批判検討を経ないままに,憲法改正が発議されることになるであろう。そして,その国民投票は,同じ投

票案件に対する2回目のものであり、結果がある程度予測されることから、他国の例をみても分かるように（重要性の低い義務的レファレンダムもしくは結果が明らかな国民投票のように）、低い投票率の下で、実施される可能性がある。これは、慎重な憲法改正を求める96条の趣旨を没却することになる。もう1つは、助言型国民投票の結果を受けて、憲法改正を審議するが結果的には発議しないという選択肢である。憲法改正に対する抵抗勢力が、発議に賛成しない場合であるが、事実上の拘束力を考慮すると想定しにくいが、万が一発議がなされない場合は、国会は民意を無視したという強い批判を受けることが十分に予想される。

このように、硬性憲法の下で実施される助言型国民投票は、憲法保障に資する場合と硬性憲法の趣旨を没却する場合の2つの可能性がある。結局、前者は国会がフィルターとして一応機能する場合（民意を吸収して具体案を提示する場合）であり、後者はほとんど機能しない場合である。

2.4　アイルランド型国民投票（議会多数派主導の憲法レファレンダム）

上述のとおり、硬性憲法であるために、助言型国民投票の事実上の拘束力が濫用され、議会の審議機能が十分に発揮されないままに、憲法改正が行われる可能性が存在する。そうすると、こうした濫用の可能性を抑制し、国会による十分な審議のもとで、慎重に憲法改正を行う別の国民投票の方法として、アイルランド型（国会の単純多数を発議要件とする議会主導型国民投票）の憲法改正を検討してみたい。以下、日本型モデルを提案する。

(i)　政府または国会議員は憲法改正案を作成し、国会の両院の賛成を得たとき、国民投票を実施することができる（適格取得）。投票案件には、対象制限は設けないが、シングルサブジェクトルールを遵守することとする。

(ii)　適格取得後、国会が設置した1.3.1と同様の第三者機関である、国民投票審査委員会において、投票案件を審査する。ここでは、投票案件に問題がある場合は、修正勧告を出す。

(iii)　国民投票は、適格取得後、半年間の周知徹底期間をおいてから実施するものとする。

(iv)　政府は、賛否両論に関する公平な情報提供に努めなければならない。

したがって，放送メディアでの公平な扱いを求め，賛否両論を記したパンフレットを作成する。

(v) 成立要件は，投票者の過半数かつ有権者の40％の賛成とする。

このアイルランド型の特徴は，憲法改正のための国民投票が，必要に応じて，比較的容易に発議できるという点である。実際，アイルランドでは，議会が重要問題を国民に問う機会（投票日および投票案件）が多く，比較的安定した運用を示している。アイルランド型の国民投票は，制度改革志向の国民投票であり，日本の憲法改正国民投票とは異なり，議会内の少数派の拒否権を保障している訳ではない。しかし，議会多数派が単独で反対派を押し切って実施するのであれば，国会がフィルターとして十分に機能しないという，助言型国民投票の問題点を解決することはできない。ところが，実際は，初期の数回を除けば，多数派が数の優位を背景に押し切って，国民投票が発議されるパターンは少なく，重要問題を議会の合意の下で，国民に提案しているということができる。また，選挙から憲法改正についての争点を棚上げするという機能もある。つまり，安定した運用のための第1の条件は，国会の合意の存在である。これは，国民投票における政府のコントロールが高くないことを意味する。

第2の条件としては，国民が豊富な経験を有し冷静な判断力を発揮している点である。このため，仮に，議会多数派が強行的に提案しても投票案件が成立する可能性は低いことが示されている。つまり，アイルランドの憲法レファレンダムは，議会のコンセンサスによって国民投票が実施され，続いて，国民の承認を得るという，典型的な議会主導型国民投票として運営されているのである。

さて，このような安定した運用の条件を日本にあてはめてみたい。第1の条件である，国会の合意が得られるかどうかは不明である。国会内でコンセンサスを得られないままに，多数派が強引に憲法レベルの政治制度の改革を推し進める可能性がある。また，アイルランドの運用でみられるように，多数派による価値観の「硬性化」戦略が発生する可能性がある。一度成立してしまうと，マイノリティーの権利侵害が行われ，特定の価値観が硬性化されても，裁判所がこれを阻止することはできない。そうすると，最後のフィルターとしての国民による冷静な判断が求められるところである（第2の条

件)。しかしながら、現状では、国民投票の経験が全くない以上、今後、日本国民の国民投票および直接民主制の運用経験の積み重ねを待ち、さらに、有権者の40％の賛成という高い成立要件をフィルターとして付加することを実施の条件とするべきであろう。なお、イタリアの50％条項のように投票率にハードルをかけることは、棄権を勧誘する（ボイコット）運動が発生するおそれがあるので、採用しない。

　結論的には、筆者としては、日本への導入は時期尚早という判断を下すに至ったが、アイルランド型の国民投票が有する、「重要問題を国民に問いながら、国政を運営していくという」スタイルは、直接民主制によって、間接民主制・代議制民主主義の機能不全および停滞を修正していくという点では、今後の日本の検討すべき政治体制のあり方の1つであると思われる。

　　注）［Qvortrup b］は司法審査がある国は、憲法レファレンダムが実施される傾向があるとする。

2.5　デンマーク型国民投票（議会少数派主導型法律レファレンダム）

　これまでみてきた「上から」の国民投票は、議会の多数派の主導ないしは、議会の合意によって実施されるものであった。しかしながら、それらの制度には、国民の立法要求、国民投票の実施要求に対して応答しないという本質的な欠陥が存在する。紛争解決志向および制度改革志向という2つのパターンがあるとしても、それは、あくまでも政治階層内部の意向であって、国民とは、かけ離れている可能性がある。オーストリアの国民発案の運用をみてもわかるように、莫大な数の署名を議会に提示しても、それに反応して立法作業が行われることは極めてまれである。こうした上と下との乖離は、国民投票の実施の有無だけではなく、「上から」の提案の多くが否決されることからわかるように、国民投票の結果にも表れている。このような政治階層と国民との見解の差を埋める1つの方策として、本書は間接イニシアティヴを提案してきた。制度的にみると、上からこのような乖離を解消するもう1つの方法として、デンマーク型の国民投票、すなわち、議会少数派主導の法律レファレンダムが存在する。

　このデンマーク型は、国民の意見を吸収し、政治階層と国民の間のずれを修正する機能を有するのであろうか。ここで、注意しなければならない点は、

デンマーク型は，議会の少数派に拒否権を与えているのであって，国民の少数派に拒否権を与えるものではないという点である。同じ拒否権であっても，政治階層内部の少数派の拒否権であり，必ずしも，それはマイノリティーのインテンシティないしは，国民の多数派の意思を代弁するものではない。政治階層全体に不利な立法要求（多選禁止，歳費の削減，議員定数の削減等），あるいは政治階層を取り巻く利益集団に不利益をもたらす立法要求（公共事業の削減，医療費の削減等）を，議会少数派が汲み取る可能性は少ないであろう。さらに，議会少数派といっても，3分の1という相対的に議席数の多い少数派が発議権を行使できるのであって，絶対的な少数政党が行使できる制度ではないことに注意されたい。

　確かに，日本の消費税導入時のように，野党の見解と国民の見解が一致している場合においては，デンマーク型が，国民の拒否を代弁する装置として機能するであろう。しかし，逆に，国会内で大きな勢力をもつ野党に「常に」拒否権を与える意味は大きい。国会審議の現状が，重要争点を巡って与野党が対立するものの，建設的な議論が行われず，最後は，審議拒否と強行採決の応酬で決着をつけるものとなっているところ，こうした国民投票を制度化することは，政争の具を増やすことになっても，国会審議の円滑化・実質化を招く可能性はかなり低いと思われる。

　実際，この種の任意的レファレンダム（発議機関が実施する国民投票）は，ほとんどが「凍結された」国民投票となっている（アイルランドの法律レファレンダムなど）のも，国民投票の頻度を抑えるためにハードルを多く設定せざるをえないことに原因がある。デンマークでは，二院制廃止の代償として，少数派の拒否権が保障されたのであるが，その目的は合意形成にある。つまり，デンマーク型の国民投票は，比例代表制・多党制・少数内閣・議会内部の合意形成という状況下で運営されているからこそ機能しているのであり，そのような状況とは全く異なる日本で導入することは，間接民主制の補完よりも，国政に混乱を招きかねない。日本のように二院制を採用している国で，国会の少数派に拒否権を与える積極的理由は見出しがたいと思われる。

第3節　義務的レファレンダム

　上からの国民投票は，首相・内閣・国会の政治的便宜によって国民投票が実施されることが多いのであって，基本的に国民の立法要求および国民投票の実施要求を反映しているものではない。一方，下からの国民投票は，インパクトの強い制度が多く，その中でも，現状の日本の政治状況に適合し，国民からの議題設定を行うのに適切な国民投票は，間接イニシアティヴではないかという指摘をしてきた。しかし，この間接イニシアティヴは，国民投票の中でもかなり進化した形態であるので，制度化および安定した運用までは時間がかかる可能性は少なくない。そうしたときに，このような，議題設定のジレンマ（国民が望む議題が提案されず，逆に望まないものが提案されること）を解決する1つの方法として，義務的レファレンダムが存在する。

　諸外国の国民投票の運用をみると，国民投票の投票案件の多くを占めるのは，EU などの超国家機関への権力の委譲，あるいは地方への権限委譲，NATO 等の軍事同盟への加入である。これは，主権の委譲に関する問題，あるいは国家の安全保障上の問題であることから国政上活発に議論され，また紛争を発生させることから，国民投票が実施されているものである。しかし，イギリスの運用にみるように，このような争点についての国民投票を実施すること自体が，政治的な争点となり，国政を紛糾させる要因となっている。このため，これらの争点については，あらかじめ，国民投票の実施を義務づけるように憲法典に明記するのが，義務的レファレンダムである。

　義務的レファレンダムは，国政上の重要問題や利害関係者の民意を確認する必要のある問題を指定しておき，発議なしで必要的に実施されるタイプの国民投票である。日本国憲法の第95条の住民投票はその典型である。義務的レファレンダムの規定を憲法に置くことによって，国民投票実施についての論争を回避することができるとともに，国会の議決に国民投票がさらに加えられるので，慎重な決定を担保するという効果がある。問題点としては，アメリカの住民投票にみられるように，国民投票を選択的に付加することで，結果的に差別を行う手段となりうる点がある [Eule]。たとえば，「参政権の拡大については，国民投票によって国民の承認を得なければならない」とい

う規定を新設することによって，結果的に外国人への参政権拡大が，ブロックされる可能性がある。運用にあたっては，この点に注意する必要があるであろう。

　　注）ただし，参政権の拡大を当該国民が否決すること自体が，人権侵害に直結する訳ではない。

　今後，日本が，アジア全域を包含する，EUのような超国家的共同体に加盟すること，および新たな軍事同盟に加盟することが政治的議題になる可能性がある。これらの予想される争点について，憲法の全面改正ないしは大幅な改正の際に，義務的レファレンダムの対象として，関係する規定を編入するのは，政治的紛争を避ける1つの知恵であると思われる。したがって，本書では，義務的レファレンダムに係る条文を追加し，憲法73条3号を改正する形で，義務的レファレンダムを導入することを提案するものである。

　　追加条文（義務的レファレンダム）
　　「集団的安全保障機構または超国家的共同体への加盟を規定する条約は国会の承認に続いて，国民投票における過半数の承認を必要とする。」
　　それに伴って変更する必要のある条文
　　憲法73条　3号「条約を締結すること。但し，事前に，時宜によっては事後に，国会の承認を経ることを必要とする。<u>追加条文の場合は，国会の承認に続いて，国民の承認を必要とする。</u>」

第4節　結　論

　結論として，本書が，現時点で制度論として導入が望ましいと考える国民投票は，間接イニシアティヴ・助言型国民投票・義務的レファレンダムである。ただし，廃止型国民投票・アイルランド型国民投票も，漸進主義的に導入を進めることが可能であると思われる。ここでいう，漸進主義的とは，現行の憲法改正国民投票および解釈論上可能な助言型国民投票で運用経験を積むことによって，直接民主制に対する成熟性を高めた上で，制度の運用を図るという意味である。ただし，複数の制度を導入する場合は，その相乗効果を含めてその是非を検討すべきであろう。

むすび

第1節　国民投票の4つの局面―国民投票による間接民主制の補完の形態―

　国民投票の主要実施国の運用実態を分析すると，①議題設定の形態と，②議題設定の目的という2つの要因によって，国民投票を大きく4つの局面に分類することができる。この分類によって，「国民投票による間接民主制の補完」のあり方を説明することができる。①の視点からは，大統領・首相・国会・政党という，間接民主制の運営を担当する機関もしくは集団が議題設定を行う「上からの」国民投票と，間接民主制の運営には直接は関与しない国民・集団が議題設定を行う「下からの」国民投票に大別される。そして，その2つに対して，②の視点が加えられる。

　「上からの」国民投票は，その目的によって，①紛争解決志向と②制度改革志向に分類される。一方，「下からの」国民投票は，③立法志向と④立法に対する拒否志向に分類される。①は，特定の争点についての紛争が，議会では解決不能であるので，国民の判断を仰ぐ局面，②は，政府が，議会が協力しないことを理由にして，民意直結で制度改革を意図する局面，③は，議会が民意を吸収しないことから，国民から議会に民意を提示して，立法を行なう局面，④は，議会の民意を無視した立法に対して国民が拒否する局面である。これらの4種のパターンは，全て議会の機能と関連する。つまり，国民投票の実施国は，議会が本来有すべき機能である，紛争解決機能・制度改革機能・民意吸収機能・立法機能が十分に機能しないことから，国民投票でその機能不全を補完しようとするのである。

むすび

第2節　国民投票のジレンマ

　第1節のとおりの4つのパターンの国民投票が，それぞれの機能を果たし，所期の目的を達成するためには，多くのフィルターを国民投票の手続に付加しなければならない。そして，そのフィルターによって，マイノリティーの人権侵害を抑制し，既存の法体系との矛盾衝突を回避し，内閣崩壊などの逆機能の発生を防止する必要がある。しかしながら，これらのフィルターが十分に作用するかどうかは，国民投票を実施する各国の様々な要因（裁判所・議会選挙・国民の経験・地理的要因・国民の同質性・政党の配置状況等）に左右される。そして，各フィルターは，それぞれの国の事情に応じて，多くのジレンマを抱えながら，危ういバランスの中で運用されていることがわかる。

　まず，「下からの」国民投票である国民主導型国民投票では，開始権限が国民にあり，発議要件のハードルが低く設置されていることから，必然的に，投票する頻度の高さと投票案件の増加がもたらされる。つまり，重要な問題も些末なもしくは技術的な問題も，区別なく大量に国民に提示されることになる。国民は，議員や首長を選ぶ選挙とは異なり，これらに対応するためには，大量の情報を獲得し，逐一判断を下さなくてはならないところであるが，多くの国民はそれに対応できず，投票率の低下，棄権，マイノリティーの権利侵害といった問題が発生するのである。あるいは，自分が理解しうる重要な問題だけを投票する，という選択的投票をするようになる。投票に行く回数を減らし，投票案件の数を抑えるために最も有効な手段は，署名要件のハードルを高くすることであるが，それによって，有利になるのは，国民投票提起能力のある一部の団体であって，資金力の乏しい，草の根運動を展開する市民運動グループの利用可能性を狭めてしまう。そうすると，投票案件の質を向上させ，人権侵害の可能性のある投票案件をフィルターにかける役割を，裁判所に期待することになるが，それは，裁判所を政治紛争に巻き込む可能性が高く，司法に対する信頼を揺るがす恐れが高い。国民主導型国民投票の制度設計にあたっては，このような，投票者の情報収集能力と判断能力の限界という問題を常に意識しなければならない。

　一方，上からの国民投票である，政府主導型国民投票と議会主導型国民投

むすび

票は，投票に行く回数も少なく，投票案件も少ないことから，投票者は情報収集に過重なコストをかけることを求められたり，判断に迷うことは比較的少ないであろう。しかしながら，狭い意味では首相・大統領・議会といった発議機関に，さらに広い意味では政治階層に，投票案件の設定権限を握られているために，重要な問題が国民投票の対象とならなかったり，逆に不必要な問題が，自己の権限強化のために実施されるという現象（議題設定のジレンマ）が発生する。世論調査や国民発案制度によって，具体的な数字として，国民の立法要求が提示されても，それが採択されることはまれであり，それどころか，イニシアティヴ・間接イニシアティヴ・廃止型国民投票で示された民意でさえも，議会によって事実上「殺されて」しまうこともある。政府主導型国民投票・議会主導型国民投票の制度設計にあたっては，こうした，政治階層の政治的便宜による「投票案件のコントロール」と「国民からの立法要求・国民投票実施要求の無視」という問題に，どのように対応して行くかが1つの焦点となっている。

　解決の方向としては，国民主導型国民投票同様に，裁判所の役割に期待する方向が考えられるが，フランスの運用にみるように，投票後の統制は難しく，投票前にどのように投票案件をコントロールできるかが課題となるであろう。もう1つの方向としては，義務的レァレンダムによる対応である。予想される国政上の重要な問題を，できるだけ，義務的レファレンダムとして，憲法典に規定するのである。しかしながら，憲法典への義務的レファレンダムの編入自体が，大きな政治問題であるし，スイスのように義務的レファレンダムが多すぎると，これも低投票率の原因となる。そして，現在考えられる3つ目の方向として，議会少数派主導の国民投票がある。議会少数派が，国民の代弁者として議題設定を行うことに期待するのである。これにも，議会少数派には，国民の少数派のインテンシティを提示する可能性があるとしても，国民の多数意思を反映して議題設定をするという保障がないこと，それ以上に，スイスの拒否型国民投票の導入時のように，国民投票の乱発の可能性が高いというリスクがあることが，指摘される。

　国民投票による問題解決にもジレンマはある。諸外国の運用実態をみると，助言型国民投票は，政治階層および一般国民を含む全国家的レベルで，特定の争点について激しい論争が生じ，意見が分裂しているときに，実施される

むすび

ことが多い。この場合は，政治階層と国民との間の，国民投票を実施すべきであるという見解が一致して，最終的に投票に持ち込まれているとみるべきであろう。しかし，この助言型国民投票にも，低い投票率で（しかも賛否が僅差となった場合）は「助言」として機能しないという問題点が発生する。解決策としては，明確な民意の表明を確保するために，40％ルールを付加する方法があるが，賛成多数であるが40％ルールを満たさない場合は，投票案件に賛成する側から，投票案件の内容を実行する旨の強い要求が出されて，政府はルール遵守との間の板挟みにあう。また，助言型国民投票には，リーダーシップ効果が表れやすい。これに対しては，政党間で協定を結ぶこと，および結果と内閣の責任を分離することによって，結果が不測の事態を招くことを回避しようとする。しかし，これらの事前に行われる政党間の協定および内閣の声明は，助言型国民投票の結果の拘束力を強めることになり，議会が投票結果を柔軟に処理するという長所を失わせることになる。

なお，アメリカの住民投票の制度改革について，ガーバーが指摘する，各フィルターの外部効果も，ある種のジレンマであろう。この視点は，国民投票の制度設計に重要な示唆を与えてくれるものである [Gerber b]。

第3節　ジレンマの落としどころ—成熟性と自制—

第2節でみたように，国民投票は，それぞれの制度が抱えるジレンマの中の均衡点を探りながら運用されなければならない。そして，そのために必要なことは，国民の経験と成熟性であり，政府・議会が先例を積み重ねることによって，国民投票の自制的な運用を行うことである。実際，諸外国の運用をみると，国民投票の導入当初は，国民投票の嵐があったり，プレビシット的な運用がなされたりしているが，時間の経過，すなわち，発議機関および判断権者（国民）の学習効果によって，安定した運用を見せるようになる。つまり，解決しないから，「ジレンマ」であるとしても，現実の政治や制度の運用では，次のように，落としどころが見えてくるようになる。

まず，アメリカの住民は，情報不足と判断力の限界を踏まえつつ，「合理的投票者」として対応している。スイスでは，投票率は一般に高くないながらも，重要問題については高い投票率を示している。アイルランドでは，比

むすび

較的頻繁に憲法レファレンダムが実施されているものの、実施される題材は重要問題が多く、投票率も高く、しかも議会多数派単独の提案が承認される割合は高くない。デンマークでは、国政上の重要問題を国民投票で、決定する政治的慣習が確立しているということができるし、法律レファレンダムを野党が連発するという事態には至っていない。プレビシット色の強い運用を見せていたフランスでも、多くの経験から、国民は、国民投票の濫用に対する「最後のフィルター」になっている。イギリスも、国民投票の対象に一貫性がなく、時の政権の政治的便宜で実施されているということができるが、少なくとも欧州統合・権限委譲といった、国家の主権に係る憲法レベルの改革については、国民投票を実施しなければならないという、先例が確立しているということができる。これは、いわば助言型国民投票の「義務的レファレンダム化」であろう。

第4節　義務的レファレンダムへの接近

　本書は、結局のところ、「間接民主制を原則としていながら、国民投票を導入するのはなぜか。」という問題に答えようとしてきたのである。そして、その答えは、「重要な問題を選挙や議会の審議だけでは決定できないので、国民投票が導入される」というものである。しかし、「上からの」国民投票は、政治的便宜で実施されることが多く、「下からの」国民投票は、一部の大集団にとっての「重要問題」（逆に言うと残りの人々にとっては、重要ではない問題）が提示される。このように、発議機関ではなく、決定機関としての国民には、議題設定権が十分に与えられていない、というジレンマがある（発議と決定のジレンマ）。つまり、発議しうる国民と決定する国民が、国民投票の機関としては同一ではないということである。
　しかし、第3節でみたように、「上からの」国民投票は、一度実施されると先例化され、フリーハンドの範囲が小さくなる。下からの国民投票も、国民の多くが投票し賛成するような投票案件（選択的投票の対象になるもの）でない限り成立しにくい。そうすると、国民投票は、実質的に、運用を重ねていくうちに、重要問題だけが「問われる」上からか、重要問題だけが「成立する」下からの2つの形態に収束するのではないだろうか。つまり、義務的

むすび

レファレンダムに接近していくのではないだろうか。これは，ダイシーの予想に近くなると思われる［Qvortrup b 51-68］。これについては，今後も検証を続けていきたい。

第5節　日本型国民投票の可能性

　このように，決定機関としての国民の成熟性と発議機関（政府・大統領・議会・国民）の自制によって，次第に安定した運用を見せるようになるとすれば，日本において，今後，間接民主制を補完する必要が生じて，国民投票の導入を論じる際には，日本は一度も国民投票を体験したことがないという事実を十分に認識して，制度設計を行わなければならない。

　現在，西欧民主主義諸国における国民投票の運用状況を，制度と実施回数によって，次のように分類がすることができる。①国レベルで，国民投票を全く実施したことのない国（アメリカ・戦後のドイツ）（ただし両国とも住民投票は極めて盛んである。），②憲法レベルの内容を含めて助言型国民投票を必要に応じて実施するが，回数は少ないタイプ（デンマークを除く北欧諸国・スペイン等），③上からの国民投票を採用するが，比較的回数が多いタイプ（イギリス・フランス・アイルランド・デンマーク・オーストラリア），④下からの国民投票を採用するタイプ（アメリカの州・スイス・イタリア）である。①は純粋な間接民主主義の国であるが，その位置から④に向かうにつれて，直接民主制的要素が増加する。特に，④のスイスとカリフォルニア州は，半直接民主制の政体と評価することができる。

　日本における間接民主制の問題点・限界については，既に多くの論者が指摘するところであり，上述のとおり，国民投票の導入によって，間接民主制を補完すべきであるという議論が高まる可能性は十分にある。しかしながら，国民投票の導入の必要性があるとしても，導入に際しては，第1節で述べたとおり，4つの枠組みの国民投票における，それぞれの運用の難しさを十分に斟酌しなければならない。つまり，成熟性と自制が強く求められるタイプの国民投票を性急に導入するのではなく，段階を踏んだ導入が望ましいと思われる。したがって，憲法改正国民投票に際しては，そのリスクを十分に認識した上で慎重に運用し，助言型国民投票で，国政上の重要問題を国民に諮

り，ある程度の経験を積んでから，他の国民投票の導入を検討すべきであろう。日本が将来，上記の②・③・④のうちの，どのタイプの運用を示すかどうかは，もちろん，国民自身が決定していくことであるが，日本の憲法改正手続が漸進主義的姿勢をとって，慎重な運用を求めているように，今後，国民投票を発展させていくのであれば，各タイプの国民投票の機能とリスクを考慮して，漸進主義的に国民投票の制度を展開させて行くべきであろう。現状では，次のステップとして，間接イニシアティヴ・助言型国民投票・義務的レファレンダムが候補としては望ましいが，フィルターとなるべき諸制度・諸要因の動向を十分に考慮した上で，導入することを提案したい。

第6節　国民投票と政治的自己決定・自己責任

　今後，通信機器がさらに発達し，高度なIT社会が到来して，瞬時に民意を測定することができることになろうとも，国民投票は，特定の論点について，一時的な世論を集計したものとは，全く異なる点に注意しなければならない。まず，発議から適格取得までの間に様々なドラマが存在し，次に，その注目を集めた重大な投票案件が，一定の周知期間をおいて国民に提示される。そして，国民には，一定の時間を費やして，十分に考察した上で投票することが求められている。つまり，議員や首長を媒介とするのではなく，国民は，主権者として，最終判断を行い，または立法行為をする，という重い役割を背負わなければならない。そこには，後戻りのできない決定もあるし，日常生活を一変させる決定もある。間接民主制が，議員・首長といった民意の媒介者の責任を追及するものであるとすれば，直接民主制・国民投票においては，国民は，ときには自分で投票案件を提示し，かつその是非を表明し，ときには議会・政府の提案を拒否することによって，自分で「責任ある」行動をとることが求められているのである。しかし，その体験によって，政治が「他人事」から「自己の果たすべき重大な責務」に転換されることが期待される。筆者が，国民投票に最も期待する点は，こうした国民による「自己決定の体験」であり，教育機能および政治参加の促進機能である。戦後，改めて民主主義をスタートして以来，度重なる政治家・公務員の汚職，民意と立法・行政の乖離，国会の機能不全，といった事態が改善されないことによ

むすび

る失望から，政治的無関心が続いているが，こうした病理に対する最高の処方箋が，国民投票による「自己決定」の経験であり，「自己責任」の涵養ではないかと，愚考する次第である。

　国民投票は，今後も世界各国で実施され，さらに研究も進化していくことが予想される。また，直接民主制に対する原理的研究ないしは，実証的研究の深化も，よりよい制度設計に向けた議論に反映されるであろう。国民投票についての論点を，現時点において，できる限り取り上げて論じたつもりであるが，今後も国民投票の運用実態を観察し，理論的研究の進展に学びながらも，引き続き考察を続けていきたい。本書が，憲法改正国民投票の運用のあり方および日本型国民投票導入のための議論の一助となれば幸いである。

参考文献

外国語文献

Aitokin, Don. 1978. *Australia*, in [Butler & Ranney a]

Allswang, John M. 2000. *The Initiative and Referendum in California, 1898-1998*. Stanford, California: Stanford University Press.

Appelton, Andrew. 1992. *Maastricht and the French Party System: domestic implications of the Treaty Referendum*. French Politics and Society vol. 10.

Aubert, Jean François. 1978. *Switzerland*. in [Butler & Ranney a]

Aubert, Jean François. 1980. *So funktioniert die Schweiz*. Bern.

Auer, Andreas and Michael Bützer (ed.). 2001. *Direct Democracy: The Eastern and Central European Experience*. Aldershot: Ashgate Publishing Company.

Aylott, Nicholas. 2003. *The Swedish Referendum on EMU of September 14 2003*. Referendum Briefing No9. European Parties Elections and Referendums Network.

Balsom, Denis and Ian McAllister. 1979. *The Welsh and Scottish devolution referenda*, Parliamentary Affairs, vol. 32. no. 4.

Balsom, Denis. 1996. *United Kingdom*, in [Gallagher & Uleri]

Balsom, Denis and Jones Barry (eds). 2000. *Road to the National Assembly for Wales*. Cardiff: University of Wales Press.

Bartole, Sergio. 1996. *Referendum and the Constitutional Court in Italy*. in [European Commission].

Banducci, Susan A. 1998. *Direct Legislation: When Is It Used and When Does It Passed?* in [Bowler, Donovan & Tolbert] [Banducci a]

Banducci, Susan A. 1998. *Searching for Ideological Consistency in Direct Legislation*. in [Bowler, Donovan & Tolbert] [Banducci b]

Bell, Charles and Charles Price. 1988. *Are Ballot Measures the Magic Ride to Success?* California Journal no. 19.

Berstein, Serge. 1993. *The Republic of de Gaulle, 1958-1969*. New York: Cambridge University Press.

Bochel, John, David Denver and Allan MacCarney. 1981. *The Referendum Experience: Scoland 1979*. Aberdeen: Aberdeen University Press.

Bogdanor, Vernon. 1979. *Devolution*, Oxford: Oxford University Press, [Bogdanor a]

Bogdanor, Vernon. 1980. *The 40% Rule, Parliamentary affairs*, vol. 33 [Bogdanor

参考文献

b]

Bogdanor, Vernon. 1981. *The people and the Party System: the Referendum and Electoral Reform in British Politics.* Cambridge: Cambridge University Press. [Bogdanor c]

Bogdanor, Vernon. 1994. *Western Europe,* in [Butler & Ranney b] [Bogdanor d]

Bogdanor, Vernon. 1999. *Devolution in the United Kingdom* Oxford: Oxford University Press. [Bogdanor e]

Bowler, Shaun and Todd Donovan (eds). 1998. *Demanding Choices: Opinion Voting and Direct Democracy.* Ann Arbor: University of Michigan Press.

Bowler, Shaun, Todd Donovan and Caroline J Tolbert. 1998. *Citizens as Legislators.* Columbus: Ohio State University Press.

Brestoff, N. 1975. *The California Initiative Process,* Southern California Law Review vol. 48.

Bucheli, M. 1979. *Die direkte Demokratie in Rahmens eines Konkordanz oder Koalitionssystems,* Bern.

Budge, Ian. 1989. *The Challenge of Direct Democracy.* Cambridge: Polity Press.

Budge, Ian. 2001. *Political Parties in Direct Democracy.* in [Medelsohn & Parkin]

Butler, David and Kitzinger Uwe, 1996. *The 1975 referendum* London: Macmillan.

Butler, David and Austin Ranney (eds). 1978. *Referendums: a comparative study of practice and theory.* Washington DC: American Enterprise Institute for Public Policy Research [Butler & Ranney a]

Butler, David and Austin Ranney (eds). 1994. *Referendum around the World: Growing use of direct Democracy.* London: Macmillan [Butler & Ranney b]

Butler, David. 1978. *United Kingdom.* in [Butler & Ranney a]

Bütler Hugo. 2000. *Direkte Demokratie-aus Schweizerischer Sicht.* in [Herbert]

Cain, Bruce E. and Kenneth Miller, P. 2001. *The Populist Legacy: Initiatives and the Undermining of Representative Government,* in [Sabato, Ernest & Larson]

Campbell, Anne. 1997. *The Citizen's Initiative and Entrepreneurial Politics: Direct Democracy in Colorado, 1966-1994.* cited in [Bowler, Donovan, & Tolbert] [Campbell a]

Campbell, Anne. 2001. *In the Eye of Befolder: The Single Subject Rule for Ballot Initiatives.* in [Waters] [Campbell b]

Chambers, Simone. 2001. *Constitutional Referendums and Democratic Delibera-*

tion. in [Mendelsohn & Parkin]

Clive H. Church. 2004. *The politics and government of Switzerland,* London: Palgrave Macmillan.

Coakley, John and Michael Gallagher. 1999. *Politics in the Republic of Ireland.* London: PSAI Press.

Corbetta, Piergiorgio and Arturo, M. L. Parisi. 1994. *The referendum on electoral law for the Senate: another momentous April.* in [Mershon & Gianfranco] (eds), *Italian Politics: Ending the First Republic.* Oxford: West View Press.

Cosgrove, Richard A. 1981. *The Rule of Law: Albert Venn Dicey: Victorian Jurist.* London: Macmillan.

Craig, Stephan, Amie Kreppel and James G Kane. 2001. *Public Opinion and Support for Direct Democracy: A Grassroots Perspective.* in [Mendelsohn & Parkin]

Criddle, B. 1992. *The French Referendum on the Maastricht Treaty September 1992,* Parliamentary Affairs vol. 46.

Cronin, Thomas E. 1989. *Direct Democracy: Politics of Initiatives, Referendum, and Recall.* Cambridge: Harvard University Press.

Denver, David (ed). 2000. *Scotland Decides: the Devolution Issue and the 1997 Referendum.* London: Frank Cass.

Deszõ, Márta. 2001. *Plebiscite and Referendums.* in [Auer & Bützer]

Dicamillo, Mark and Mervin Field. 1996. *The Field Poll. Release Dates 1990-1996. San Francisco: The Field Institute.* cited in [Gerber a]

Dicey, Albert. V. 1890. *Ought the Referendum to be Introduced Into England?* Contemporary Review. vol. 57. April.

Donovan, Todd, Shaun Bowler and David McCuan 2001. *Political Consultants and the Initiative Industrial Complex,* in [Sabato, Ernst & Larson]

Donovan, Todd and Shaun Bowler. 1998. *Direct Democracy and Minority Rights: An Extension.* American Journal of Political Science, vol. 43 [Donovan & Bowler a]

Donovan, Todd and Shaun Bowler. 1998. *Responsive or Responsible Government?* in [Bowler, Donovan & Tolbert] [Donovan & Bowler b]

Donovan, Todd and Shaun Bowler. 1998. *An Overview of Direct Democracy in the American States,* in [Bowler, Donovan & Tolbert] [Donovan & Bowler c]

Donovan, Todd, Shaun Bowler and David McCuan and Ken Fernandez. 1998. *Con-*

参考文献

tending Players and Strategies: Opposition Advantages in Initiative Elections. in [Bowler, Donovan & Tolbert]

Downs, W. M. 2001. *Election Report Denmark's Referendum on the Euro: The Mouse that Roared…Again.* West European Politics, vol. 24. no. 1.

Drage, Jennie. 2001. *State Efforts to Regulate the Initiative Process.* in [Waters]

Dubious, Philip L. and Floyd F. Feeney. 1992. *Improving the California Initiative Process: Opinions for Change*, Berkley: California Policy Seminar, University of California.

Ellis, Richard J. 2002. *Democratic Delusions: the initiative process in America* University Press of Kansas.

Engler, U. 1973. *Stimmbeteiligung und Demokratie*, Bern und Frankfurt.

Ernst, Howard R. 2001. *The Historical Role of Narrow-Material Interests in Initiative Politics*, in [Sabato, Ernst & Larson]

Ehrman, H. 1983. *Politics in France*, Boston.

Eule, Julian N. 1990. *Judicial Review of Direct Democracy.* Yale Law Journal vol. 99.

European Commission for Democracy through Law. 1996. *Constitutional Justice and Democracy by Referendum.* Council of Europe Publishing.

Fossedal, Gregory A. 2002. *Direct democracy in Switzerland.* New Brunswick; London: Transaction.

Frears, John. 1977. *Political parties and the Election in the French Fifth Republic*; London. [Frears a]

Frears, John. 1991. *Parties and Voters in France*, London: Hurst & Company. [Frears b]

Frey, Bruno S. and Lorenz Goette. 1998. *Does Popular Vote Destroy Civil Rights?* American Journal of Political Science vol. 42.

Gallagher, Michael and Vincenzo P. Uleri. 1996. *The Referendum Experience in Europe.* London: Macmillan.

Gallagher, Michael. 1996. *Ireland: the referendum as a conservative device*, in [Gallagher & Uleri]

Gamble, Barbara. 1997. *Putting Civil Rights to a Popular Vote.* American Journal of Political Science vol. 41.

Garrett, Elizabeth and Elisabeth Gerber. 2001. *Money in the Initiative and Referendum Process: Evidence of Its Effects and Prospects for Reform.* in [Waters]

Gerber, Elisabeth R. 1999. *Populist Paradox.* Princeton: Princeton University Press.

[Gerber a]
Gerber, Elisabeth R. *The Logic of Reform: Assessing Initiative Reform Strategies*, in [Sabato, Ernst & Larson] [Gerber b]
Gerber, Elisabeth R. and Simon Hug. 1999. *Minority Rights and Direct Legislation: Theory, Methods and Evidence.* Working paper, University of California, Sandiego. cited in [Sabato, Ernest & Larson]
Gerber, Elisabeth R. and Simon Hug. 2001. *Legislative Response to Direct Legislation.* in [Mendelsohn & Parkin]
Gerber, Elisabeth R. and Arthur Lupia. 1996. *The Benefits of Expensive Campaigns.* Working paper, University of California, San Diego. cited in [Sabato, Ernest & Larson]
Gerber, Elisabeth R., Arthur Lupia, Mathew D. McCubbins and D. Roderick Kiewiet. 2001. *Stealing the Initiative: How State Government Responds to Direct Democracy.* NewJersey: Prentice-Hall
Gruner, Erich and Hans Peter Hertig. 1983. *Le Citoyen et la "noubelle' politique.* Bern: Haupt. cited in [Gallagher & Uleri]
Häfelin, Ulrich. 1996. *The referendum and its control in Switzerland, in Constitutional Justice and Democracy by Referendum.* in [Council of Europe]
Hainsworth, Paul. 2005. *France Says No: The 29 May 2005 Referendum on the European Constitution.* Parliamentary Affairs vol. 59. no1.
Hamon, Francis. 2001. *The Subject-Matters of Popular Votes.* in [Auer & Bützer]
Hayward, Jack. 1969. *Presidential Suicide by Plebiscite: de Gaulle's Exit.* Parliamentary Affairs vol. 22 [Hayward a]
Hayward, Jack (ed). 1993. *De Gaulle to Mitterrrand: Presidential Power in France.* New York: New York University Press. [Hayward b]
Herbert, Hans von Arnim (Hrsg.). 2000. *Direkte Demokratie. Beiträge auf dem 3. Speyerer Demokratieforum vom 27. bis 29. Oktober 1999 an der Deutschen Hochschule für Verwaltungswissenschaften Speyer.* Berlin: Duncker & Humblot.
Hine, David. 1988. *Note on Recent Elections The Italian Referendums of 8/9 November 1987.* Electoral Studies vol. 7. no. 2.
Holman, Craig and Stern Robert. *Judicial Review of Ballot Initiatives, In Depth Studies* at http://www.iandrinstitute.org/
Hughes,Colin A. 1994. *Australia and Newzealand*, in [Butler & Ranney b]

参考文献

Jones, Barry J. and Denis Balsom (ed). 2000. *The Road to the National Assembly for Wales*. Cardiff: University of Wales Press.

Jacob, Paul. 2001. *Silence Isn't Golden: The Legislative Assault on Citizen Initiatives*. in [Waters]

Jenkins, Richard and Matthew Mendelsohn. 2001. *The News Media and Referendum*. in [Mendelsohn & Parkin]

Johnse, Bill. 2001. *Initiative and Reform* in [Waters]

Jürgen, Gebhardt. 2000. *Das Plebiszit in der Repräsentativen Demokratie* in [Herbert]

Karp, Jeffrey A. 1998. *The Influence of Elite Endorsements in Initiative Campaigns*. in [Bowler, Donovan & Tolbert]

Katz, Richard S. 1994. *The Parliamentary Electoral Reform in* [Mershon & Gianfranquo]

Kaufmann, Bruno and Dane Waters M. 2004. *Direct Democracy in Europe*. Durham North Carolina: Carolina Academic Press.

King, Anthony. 1977. *Britain Says Yes: the 1975 referendum on the Common Market*. Washington DC: American Enterprise Institute for Public Research.

Kobach, Kris W. 1993. *The Referendum: Direct Democracy in Switzerland*. Aldershot: Dartmouth. [Kobach a]

Kobach, Kris W. 1993. *Switzerland*. in [Butler and Ranney b] [Kobach b]

Kobach, Kris W. 2001. *Taking Shelter Behind the First Amendment: The Defense of the Popular Initiative*. in [Waters] [Kobach c]

LaPalombara, Joseph. 1987. *Democracy: Italian Style*. New Haven and London: Yale University Press.

Linder, Wolf. 1998. *Swiss democracy: possible solutions to conflict in multicultural societies (2nd ed)*. London: Macmillan.

Lowenstein, Daniel H. 1982. *Campaign Spending and Ballot Propositions*, UCLA Law Review vol. 29.

Lupia, Arthur. 1994. *Shortcuts versus Encyclopedias: Information and Voting Behavior in California Insurance Reform Elections*, American Political Science Review vol. 88. [Lupia a]

Lupia, Arthur. 2001. *Are Voter to Blame? Voter Competence and Elite Maneuvers in Referendums*. in [Mendelsohn & Parkin] [Lupia a]

Luthardt, Wolfgang. 1994. *Direkte Demokratie: ein Vergleich in Westeuropa*.

Baden-Baden: Nomos Verlaggesellshaft.

Magleby, David B. 1984. *Direct Legislation: Voting on Ballot Propositions in the United States*. Baltimore: Johns Hopkins University Press. [Magleby a]

Magleby, David B. 1994. *Direct Legislation in the American States*, in [Butler & Ranney b] [Magleby b]

McAllister, Laura. 1998. *The Welsh Devolution Referendum: Definitely, Maybe?* Parliamentary Affairs. vol. 51. no. 2

MacCuan, David, Shaun Bowler, Todd Donnovan and Ken Fernandez. 1998. *California's Political Warriors: Campaign Professionals and the Initiative Process*. in [Bowler, Donovan & Tolbert]

Macmillan, G. 1992. *The Referendum, The Court and Representative Democracy in Ireland*. Political Studies. vol. XL.

Marcussen, Martin and Zølner M. 2001. *The Danish EMU Referendum 2000: Business as Usual*. Government and Opposition. vol. 36. no. 3.

Matsusaka, John G. 2004. *For the Many or the Few*. The University of Chicago Press.

Mendelsohn, Matthew and Andrew Parkin (ed). 2001. *Referendum Democracy-Ctitizens, Elites and Deliberation in Referendum Campaign*. Palgrave Publishers Ltd.

Mershon, Carol and Pasquino Gianfranquo (eds). Italian Politics. Oxford: West View Press.

Miles, L. 2004. *Sweden: Hitchhiking and the Euro Referendum*. Cooperation and Conflict. vol. 39. no. 2.

Miller, Kenneth P. 1999. *The Role of the Courts in the Initiative Process: A Search for Standards*, Paper delivered at the Annual Meeting of the American Political Association, 2-5 September.

Möckli, Silvano. 1994. *Direkte Demokratie: ein internationaler Vergleich*. Bern, Stuttgart and Wien: Verlag Paul Haupt.

Morel, Laurence. 1996. *France: Toward a Less Controversial Use of the Referendum?* in [Gallagher & Uleri]

Natelson, Robert G. 2001. *Initiative and Referendum and the Republican Form of Government*. in [Waters]

Nef, R. 1988. *Die Schweizer Referendumsdemokratie* in Die Schweizer Redaktoren, Wehling, H. G.

Neidthart, L. 1970. *Plebiszit und Pluralitare Demokratie*, Bern: Franke.

参考文献

Newell, James L. and Martin J. Bull. 1993. *The Italian Referenda of April 1993: Real Change at Last?* West European Politics, vol. 16, no. 4.

Nilson, S. S. 1978. *Scandinavia*, in ［Butler & Ranney a］

Knock, Katy. 2006. *The North East Referendum: Lessons Learnt?* Parliamentary Affairs. vol. 59. no. 4.

Owens, John R. and Larry L. Wade 1986. *Campaign Spending on California Ballot Propositions, Trends and voting Effects, 1924-1984*, Western Political Quarterly, vol 39.

Papadopoulos, Yannis. 2001. *How does direct democracy matter? The impact of referendum votes on politics and policy making.* West European Politics vol. 24. no. 2. April.

Pelinka, Anton and Sylvia Greiderer. 1996. *Austoria: the referendum as instrument of internationalization*, in ［Gallagher & Uleri］

Price, Charles. 1988. *M Big Money Initiatives*. California Journal vol. 19.

Qvortrup, Mads. 2001. *The Courts v. the People: An Essay on Judicial Review of Initiatives*, in ［Waters］［Qvortrup a］

Qvortrup, Mads. 2001. *How to Lose a Referendum: The Danish Plebiscite on the Euro*, The Political Quarterly vol. 33. no. 2. ［Qvortrup b］

Qvortrup, Mads. 2002. *A comparative study of referendums: government by the people*. Manchester: Manchester University Press. ［Qvortrup c］

Qvortrup, Mads. 2002. *The Danish Referendum on Euro entry, September 2000.* Electoral Studies, vol. 21. no. 3. ［Qvortrup d］

Radicali. *The Denial of the Right of Referendum*. in http://radicali.it.

Ranney, Austin. 1978. *United States of America*, in ［Butler & Ranney a］

Ranney, Austin (ed). 1981. *The Referendum Device*, Washington D. C.: American Enterprise Institute.

Raunio, Tapio and Matti Wiberg. 2001. *Parliamentarizing Foreign Policy Decision-Making Finland in the European Union*. Cooperation and Conflict Vol. 36. no.1.

Rommelfanger, U. 1988. *Das konsultative Referendum*, Belrin.

Ruin, Olof. 1996. *Sweden: the Referendum as Instrument for defusing political issues*. in ［Gallagher& Uleri］

Sabato, Larry J, Howard R. Ernst and Bruce A. Larson (eds). 2001. *Dangerous Democracy? The Battle over Initiatives in America*. Oxford: Rowman & little

field publishers.
Sabato, Larry J, Howard R. Ernest and Bruce A Larson. 2001. *A Call for Change: Making the Best of Initiative Politics*. in [Sabato, Ernst & Larry]
Schiffers, Reinhard. 2000. *Schlechte Weimarer Erfahrungen?* in [Herbert]
Shockley, John S. 1980. *The Initiative Process in Colorado Politics: An Assessment*. Boulder: University of Colorado.
Setälä, Maija. 1999. *Referendums and democratic government: normative theory and the analysis of institutions* London: Macmillan.
Sinnott, R. 2002 Cleavages, *parties and referendums: Relationships between representative and direct democracy in the Republic of Ireland*. European Journal of Political Research, vol. 41. no. 6.
Smith, Daniel. 2001. *Campaign Financing of Ballot Initiatives in the American States*, in [Sabato, Ernst & Larson] [Daniel Smith a]
Smith, Daniel. 2001. *Special Interest and Direct Democracy* in [Waters] [Daniel Smith b]
Smith, Gordon. 1976. *The Functional Property of the Referendum*, European Journal of Political Research vol. 4.
Steiner, Jurg. 1974. *Amicable Agreement Versus Majority Rule: Conflict Resolutions in Switzerland*. Chapel Hill: University of North Carolina Press.
Suksi, Markku. 1993. *Bringing in the people: a comparison of constitutional forms and practices of the referendum*. London: Martinus Nijhoff Publishers. [Suksi a]
Suksi, Markku. 1996. *Finland: The Referendum as a Dormant Feature*, in [Gallagher & Uleri] [Suksi b]
Svensson, Palle. 1996. *Denmark: Referendum as minority protection*, in [Gallagher & Uleri]
Tickel, Adam, Peter John and Steven Musson. 2005. *The North East Region Referendum Campaign of 2004: Issues and Turning Points*. Political Quarterly. vol. 76.
Todal, Anderes Jenssen and Ola Listhaug. 2001. *Voters Decisions in the Nordic EU referendum of 1994: the Importance of Party Cues*. in [Mendelsohn & Parkin]
Tolbert, Caroline J. 1998. *Changing Rules for State Legislatures: Direct Democracy and Governance Policies*. in [Bowler, Donovan, & Tolbert]
Tolbert, Caroline J. 2001. *Public Policy and Direct Democracy in the Twentieth*

Century: The More Things Changes, the More They say the same. in [Waters]

Tolbert, Caroline J. and Daniel Lowenstein and Todd Donovan 1998. *Election Law and Rules for Using Initiatives.* in [Bowler, Donovan, & Tolbert]

Tolbert, Caroline J. and Rodney E Hero. 1998. *Race/Ethnicity and Direct Democracy/The Contextual Basis for Anti-Immigrant and Official English Measures.* in [Bowler, Donovan, & Tolbert]

Trechsel, Alexander H. and Frèdèric Esposito. 2001. *Why Plebiscite? A Critique of a Nebulous Concept.* in [Auer & Bützer]

Trechsel, Alexander H. and Hanspeter Kriesie. 1996. *Switzerland: the Referendum and Initiative as a Centerpiece of the Political System* in [Gallagher & Uleri]

Tschäni, H. 1983. *Wer regiert die Schweiz?*, Zurich: Orell Füssli.

Uleri, Pier Vincenzo. 1985. *The Deliberative initiative of June 1985 in Italy.* Electoral Studies vol. 4. no. 3. [Uleri a]

Uleri, Pier Vincenzo. 1989. *The 1987 referendum. 155-177.* in Robert Leonardi and Piergiorgio Corbetta (eds), Italian Politics: a review, vol. 3. [Uleri b]

Uleri, Pier Vincenzo. 1996. *Italy: Referendum and Initiatives from the Origins to the Crisis of a Democratic regime*, in [Gallagher & Uleri]. [Uleri c]

Uleri, Pier Vincenzo. 2002. *On Referendum Voting in Italy: Yes, No or Non-vote? How Italian Parties Learned to Control Referendums.* European Journal of Political Research vol. 41. [Uleri d]

Walker, Mark Clarence. 2003. *The Strategic Use of Referendums: Power and Legitimacy and Democracy*, London: Palgrave Macmillan.

Waters, Dane M (ed). 2001. *The battle over Citizen Lawmaking.* North Carolina: Carolina Academic Press.

Wenzel, James, Todd Donovan, and Schaun Bowler. 1998. *Direct Democracy and Minorities Targeted by Initiatives.* in [Bowler, Donovan, & Tolbert]

Widfeldt, A. 2004. *Elite Conclusion and Public Defiance: Sweden's Euro Referendum in 2003.* West European Politics. vol. 27. no. 3.

Wright, Vincent. 1978. *France,* in [Butler & Ranney a]

Wyller, Thomas Chr. 1996. *Norway: Six Exceptions to the Rule.* in [Gallagher & Uleri]

Zimmerman, Joseph J. 1999. *The Initiative: Citizen Law-making* Westport: Praeger.

Zisk, Bettey H. 1987. *Money, Media, and the Grassroots: State Ballot Issue and the Elecroal Process.* Newbury Park, Calif.: Sage.

邦語文献

相澤直子（2003）「ドイツにおける直接民主制に関する一考察——その理念と実践(1)」九大法学86巻

芦部信喜（1956）「憲法改正国民投票制に関する若干の考察」国家学会雑誌70巻9号［芦部 a］

芦部信喜（2004）『憲法』（第三版，高橋和之補訂）［芦部 b］

網中政機（2005）「アメリカ合衆国・各州憲法の比較——直接民主制の視点から」（衆議院憲法調査特別委員会及び憲法調査会事務局）衆憲資第70号（委託調査報告書）

阿部照哉・畑博行編（2005）『世界の憲法集』（第三版）

飯島滋明（2005）「『日本国憲法改正国民投票法案』の問題点（イタリアと日本における90年代以降の改憲論の動向と問題点）——（第2部　日本における90年代以降の憲法改正論の動向と問題点）」専修大学社会科学研究所月報 No. 504

生田希保美・越野誠一（1997）『アメリカの住民投票』

井口秀作（1994）「フランス1958年6月3日憲法的法律における国民投票制」一橋論叢112巻1号

井口秀作（1997）「フランスにおけるレフェレンダムの課題と改革」法律時報69巻3号

井口秀作（1998）「フランス第五共和制におけるレフェレンダム」杉原・清水編『憲法の歴史と比較』所収

井口文男（1979）「国民投票制度の諸問題」神戸学院法学9巻4号［井口文男 a］

井口文男（2001）「イタリアの制度改革と国民投票制度」比較憲法学研究 No. 13［井口文男 b］

今井一（2003）『「憲法9条」国民投票』

岩井奉信（1988）『立法過程』

岩波祐子（2006）「イタリア2006年憲法改正国民投票——改正案の概要と国民投票までの道程」立法と調査259号

岩波祐子・薬師寺聖一（2006）「憲法改正国民投票——主要論点を巡る議論」立法と調査255号

江橋崇（2006）『「官」の憲法と「民」の憲法——国民投票と市民主権——』

岡田俊幸（1995）「統一ドイツにおける「直接民主制」をめぐる議論について」法学研究（慶應大学）68巻12号

岡田信弘（1983）（1984）「現代憲法における人民投票制度(1)(2)」明治学院論叢法学

参考文献

　　　343号・350号
岡本三彦（2002）「スイスのイニシアティヴとレファレンダム」流通科学大学論集
　　　15巻2号
岡沢憲芙（1988）『スウェーデン現代政治』
岡沢憲芙・島孝康編（1994）『スウェーデンの政治：デモクラシーの実験室』
奥島孝康・中村紘一編（1993）『フランスの政治』
河合秀和（1977）『政党と階級』
川口英俊（2002）「スイス連邦における国民投票制度」社会情報論叢(6)
河村又介（1934）『直接民主政治』
小谷眞男（1999）「5章　司法官と法文化」馬場・岡沢編『イタリアの政治』所収
児玉昌巳（2003）「アイルランド国民投票におけるニース条約の否決とEU政治
　　　――欧州連邦に向かう過渡期的EUにおける加盟国の「民意」と「欧州の公
　　　益」の問題」同志社法学53巻6号
小林武（1989）『現代スイス憲法』［小林a］
小林武（2001）「スイス新連邦憲法の誕生」森田安一編『岐路に立つスイス』所収
　　　［小林b］
斎藤靖夫（1986）「スイスにおける民主政論の展開―直接民主政の研究のために」
　　　『小林直樹先生還暦記念・現代国家と憲法の原理』所収
五月女律子（2005）「スウェーデンにおけるユーロ導入に関する国民投票――EU加
　　　盟国民投票との比較から」法学研究（北海学園大学）41巻1号
五月女律子（2006）「スウェーデン女性とEU――国民投票を中心として」法学研究
　　　（北海学園大学）41巻4号
参議院憲法調査会事務局（2006）「憲法改正等国民投票制度」に関する資料集
初宿正典（2004）「憲法改正に関する主要国の制度」参議院憲法調査会事務局
衆議院（2006）欧州各国国民投票制度調査議員団報告書［衆院資料平成18年2月］
衆議院（2006）欧州各国憲法及び国民投票制度調査議員団報告書［衆院資料平成18
　　　年10月］
白鳥浩（1998）「国際イッシューにまつわるレファレンダム――北欧の事例研究」
　　　長崎県立大学論集31巻4号［1998.03］
鈴木法日児（1991）「『憲法改正手続について』」新正幸＝鈴木法日児編『憲法制定
　　　と変動の法理』所収
菅沼一王・笠松健一（2005）『Q&A国民投票法案：憲法改悪への突破口』
関根照彦（1986）「スイスにおける妥協民主制と半直接民主制――中央国家（ブン
　　　ト）の場合」『佐藤功先生古希記念・日本国民憲法の理論』所収［関根a］

関根照彦(1999)「代議制連邦国家の成立：1848年のスイス連邦憲法」森田安一編『スイスの歴史と文化』所収［関根b］
関根照彦(1999)『スイス直接民主制の歩み：疑しきは国民に』［関根c］
関根照彦(2001)「スイスのEU接近政策と半直接民主制」森田安一編『岐路に立つスイス』所収［関根d］
関根照彦・岡本三彦(2002)「スイス連邦憲法概要」参議院憲法調査会事務局　参憲資料第7号［関根・岡本a］
関根照彦・岡本三彦(2005)「スイス連邦憲法要(追補)」参議院憲法調査会事務局　参憲資料第7号(追補)［関根・岡本b］
全国憲法研究会編　(2002)『憲法と有事法制』法律時報増刊
曾根泰教(1984)『決定の政治学』
高橋進(1999)「7章　選挙・選挙制度」馬場・岡沢編『イタリアの政治』所収
高橋正俊(2002)「改正規定の背景」香川法学21巻3・4号［高橋正俊a］
高橋正俊(2002)「憲法改正のための国民投票法について」比較憲法研究13巻［高橋正俊b］
田口晃・矢田俊隆(1984)『オーストリア・スイス現代史』
竹花光範(2003)「憲法改正の発議と国民投票」駒沢大学法学部研究紀要61号
千葉僚(2000)「現代イギリス憲法とレファレンダム実施原理(1)　イギリス・レファレンダム法の展開とその問題点整理を中心として」駒沢大学大学院公法学研究㉖
千葉僚(2002)「現代イギリス憲法とレファレンダム実施原理(2)　駒沢大学大学院公法学研究(27.28)
辻村みよ子(1993)「レフェレンダムと議会の役割」ジュリスト1022号
内藤光博(1998)「イタリア憲法における国民投票制度の構造と実態」専修法学論集74号所収［内藤a］
内藤光博(2005)「イタリアの改憲論の動向と憲法改正国民投票制度　日本の改憲論議に抜け落ちているもの」現代の理論4号［内藤b］
仲哲生(2000)「スイスにおける直接民主制の展開」社会科学論集78号
中木康夫(1975)『フランス政治史』
中村義孝編訳(2003)『フランス憲法史集成』
糠塚康江(2006)「レファレンダム・考――フランスの経験から」関東学院法学15巻第3・4合併号
糠塚康江(2006)「国民投票 vs 解散――国民投票のシンボル化」ジュリスト1311号
乗本せつ子(1983)「直接民主制」杉原編『講座　憲法学の基礎概念Ⅰ』所収

参考文献

長谷部恭男（1984）「現代議会制における解散権の役割」国家学会雑誌97巻1‐4号［長谷部 a］

長谷部恭男（1986）「内閣の解散権の問題点」ジュリスト868号［長谷部 b］

長谷部恭男（2002）「憲法改正の意識と意義」全国憲法研究会『憲法と有事法制』所収［長谷部 c］

馬場康雄・岡沢憲芙編（1999）『イタリアの政治——「普通でない民主主義国」の終わり？』

馬場康雄（1999）「1章　イタリア人と政治」馬場・岡沢編『イタリアの政治』所収

樋口陽一（1991）『比較憲法』（第三版）

福井康佐（1995）「国民投票の研究——主要実施国の運用実態の比較と日本型国民投票の提案」学習院大学大学院法学論集3号［福井 a］

福井康佐（1996）「国民審査の機能的分析」学習院大学大学院法学論集4号［福井 b］

福井康佐（2003）「憲法改正国民投票における運用上の諸問題」学習院大学大学院法学論集9・10号［福井 c］

福岡英明（2000）「フランス第5共和制の国民投票」高岡法学12巻第1号

眞柄秀子（1999）「9章　利益集団と政治経済問題」馬場・岡沢編『イタリアの政治』所収

宮沢俊義（1979）『全訂日本国憲法』（芦部信喜補訂）

森征一（1999）「4章　司法・軍事・警察」馬場・岡沢編『イタリアの政治』所収

森田安一（1994）『スイス：歴史から現代へ』（3補版）

森田安一編（2001）『岐路に立つスイス』

薬師寺聖一（2006）「諮問的国民投票制度と民主政」立法と調査257号

山岡規雄（2004）「スウェーデンの国民投票制度」外国の立法219号

吉田善明（1976）「イギリスにおける代表民主制と直接民主制について」法律論叢48巻4・5・6号

吉武信彦（2005）『国民投票と欧州統合：デンマーク・EU関係史』

吉武信彦（2006）「EUをめぐる国民投票の新展開」地域政策研究8巻3号

横尾日出雄（2003）「フランスにおける国民投票とその改革の動向——ミッテランの改革構想と1995年憲法改正による国民投票の改革」名古屋短期大学紀要41号

横田清（1996）「アメリカ合衆国における直接立法（住民投票）制度」ジュリスト1103号

力久昌幸（1996）『イギリスの選択：欧州統合と政党政治』［力久 a］

力久昌幸（2003）『ユーロとイギリス：欧州通貨統合をめぐる二大政党の政治制度戦略』［力久 b ］
力久昌幸（2004）「イギリス政治の欧州化とユーロ参加問題：労働党政権の対応と国民投票の展望」北九州市立大学法学会31巻 2 - 4 号［力久 c ］
渡辺暁彦（1996）「統一ドイツにおける基本法改正論議の一側面——両院合同憲法調査委員会（Gemeinsame Verfassungskommission von Bundestag und Bundesrat, GVK）と特に直接民主制導入をめぐる議論を中心として」同志社法学48巻 3 号
渡辺暁彦（1999）「ドイツ基本法と直接民主制——ドイツ統一以降の議論状況を中心に」同志社法学50巻 5 号
渡辺久丸（1999）『現代スイス憲法の研究』

事項索引

あ 行

アイルランドの国民投票　181
　　——における沿革と制度　181
　　——における裁判所の役割　193
　　——における投票行動　188
　　——の機能と問題点　189
　　——の対象　182
後戻りのできない選択（決定）　140, 201, 227
アムステルダム条約の批准ための国民投票（アイルランド1998年）　202
アメリカの住民投票　26
　　——における活動　47
　　——における4つの戦略　44
　　——の沿革　26
　　——の過程に登場する者　42
　　——の制度　28
　　——の問題点　63
　　——利益集団の影響力　63
　　——利用の動機　47
アルジェリア問題　163, 165
アルジェリア問題についての国民投票（フランス1961年）　165, 166, 176
安保条約改定問題　257
YESの時代　112
イギリスの国民投票
　　——の沿革　130
　　——の機能　156
　　——の成功した先例　157
　　——の投票率　157
　　　後期——　145, 260
　　　前期——　145
イギリスの住民投票　153
　　イングランド北東部の——　153
　　大ロンドン市の——　153
EC加盟の国民投票（アイルランド1972年）　183
EC加盟の国民投票（イギリス1975年）　134
　　——の機能　156
　　——の効果　137
　　——の実施状況　136
　　——の実施までの経緯　134
　　——の紛争解決機能の弱さ　138
EC加盟の国民投票（デンマーク1972年）　199
EC加盟の国民投票（ノルウェー1972年）　214
EC拡大のための国民投票（フランス1974年）　136, 170
イタリアの国民投票　105
　　——による政治改革　112, 116
　　——の沿革　105
　　——の機能　121
　　——の時代区分　106
　　——の制度　106
　　——の特徴　128
一院制　195, 206
一般的発議　75
イニシアティヴ　14
　　——委員会による審査　249

i

事項索引

イニシアティヴ（アメリカ）
　——成立のための4段階　30
　——に対するコンプライアンス　42, 252
　——に対する裁判　42, 58, 59
　——の職業的活動家　43
　——の対抗案　36
　——の対立の構図　48
　——の問題点と改革の間の相互作用　69
　——を盗む　42
イニシアティヴ（スイス）
　——のイノベーション作用　87
　——の機能　244
　——の制度上の特徴　78
　——の撤回　83, 89
　アウトサイダーの武器としての——　85, 104
　　一般的国民——　74, 77
　　全面改正のための——　75
　　部分改正のための——　75
　　陸軍廃止の——　88, 90
委任立法　97
インテンシティ　35, 36, 245, 273
上からと下からのジレンマ　242
上からの国民投票と下からの国民投票　17, 256
ウェールズ議会（Wales Assembly）　149
SEAの批准のための国民投票（アイルランド1987年）　184
SEAの批准のための国民投票（デンマーク1986年）　199, 200
X case　186, 187
エビアン協定承認についての国民投票（フランス1962年）　166
エリートと大衆の見解の分裂（ずれ）　199, 200, 204, 205, 214
エンドースメント　23, 65, 95
欧州憲法条約批准のための国民投票（フランス2005年）　172
欧州統合のための国民投票
　アイルランド　183
　スウェーデン　209
　デンマーク　199
　ノルウェー　214
　フィンランド　217
大幅な憲法改正　235, 262

か　行

外交問題に対する法案についての国民投票（デンマーク）　198
革新主義　27, 58, 67, 71
加憲論　242
カトリック　22, 109, 110, 185, 187, 193
ガーバー　44, 63, 274
完成された草案　75
間接イニシアティヴ　15, 29, 181, 248
　——の効用と問題点　250
　国民投票のない——（国民発案）　228
間接対抗草案　87
間接民主制の補完　252, 271
議会　21
　——外の圧力団体（集団）　185, 228
　——主権　130, 223
　——・政党との権力闘争のための国民投票（フランス）　167
　——における修正および廃止　41
　——の解散による国民投票の回避

ii

事項索引

　　　128
　　──の権能　271
　　──の合意（コンセンサス）　25, 204, 234, 265
　　──の事前討論の保障　177
　　──の審議機能の低下　96
　　ハードルとしての──　177
　　フィルターとしての──　21, 62, 177, 224
議会主導型国民投票　14
議会少数派主導型国民投票　15, 181, 197, 206, 207
議会少数派の拒否権　196, 267
議会多数派主導型国民投票　15, 181, 225, 264
　　──の実施パターン　225
　　積極型──　225
　　消極型──　225
議会前立法手続　92
　　──沿革　92
　　──制度　93
棄権　40, 178
　　──の時代（イタリア）　119
危険な制度　213
技術的・形式的な問題についての国民投票（アイルランド）　188
起草　28, 30, 244
　　──上の問題点　66
北アイルランドの国民投票（イギリス1973年）　132
北アイルランドのベルファスト合意についての国民投票（アイルランド1998年）　187
北アイルランドのベルファスト合意についての国民投票（イギリス1998年）　152
議題設定機能　67, 82, 88, 121, 122, 244, 253
義務的レファレンダム　14, 29, 79, 204, 224, 227, 268
　　──による差別　268
　　──への接近　275
逆機能　207, 213, 261
逆リーダーシップ効果　173, 179, 224
教育機能　191, 246
協和民主主義　92, 212
拒否型国民投票　14, 252
　　イタリアの──　108
拒否志向　244, 271
禁酒運動　205
禁酒についての国民投票（ノルウェー1919年・1926年）　214
禁酒についての国民投票（フィンランド1931年）　217
草の根運動　43, 202
Crotty case　184
形式の統一性の原理　76
継続審査　63
原子力発電所　113, 207
　　──についての国民投票（スウェーデン1980年）　207
憲法院（フランス）　168
　　──による適法性の監視　177
憲法改正
　　──の態様　235
憲法改正国民投票　7, 231
　　──の実現可能性　232
　　──の成立要件　239

iii

事項索引

　　――の手続的保障　240
　　凍結された国民投票としての――
　　　232
　　ハードルの高い議会主導型国民投票としての――　231
憲法裁判所（イタリア）　107, 122
憲法上ルール化されている　13
憲法制定レファレンダム　160, 181, 223, 226
憲法第95条　268
憲法第96条　231, 242, 264
憲法レファレンダム（アイルランド）　181, 189
憲法レファレンダム（スウェーデン）　207
憲法レファレンダム（デンマーク）　196
元老院（フランス）　165
コアビタシオン　164
公益のための闘争　50
硬性化　41
　　――機能　190
　　価値観の――　241, 265
　　人権および制度の――　193
硬性憲法　233
公聴会　32, 68
国政選挙　23
国民
　　――の間の対立要因　22, 216
　　――の均質性　22
　　――の経験　22
　　――の国家意識　152, 156
国民主権　234
国民主導型国民投票　14, 222
　　――の必要性　244

国民投票
　　――執行法　8
　　――実施における一貫性のなさ　154, 177
　　――実施の手続的瑕疵　168
　　――実施の引き金　191
　　――実施要求　225
　　――審査委員会　264
　　――提起能力のある団体　247, 250, 253
　　――による権限強化　166
　　――による正統性獲得　157, 166
　　――による争点棚上げ　208, 225, 256
　　――の運用に影響を与える要因　21
　　――の運用における一貫性のなさ　154
　　――の沿革　22
　　――の機能　19
　　――のギャンブル性　139, 151, 157, 224, 226
　　――の経緯　6
　　――の結果　18
　　――の結果を裏切る　129
　　――の構成要素　12
　　――の実施手続　7
　　――の初心者　251
　　――のジレンマ　69, 201, 272
　　――の対象　9, 164, 177
　　――の定義　11
　　――の分類　16
　　――の問題点　19
　　――の用語　13
　　――を実施する条件（イギリス）　158
　　上からの――　256, 266, 271, 272, 275

事項索引

権力基盤を強化するための―― 170,
　173
下からの―― 244, 271, 272, 275
人民主権のシンボルとしての――
　230
政策推進に対する抑制手段としての――
　131
政党間の分裂を際立たせるための――
　170, 172, 173, 175, 224
政党の分裂回避のための―― 122,
　135, 175, 207, 212, 225
世論が逆転する―― 203
先例としての―― 141, 144, 155, 200,
　214, 225
国民投票委員会（アイルランド） 192,
　241
国民投票法 8, 192, 242
　イギリスの――（政党，選挙および国民投票法） 131, 158
　イギリスの――（1975年国民投票法）
　　136
　イタリアの―― 105, 106, 109, 115
国民発案 228
　イタリアの―― 107
　オーストリアの―― 228
50％条項 107
　――による民意のパラドックス 127
国会の議決 165
国家機関への主権の委譲の国民投票（デンマーク） 198
国家体制の確立のための国民投票 13,
　213, 226
国家的妥協 201
ゴードン・スミスの分類 17, 129

コンサルタント企業 38, 55, 203
コンプライアンス 42, 223

さ 行

最後のフィルター 179, 275
裁判官の2つの立場 58
裁判所 20
　――の公平な情報を提供する機能
　　192
　――の国民投票促進機能 192
　――の仲介による議会と国民の共同決定
　　192
　アイルランドの―― 184
　アメリカの住民投票における―― 54
　最後の砦としての―― 42, 247
　フィルターとしての―― 168, 266
差別 222, 251
3種類の投票者 100
30％ルール 197
死刑廃止 187
自己決定 241, 244, 277
自己責任 277
支出の見積もり 32
市民運動グループ 23, 43
　広い 48
周知徹底期間 237
州当局との協議 32
11条の国民投票（フランス） 164, 170,
　171
修正と改訂の区別 30
集団的安全保障機構 79, 269
首相主導型国民投票 15, 223
主題の統一性の原理 76
少数内閣 196, 199, 200, 204

v

事項索引

承認機能　253
　　——の機能　33
除外事項　10, 30, 107, 197
助言型国民投票　11, 16, 225, 259
　　——による紛争の沈静化　143, 209
　　——の機能　132, 152, 260
　　——の結果の拘束力　261
　　——の憲法改正国民投票との関係
　　　262
　　——の制度的弱点　139
　　——の発議機関　259
　　——の紛争に及ぼす影響　261
　　アイルランドの——　188
　　イタリアの——　108
　　スウェーデンの——　205
　　先決投票としての——　235, 263
　　デンマークの——　199
署名　28
　　——収集期間の制限　34
　　——収集者の活動制限　35
　　——署名収集企業　35
　　——の検証　36
　　——要件　33, 222, 248, 253
　　プロの——収集者　35
シラク大統領　172
ジレンマの落としどころ　274
シングルサブジェクトルール　11, 20, 30,
　　56, 76, 124, 158, 182, 226, 236, 246, 255,
　　257
　　——の審査　55
人権規定の追加　236
新憲法制定のための国民投票　13, 226
人口・国土の広さ　24
信任投票　10, 14, 169, 174, 216

スイスの国民投票
　　——の沿革　73
　　——の機能　87
　　——の制度形成機能　103
　　——の低投票率　101
　　——のテーマ別分類　81
　　——の頻度と結果　83
　　外国人・移民問題についての——　83
スウェーデンの国民投票　205
　　——の制度と沿革　205
スカラモビーレ　112
スクシ　13, 192
スコットランド・ウェールズ議会への権限
　　委譲の国民投票（イギリス1997年）
　　140
　　——のウェールズにおける部分的成功
　　　149
　　——の時代背景と実施までの経緯
　　　145
　　——のスコットランドにおける成功
　　　148
スコットランド・ウェールズ議会への権限
　　委譲の国民投票（イギリス1979年）
　　140
　　——の結果　142
　　——の効果　143
　　——の実施までの経緯　140
スコットランド議会（Scotland Parliament）
　　147
スコットランド憲政会議　146
請願　28, 32
政策投票　14, 136
政治家　23
政治階層　234

事項索引

政治参加促進機能　209, 246
政治資金　38, 63
政治的エリート（政治階層）　23, 225, 267
政治的便宜　154, 226
政党　23, 222
　　──による国民投票のコントロール　128
　　──の思惑　212, 225
　　──の指示　128, 163, 206
　　──の内部分裂　137, 148, 150, 155, 175, 191, 205
正統性獲得のバロメーター　227
正統性の弱さ　162
正統性付与機能　157, 161, 166, 176, 190, 216, 246
制度改革機能　121, 255
制度改革指向　256, 261
制度改革のための国民投票（アイルランド）　182
制度形成機能　92, 175
正の外部性　69
政府主導型国民投票　14, 223, 257
政府のコントロールの程度　17, 44, 191, 204, 215, 265
　　──が高い　154, 176, 224
　　──が低い　129, 141, 231
政府（発議機関としての）　22
成立要件　11, 40, 239
説得　37
世論調査　8, 181
選挙運動　37, 238
　　──期間　158
　　──におけるコントロールの強さ　177
　　──における対立　37
　　──に対する補助金　136, 147, 192
選挙管理委員会（イギリス）　158
選挙後の段階　30
先決投票　75, 235, 263
漸進主義的憲法改正　233
選択的投票　98, 127, 222
全面改正　75, 236, 262

た　行

対抗草案　76, 83
ダイシー　130, 131, 277
大統領主導型国民投票　15, 223
大統領選挙および議会選挙の代替機能　175
大統領の直接公選のための国民投票（フランス1962年）　167
大統領の任期短縮のための国民投票（フランス2000年）　172
大統領のフリーハンド　180, 224
タウンミーティング　9
多額の支出　49, 65
妥協調整促進機能　90, 102, 197, 253
多数決で決着をつける争い　53
多党制　204
地域圏設置と元老院の改革のための国民投票（フランス1969年）　169
地位の重複　94
中間にいる投票者　203
中絶　110, 139, 184
長期政権　203
超国家的共同体　79, 269
直接民主制　22, 28, 68, 71, 73

vii

事項索引

憲法における──的要素　161, 277
地理的要因　155
地理的要件　24, 34
追加条文　269
通貨統合　159
通貨統合のための国民投票
　スウェーデン2003年　210
　デンマーク2000年　202
適格取得　8, 28, 33, 76, 79, 107, 181, 182, 244, 246, 252, 254
　第1次──　248
　第2次──　249
デッドロック　200, 212, 225, 256
テメリンの拒否　228
デンマークの国民投票
　──の沿革と制度　194
　──の機能　204
動員　37
凍結された国民投票　7, 21, 182, 194, 207, 229, 233, 267
　──の3つの態様　229
統治機構の見直し　236
道徳・倫理上の問題についての国民投票（アイルランド）　184
投票案件　9, 30, 32, 64, 66, 76, 105, 122, 124, 133, 150, 158, 167, 178, 206, 208, 222, 224, 235, 236
　──の確定　249
　──の再提起の制限　33
　──の審査　10
　──の数的制限　33
　──のわかりやすさ　158
　──を殺す　238
　難解な──　176

投票行動
　合理的──　65, 222
　政党と──　150, 189
　戦略的な──　178
投票者
　──の情報獲得　156, 238
　──の能力的限界　64
　──の不安　38
　合理的──　203
投票順序　40
投票に影響を与えた要因　155, 189
投票年齢変更のための国民投票（デンマーク）　196, 199
投票の鍵　51, 65, 101, 128, 155, 178
投票日　40, 237
投票率　11, 228, 239
　──の格差（イタリア）　126
　──の長期低落傾向（イタリア）　126
　アイルランドの──　188
　イギリスの──　157
　低──（スイス）　98
　フランスの──　178
同僚制　91
ときどき投票する者　100
ド・ゴール　134, 162, 166, 169
　──の憲法　163

な 行

内閣の集団責任　136, 141
西インド諸島売却の国民投票（デンマーク1916年）　195
二重の賛成　11, 74, 79, 81, 226
ニース条約批准のための国民投票（アイルランド2001年・2002年）　184

事項索引

二番目に動くことの利点　53, 56
ニューカレドニアの地位についての国民投票（フランス1988年）　171
ニューレイバー　131, 159
任意的レファレンダム　14, 80, 224, 267
　　──の回避行動　97
ネガティブキャンペーン　239
ねじれ現象　199
年金問題についての国民投票（デンマーク1957年）　206
NOの時代（イタリア）　109
ノルウェーの国民投票　213
　　──の投票行動　216

は　行

廃止型国民投票　14, 254
　　イタリアの──　106
破棄裁判所　107
白票　9, 206
89条の国民投票（フランス）　164, 171
発議　8, 222, 223, 225, 229, 231, 242
　　──機関　8, 14, 16, 22, 75
　　──と決定のジレンマ　275
　　──要件　8, 222, 229, 231, 234, 242
　　国会議員の──　164
　　首相の──　164
ハードル　21, 30, 107, 122, 177, 181, 193, 196, 197, 226, 231, 262, 272
　　──としての議会　177
半直接民主制　73
パンフレット（小冊子）の作成　39, 65, 101, 136, 141, 147, 158, 242
非動員型連携　120, 127, 129
表題と要約　32

表題の審査　54
フィルター　20, 30, 62, 247, 252, 254, 255, 258, 272, 275
　　──としての裁判所　62, 177
　　──とハードルの相互作用　69
フィンランドの国民投票　217
負の外部性　69
不満の冬　144
ブーメラン効果　224, 274
フランスの国民投票　160
　　──における投票行動　178
　　──の沿革　160
　　──の機能　173
　　──の時代区分　160
　　──の制度　163
　　──の対象　164
　　──の問題点と改革　176
　　革命期の──　160
　　第五共和制における──　163
　　第三共和制における──　161
　　第二次世界大戦後の──　162
　　ナポレオンⅠ世・Ⅲ世の時代の──　160
ブレア政権　147
　　──の憲政改革プログラム　149, 153, 159
　　──の分権主義戦略　153
プレビシット　13, 155, 161, 162, 167, 262, 263
　　──の残滓　170
プロパガンダ　102
プロライフ・アメンドメント　184
紛争解決機能　190, 216, 271
紛争解決指向　256, 271

ix

事項索引

ベルファスト合意　152, 227
ボイコット戦術　115, 120, 133, 196, 266
法案の撤回　197
法律レファレンダム（アイルランド）
　　182
法律レファレンダム（デンマーク）　197
発起人委員会　106, 113
ポピュリスト　26, 58
ポピュリストパラドックス　27, 48
ポンピドー　134, 167, 168, 170

ま　行

マイノリティーの権利侵害　20, 53, 67,
　　254, 255
マーストリヒト条約の批准のための国民投
　　票（アイルランド1992年）　184
マーストリヒト条約の批准のための国民投
　　票（スウェーデン1994年）　210
マーストリヒト条約の批准のための国民投
　　票（デンマーク1992年・1993年）
　　200
マーストリヒト条約の批准のための国民投
　　票（ノルウェー1994年）　214
マーストリヒト条約の批准のための国民投
　　票（フィンランド1994年）　216
マーストリヒト条約の批准のための国民投
　　票（フランス1992年）　171
マニフェスト　146, 159
魔法の公式　90
マンデート　134, 135, 143, 144, 151, 156,
　　256
3つの選択肢　206, 208, 212, 217
ミッテラン大統領　171
メディア　149, 155, 156, 201, 242

や　行

唯一の立法機関　252
郵政民営化　257
ユール　20, 67
ゆるやかな先例の形成　155
良き欧州人　170, 172
40％ルール　141, 142, 144, 147, 262

ら　行

ランツゲマインデ　9, 73
利益集団　23, 44
　　――間の闘争　49
　　狭い――　48
利権目当ての闘争　51
リコール　10, 169
離婚　109, 174, 186
リーダーシップ効果　138, 149, 151, 155,
　　183, 211, 258, 274
立法志向　244, 271
立法促進機能　245
立法要求　266
レファレンダム　29
レファレンダム（アメリカ）
　　議会主導型――　29
　　義務的――　29
　　住民主導型――　29
レファレンダム（スイス）
　　――威嚇　94, 253
　　――政党　92
　　――闘争　86, 110
　　――の制度上の特徴　80
　　――のブレーキ作用　86
　　義務的――　79

| 任意的―― 80
連立内閣崩壊 207

ログローリング 31, 51, 252

〈著者紹介〉

福 井 康 佐（ふくい　こうすけ）

1985年　中央大学法学部法律学科卒業
1994年　学習院大学大学院法学研究科法律学専攻博士後期課程修了
　　　　「国民投票の研究」で博士（法学）の学位取得
1998年　川崎市市民オンブズマン事務局専門調査員
2000年　東京国税不服審判所国税副審判官
現　在　成蹊大学，学習院女子大学等で，非常勤講師を勤める

〈主要著作〉

「国民投票の研究―主要実施国の運用実態の比較と日本型国民投票
　の提案」（学習院大学大学院法学研究科法学論集第3号，1995年）
「国民審査の機能的分析」（学習院大学法学研究科法学論集第4号，
　1996年）
「憲法改正国民投票における運用上の諸問題」（学習院大学大学院法
　学研究科法学論集第9・10号，2003年）

国民投票制

2007年3月15日　初版第1刷発行

著　者　福　井　康　佐
発行者　今　井　　　貴
　　　　渡　辺　左　近
発行所　信山社出版株式会社
〒113-0033　東京都文京区本郷6-2-9-102
電話　03-3818-1019（営業）
　　　03-3818-1099（編集）
FAX　03-3818-0344
印刷・製本／松澤印刷・大三製本

©福井康佐，2007．Printed in Japan

ISBN 978-4-7972-2480-1　C3332

―――― 既刊・新刊 ――――

皇室典範　芦部　信喜
皇室経済法　　芦部　信喜
憲法叢説　1　憲法と憲法学　芦部　信喜
憲法叢説　2　人権と統治　　芦部　信喜
憲法叢説　3　憲政評論　芦部　信喜
日本国憲法制定資料全集（1）　　芦部　信喜
日本国憲法制定資料全集（2）　　芦部　信喜
日本国憲法制定資料全集（6）　　芦部　信喜
来栖三郎先生を偲ぶ　安達　三季生
原典による法学の歩み1　伊東　　乾
原典による法学の歩み2　伊東　　乾
法律命令論　命令篇・法律篇　伊東　巳代治
近代憲法の源流を探る　　伊藤　　満
ラーレンツの類型論　伊藤　　剛
法曹養成実務入門講座　別巻　伊藤　滋夫
自由・人権確立への道　　伊藤　　満
日本行政法大意　上編　　井阪　右三
日本行政法大意　下編　　井阪　右三

―――― 信山社 ――――

──── 既刊・新刊 ────

教育権の理論　田辺　勝二
請願権の現代的展開　渡邉　久丸
ブリッジブック先端法学入門　土田　道夫
要件事実論序説　　東　　孝行
判例による法の形成　東　孝行
行政保全訴訟の研究　東條　武治
憲法講義案Ⅰ［理論演習Ⅰ］（第2版）　棟居　快行
憲法学の発想Ⅰ　　　棟居　快行
憲法学再論　　棟居　快行
憲法解釈演習　棟居　快行
憲法講義案Ⅱ［理論演習2］　棟居　快行
明治軍制　藤田　嗣雄＊
欧米における軍制の研究　藤田　嗣雄＊
土地利用の公共性　奈良　次郎
各國議院章程　内閣法制局
イギリス法入門　　内田　力蔵＊
法改革論　内田　力蔵＊
内田力蔵著作集□法思想　内田　力蔵＊
社会権の歴史的展開　内野　正幸
現代ドイツ公法学人名辞典　　日笠　完治

──── 信　山　社 ────

―――― 既刊・新刊 ――――

ブリッジブック日本の外交　　井上　寿一
ローマ法及びフランス法における債権譲渡（仏語版）　　井上　正一＊
司法的人権救済論　　井上　典之
大日本帝国憲法講義　井上　密＊
大日本帝国憲法［明治２２年］註釋　井上　經重
国際環境法　　磯崎　博司
憲法［明治２２年］講義　磯部　四郎＊
法理原論　上巻　　磯部　四郎＊
法理原論　下巻　　磯部　四郎＊
大日本帝國憲法［明治２２年］註釋　磯部　四郎＊
日本法令予算論　一木　喜徳郎＊
国法学講義草稿　一木　喜徳郎＊
憲法裁判権の理論　　宇都宮　純一
公共契約法精義　碓井　光明
立憲主義と市民　浦田　一郎
市民社会における行政と法　　園部逸夫
わかりやすい市民法律ガイド［改訂版］　遠藤　浩

―――― 信山社 ――――